JENSON BUTTON
LIFE TO THE LIMIT
ジェンソン・バトン自伝
ライフ・トゥ・ザ・リミット

ジェンソン・バトン
児島修訳

TOYOKAN BOOKS

父からクリスマスにプレゼントしてもらった50ccのバイクに乗る。すぐにリミッターに不満を覚え、もっと速く走りたくなった。

おや、フロントシートにいる小さな天使は誰だ？ サイドブレーキの近くに座らせないほうがいいよ……。

1987年。初めてカートに乗る。すぐに大好きになった。

父は若い頃、ラリークロスのレースに出場していた。1976年、愛車のビートルと。経営していたカーディーラーの前で。

母と離婚したあと、父はピッパという女性と結婚した。1994年、結婚式で正装した父と僕。

1989年。スーパープリで優勝。テレビ中継の解説者はジョニー・ハーバートだった。

1990年。父と（映画『ランボー』の主人公みたいな雰囲気だ）。レイハウスカート場で。

1997年。ヨーロッパスーパーA選手権で優勝。次のステージに進むための大きな足がかりになった。

1995年。イタリアのレースに出場し、優勝を飾る。

サーキットの仲間たちと18歳の誕生日を祝う。

1998年。フォーミュラフォードでは1年だけ走り、チャンピオンになった。このカテゴリーでは走りそのものは楽しくはなかった。トロフィーを背にした僕と、ライバルであり友人だったダン・ウェルドンと。

1年だけ走ったフォーミュラスリーでは、初めてダウンフォースを体験。年間ランキングでは不満の残る3位。早くF1の大舞台で戦いたくてたまらなかった。

1999年に彼のF1カーをテストした際に、憧れのアラン・プロストと対面。数周走ったあと、ジャン・アレジのラップタイムを上回ったと知らされ喜んだ。

ブルーノ・ジュンケイラとの劇的な一対一のテストに勝ち、フランク・ウィリアムズのF1チームでシートを獲得。このときの僕には、F1の世界で何が待ち受けているかは知る由もなかった。

ベネトンでの1年を前にして笑顔を浮かべる。だがチーム代表のフラビオ・ブリアトーレとは衝突し、戦闘力の劣るマシンを操る術に長けていたチームメイトのジャンカルロ・フィジケラとの争いには敗れ、悪魔のようなシーズンになった。

2001年、モンツァでのイタリアGP。ヤルノ・トゥルーリと接触してリタイヤ。このチームでの辛い2年間を象徴するようなシーン。

2004年、スペインのファン・カルロス国王と、BARホンダのチームメイトであり、盟友である佐藤琢磨と、バルセロナGPでの一枚。

さらに、10度の表彰台に立ち、ドライバーズランキングでは3位。レジェンドのミハエル・シューマッハ、ライバル（将来のチームメイトになる）フェルナンド・アロンソとのシャンパンファイト。

躍動した2004年。イモラで初めてのポールポジションを獲得。

2006年のハンガリーGPでF1初勝利。コンディションは（もちろん）雨だった。

2009年、ホンダのF1撤退によって誕生したブラウンで、ついにチャンピオンを狙えるマシンを手に入れた。

© Darren Heath

モナコでの勝利は何物にも代え難い。開幕６戦目で５勝目を挙げる。

ナンバーワン——2009年の世界チャンピオンを獲得。

世界チャンピオンになったあとに、どうやってモチベーションを保てばいいか？ 僕はマクラーレンに移籍し、F1屈指のドライバー、ルイス・ハミルトンにチームメイトとして戦いを挑むことを選んだ。鈴鹿でのルイスとのバトル（写真上）とアブダビでの祝福（写真下）。

2011年、雨中でのカナダGPでの会心のレース。スタートし、再開し、二度のアクシデントに遭い、六度もピットストップを繰り返し、一時は最下位まで落ち、トップに立ったのはわずか半周だけなのに、一位でフィニッシュした。

ハンガリーで迎えたF1での200戦目を勝利で飾る（もちろん、雨だった）。その前の日本では、セバスチャン・ベッテルにターミネーターのように追い回されながら、1秒差で優勝。ドライバーズランキングではベッテルに及ばず2位に終わった。

2014年に他界した父ジョン・バトン。

父を追悼する「ピンク・フォア・パパ」キャンペーンで、ピンクのヘルメットを被って走った。父は僕たちの精神的支柱であり、F1パドックでは誰にも知られる人気者だった。父の死後は、レースへの意味合いが変わってしまった。

「チーム・バトン」。僕の公式な最後のレースとなった、2016年のアブダビGPで。(左から右) ジェームズ・ウィリアムソン、クリッシー・バンコム、ジュールズ・ゴフ、キャロライン・ゴダード(リチャードの妻)、母のシモーネ、僕、ブリトニー・ワード、リチャード・ゴダード、姉のナターシャ、マイキー・コリアー。

〝オールド・ボーイ〟へ。あなたなくして、今の僕はない。あなたは僕にとって、愛する父親であるだけではなく、親友であり、自信とインスピレーションの源だった。僕たちは共に、一歩ずつ夢を実現させてきた。心からの愛を。あなたがとても恋しい。

——ジェンソン・バトン

目次

第一部

父と息子の冒険の始まり

第二部
栄光に向かって

第三部

新たなる挑戦

プロローグ

世界一静かな場所へ

午前八時三〇分

心を落ち着かせるための儀式は、いつも一杯のコーヒーから始まる。

「そろそろいくか？　ＪＢ？」

フィジカルトレーナー《フィジオ》のマイキーが言う。ウォーミングアップのランニングをする準備はできたかと尋ねているのだ。ただし、これをランニングと呼ぶのは少しばかりおおげさだ。正確には、軽いジョギングといったところ。一五分から二〇分も走れば、十分に身体は温まる。シャワーを浴び、着替えを済ませると、これから始まる大仕事を前に、マクラーレンが用意してくれたたっぷりの朝食をとる。

そう、今日はレース当日だ。

午前一〇時

エンジニアやチーフメカニックと、三〇分間の戦略会議。ピットストップの回数やタイミング、戦術、他チームとの比較に基づいた適切なペース、過去のレースでの良かった点や悪かった点などについて話し合う。緊張感と期待感が高まったチーム内は活気に満ち、当然ながら騒々しい。僕は長年の経験を通じて培った技術によって、〝リラックスしつつも適度に興奮している〟という心の状態を保っている。いつもその日の最初のミーティングのときに、空から降ってくるみたいにこの心の状態になる。僕は飼い主を出迎える犬のように喜び、ほっとした気持ちでそれを受け入れる。

だが、土曜の予選の日はそうはいかない。翌日の決勝とは違い、リラックスした興奮はなく、不安と緊張感があるだけだ。それはおそらく僕が、一周のラップタイムを基準にするという予選の形式をあまり得意としていないからだ。僕が力を出せるのは決勝だ。九〇分間の戦いを計画し、戦略を立て、集中することが好きなのだ。

再びミーティング。今度は車のセッティングについて。一時間ほどで終えると、パドッククラブに連れていかれる。このクラブはどのチームにもあり、スポンサーやスポンサー候補の人間が、サーキットを見下ろせるホスピタリティーエリアを自由に歩き回れるようになっている。僕はここでスポンサーや関係者に会い、簡単なスピーチをし、予選についての質問に答え、大勢と握手をして、ピットレーンのファンに会うために階下に戻る。

スポンサーやファンに会うことが、グランプリを走る前の最善の準備ではないと言うのなら、その通りかもしれない。だけど、これは必要なことだ。スポンサーやファンがいなければ、レースは成り立たない。単純なことだ。愚痴は言わず、すべきことをして、それを楽しめばいい。キミ・ライコネンみたいに、マイペースを貫くドライバーもいるけれど。

正午

レースを二時間後に控え、マイキーと早めの昼食。レース当日は、常にマイキーと一緒に行動する。まるでアント・アンド・デックだ――このコメディデュオとは違い、僕たちは見た目までそっくりというわけではないけれど。

ランチはチキンブレストに濃いグリーンサラダとキヌアを添えたもの。この週末に食べるもので、炭水化物が多い食品はキヌアだけ。レースを戦うエネルギー源だ。レース期間中は胃を驚かせたくないから、食べ慣れたものしか口に入れない。

次はドライバーズパレード。オープンカーの後部座席に腰掛けてサーキットを一周し、観客に手を振る。それが終わると、マイクを差し向けてくるインタビュアーの簡単な質問に答える。その様子は、サーキットの大型ビジョンに映し出される。

パレードが終わると手狭なドライバー控え室に行き、それまで身につけていたチーム支給のパンツとシャツを脱ぎ、耐火性のアンダーウェアに着替える。最初にロングパンツ、次にトップ（レーシングスーツのファスナーを上まで閉めきっていない状態のときのために、スポンサーのロゴがプリントされている）。それからレーシングスーツ（この時点では、僕はファスナーを途中までしか上げない）、最後にブーツ。

午後〇時三〇分

マッサージルームに移動。四五分のウォーミングアップとストレッチのあいだは、そのときの気分に合わせて好きな音楽を聴く。レイジ・アゲインスト・ザ・マシーン、キングス・オブ・レオン、ファレル・ウィリアムスなんかだ。

マイキーとは普段はよく喋るが、このときばかりは口数が少なくなる。レースに神経を集中する。特に、スタートのことを考える。早く車に乗り込みたい。それ以外の一切は、そのための準備にすぎない。面倒だというわけではない。だが、やっぱりそれは義務みたいなものだ。F1レースを走るという特別な瞬間を味わうために、しなければならないこと。その準備の過程で、車に乗るのが待ちきれないという衝動がこみ上げてくる時点がある。それがこのときだ。

午後一時三〇分

トイレを済ませ、この日の本当の主役であるレースカーが待つガレージに向かう。気まぐれなプリマドンナみたいに佇む車を、球根形のヘッドフォンを装着したメカニックやエンジニアが取り囲んでいる。

奥の用具箱から、耳栓とバラクラバ、グローブ、ヘルメットを取り出す。耳栓には、隣で寝る人のいびき対策で使うような一般的なものとは違い、他の機能がいくつもある。まずは当然、レースの爆音から耳を守る耳栓としての機能。それから、チームの無線からの指示を聞くためのイヤホン機能。ドライバーにかかる重力を測定できる、Gメーターとしての機能もある。車が何かに激突したときも、このGメーターから取得したデータを確認すれば、次のレースに出場させるべきかどうかを判断する材料にできる。

次に、バラクラバを被る。この耐火マスクの外側に耳栓のワイヤーを通し、装着したヘルメットのプラグに差し込む。チームに声を届けるためのマイクはヘルメットの内部にある。これでコミュニケーションの準備は完了。ヘルメットのバイザーは、この時点では上げたままだ。

グローブをつかんで車に乗り込む。僕の唯一のジンクスは、右側から車に入ること。特別な意味はないから、理由は尋ねないでほしい。

シートベルトの装着は重労働だ。ドライバーは六点支持のハーネスでコックピットに固定される。ストラップは脚のあいだに二本、腰周りに二本、肩の上に二本。脚の二本は自分で固定するが、残りの四本はメカニックがやってくれる。

「問題ないか?」メカニックに尋ねられ、身をよじらせて微調整し、親指を立ててOKのサインを出す。

メカニックが僕のヘルメットを取り囲む位置にヘッドレストを装着する。安全上の規定によって、問題が起きた場合、ドライバーは即座にこのヘッドレストを取り外せるようになっている。それからホイールの装着だ。トンカのおもちゃみたいにぴったりと嵌まる。ここでグローブに指を入れる。バイザーはまだ上げた状態。

「よし、JB、あと一分でグリーンだ」レースエンジニアが言う。エンジンを始動させてグリーンシグナルが表示されるのを待つ瞬間まであと少し。僕の周りのクルーは、タイヤウォーマーを取り外す準備を整えている。

エンジン始動。第三次世界大戦が始まったみたいな爆音がガレージの壁に響き渡る。ここからはすべてがエンジンを中心にしてまわる。僕たちの運命もここにかかっている。

「ゴー！」エンジニアが叫ぶと、ナンバーワンのメカニックが後方に移動して、ピットレーンが空いていることを確認し、スタートの合図を出す。その瞬間、タイヤウォーマーが車から離れる。僕は車を前進させる。ハンドルに付いている、スピードを時速六〇キロメートル以下に保つピットレーンリミッターのボタンがアクティブなのを確認する。

バイザーをパタンと閉じる。その瞬間、僕はドライバーにとって一番平和な場所にいる。あらゆる物事は遠ざかり、そこにあるのは自分と車だけになる。どれだけ騒音がうるさくとも、どれだけ車体が揺れようとも、どれだけ強い重力《G》がかかろうとも、もう車と自分との絆を誰も引き裂くことはできない。

このとき感じる安らぎは最高だ――それはレースで体験するなかで、もっとも完璧で純粋な感情だ。

ピットレーンの端に来たら、スタートの練習をする。トラックの右側に車を停止させ、後続車が来ていないことを確認して、エンジンの回転数を上げて発進する。発進の感覚を味わっておくためだ。

インスタレーションラップでサーキットを周回し、エンジニアと無線の状態を確認する。「一コーナー。聞こえるか？」「よし」「二コーナー」「よし」。個人的には、レースの最中は特に重要なことが起きない限り、エンジニアには黙っていてもらいたい。だがこのラップでは何度も連絡を取り合い、問題がないことを確認する――僕たちの気まぐれなプリマドンナが、ハッピーだということを。

午後一時五〇分

ダミーグリッドに到達すると、エンジンを停止する。グリッドには、テレビクルーやメカニック、VIPをはじめとする、大勢の人がいる。人も車も傷つけたくはないので、スポットに車を寄せて、メカニックに誘導してもらう。

ホイールとヘッドレストが取り外される。僕はコックピットから出て、ヘルメットを脱ぎ、エンジニアと言葉を交わし、インスタレーションラップの感想を伝える。

マイキーは近くにいて、暑いときや雨が降ったときは（たいていは、そのどちらかのケースが当てはまる）僕のために傘を差してくれる。飲み物も用意されている。最寄りのトイレに行く。幸運にも、僕はこれまで一度も車内で用を足さなければならなくなったことはない。F1はたった一時間半のレースだし、バケツ一杯もの汗を掻くので、途中でもよおすことはまずない。だが、念には念を、だ。

それが終わるとグリッドの先頭に移動し、場内に流される主催国の国歌を静聴する。参加しないと罰金が科されるし、何よりそれは敬意を欠く行為だ。だから僕は必ず参加する。再びキットを装着し、車に乗り込む。

レース中に喉の渇きを潤せるように、ヘルメットにドリンクチューブが差し込まれる。単なる水でもないし、スーパーマーケットで売っているようなスポーツドリンクでもない。僕専用につくられたスペシャルドリンクで、塩分やミネラル、タンパク質、炭水化物がたっぷりと含まれている。ヘッドレストとホイールが装着される。グリッドにいる他のチームもみんな同じことをしている。テレビのクルーとＶＩＰが、促されて車から離れる。

エンジンが始動する。エンジニアがメカニックにカウントダウンの指示を与え、タイヤからブランケットが外される。チーフメカニックが僕に親指を立ててその場を去る。緑の旗《グリーンフラッグ》が振られ、僕たちは走り出す。

ダミーグリッドを出発した各マシンは、フォーメーションラップでサーキットを一周して、正式なスタート地点であるスターティンググリッドに移動する。このときドライバーは、タイヤに熱を加えることだけに意識を集中している。だから蛇行運転をして、タイヤの温度をできるだけ上げようとする。さらに、スロットルペダルとブレーキペダルを同時に踏んで、ブレーキを温める。ホイールに熱が吹き込まれ、タイヤにも熱が加えられる。

最終コーナーの手前のコーナーまでに、リアタイヤを空転させるバーンアウトをしてスタートの準備を始める。最後のバーンアウトで、スタート地点にぴったりと車体が収まるようにする。ギアをニュートラルに入れ、ミラーをチェックし、後続車がすべてグリッドに停止するのを待つ。あと少し――。あとほんの少しで、運命の瞬間が始まる。

「全車配置」エンジニアが無線で言う。スタート前にチームとの連絡が許されているのは、この情報に関するものだけだ。

レッドライトが点灯する。一つ、二つ、三つ、四つ、五つ。ギアをファーストに入れ、クラッチを繋がりやすいポイントに合わせ、アクセルを踏み込む。ステアリングホイールの中央には、リバースライトがある。回転数《rpm》が八〇〇〇に達し、いよいよスタートの準備が整う。

耳をつんざくようなエンジン音が鳴り響く。二〇人のドライバーが一斉に八〇〇〇回転を保っている。森の木々がすべてなぎ倒されるような爆音だ。だが、これは僕たち全員が愛している音だ。ドライバーもファンも同じだ。この音こそが、僕たちがここにいる理由だ。聞くのではなく、感じる轟音。単なる音ではなく、身体全体で受け止める出来事。

再び、心に平和が訪れる。台風の目のなかにいるような静寂。スロットルを八〇〇〇回転に維持しながら、身体じゅうを駆け巡り、押し寄せてくるアドレナリンの波を乗り越える。興奮と緊張で震えている足先が、意図せずに動き出そうとする。スロットルを保ち、じっと堪えたままで、神を思い、足先に意識を集中させる。静止を続ける。じっと留まる。回転数を八〇〇〇に保つ。そして……。

午後二時

レッドシグナル消灯。

第一部
父と息子の冒険の始まり

「レースで大切なことは、
すべてスーパーマリオカートから学べる」

ゴールデンボーイ誕生

つくり話だと思うかもしれないが、これは本当だ。僕の人生最初の記憶は車と結びついている。ただしそれはおもちゃの車だ。コーギーやマッチボックス、ホットウィールなんかのメーカーのミニカーが大好きだった。家の階段の踊り場は長細い形をしていて、僕はそこに一コーナーから三コーナーまであるサーキットをつくった。このサーキットではトラックとランボルギーニがフォーミュラ1のレースカーと競争していて、トラックが勝つこともあった。階下からは母がつくる料理の匂いが漂ってきて、三人いる姉の部屋からはかすかに音楽が聞こえてきた。僕は踊り場で、トラックがランボルギーニより速く走る空想の世界を創造していた。一九八〇年生まれの僕が、八〇年代の一〇年間を思い起こすときに蘇るのは、この家のなかの光景と匂いだ。

僕たち家族が住んでいたのは、サマセット州東部のフルームという町にある、ノースコート・クレセントという地区だ。綴りは〝Frome〟だが、〝フルーム〟と発音する。サマセットの訛りでは〝フロウム〟になる（誰かにリクエストされれば、僕はこの発音をする）。地区は町の入り口の、大通りから分岐した三日月《クレセント》のような形をした通り沿いにあった。一方の側にはバンガロー風の家が、もう一方には二階建ての戸建てが立ち並んでいた。当時としてはモダンな街並みだった。

通りの右手にある最初の戸建ての家（つまり、フルームの最初の家）に、僕たちバトン家は住んでいた。南アフリカ人の血を半分引いている母親のシモーネはブロンドで魅力的な女性だった。町ゆく男たちを立ち止まらせるほどだったという若い頃の美貌を、中年になっても成熟した美しさとして保ち続けていた。明るく香しい匂いの漂うキッチンで、料理や菓子づくりをする母の姿をよく覚えている。

　母は、「私はいつもキッチンにいたわけじゃないわ。なんでそんなふうに書くの？」と言うかもしれない。だが、ともかく僕にとって八〇年代の母のイメージはそうなのだ。冷凍食品は悪だと考えていた母は、毎晩まっとうな食事を用意してくれた。日曜日の昼食は特に手が込んでいた。オーブンでじっくりと焼いた肉料理に、鴨の脂で料理したジャガイモと、豊富な付け合わせ。母はとても優しく、愛情深い人で、めったに怒ったり、声を荒らげたりしなかった。母が悪態をついているのを耳にするようになったのは最近のことだ――それもF1を観戦中、僕以外のドライバーに対して、に限ってではあるけれど。

　後に僕がF1に出場するようになると、母はサーキットにレースを観戦しに来るようになった。お気に入りはイギリスGP。それは母のレースだった。僕がF1を引退したとき、母は「ジェンスが出ないなら、もうフォーミュラ1は観ない」と言ったが、結局は観続けた。「どうしても観てしまうのよ。観ると不満が募るのに、不思議だわ」

　最近、小さい頃の自分は、優しい母親に甘えて図に乗っていたのではないかと思うことがある。つまり、僕はその頃の自分が母にどんなふうに振る舞っていたかをよく覚えている。この点では、僕たちきょうだいは全員同罪だと思う。みんな、母を困らせるようなことばかりしていた。親に対する敬意が欠けていた。僕は母を傷つけることをわかっていながら、生意気な口を利いた。そして後になって、なぜあんなことを言ってしまったのだろうと反省した。どんな家族でも同じかもしれない。血がつながっている者同士だからこそ、ちょっとした一言が癪に障ってしまう。だから思わず口答えをする。そしてしばらくして、なぜあんな些細なことで苛立ったのだろうかと自己嫌悪になる。

近頃は母ともっと一緒に時間を過ごそうとしているのだが、簡単ではない。母はサマセット州で一人暮らしをしていて、僕はガールフレンドとロサンゼルスに住んでいる。姉たちも全員家を出て、結婚して家庭を持っている（僕はこの点では母の期待に応えられずにいる）。独りで暮らさなければならない母のことを思うと、切なくなる。

僕には三人の姉がいる。一番上のタニヤは長女らしく気が強い。僕が五歳のときにはすでに一八歳で、家を巣立っていた。次女のサマンサもおてんばな性格で、ちょっかいは出したくないタイプだ。三女のナターシャは穏やかで優しい性格をしていた。サマンサもナターシャも年が離れていて、僕が入学したときにはもう初等学校にはいなかった。

それでも二人は好んで僕の世話をし、甘やかし、甲斐甲斐しい若い母親のように振る舞った。正直、僕は姉たちと母から溺愛されていた。数年後、F1のゴールデンボーイと呼ばれるようになる僕は、そのずっと前からノースコート・クレセントのゴールデンボーイだったというわけだ。

姉たちは僕を着飾らせるのが好きだった。一度だけ――本当に一度だけ――女の子用の服を着せられて、「ジェニファー」と呼ばれたことがある。それを見た父はたいした反応を示さなかったが、母は喜んでいた。もともと、母からは女の子みたいだと言われていた。母はよく、僕がチェックのシャツにデニムのパンツを穿き、サスペンダーまでしていたのに、通りを歩いていた見知らぬ人から「お嬢ちゃんのお名前は？」と尋ねられたという逸話を口にするのを好んだ。母曰く、理由は髪型だった。僕は金髪のボブカットで育てられた。母にはいつも髪を綺麗に整えられた。学校に入学するまでは特にそうで、それは僕にとって長く辛い時期だった。母は子供たち全員の身だしなみにおせっかいなくらいに手を掛けた。叔母の家に遊びに行くときでも、到着する直前に車を止めていったん外に出て、僕たちの髪を整えた。

こんな環境で育ったので、女性がどんなことを考えているのか、少しはわかるようになった。早い時期から異性に親しみを覚えることもできた。母は、僕が保育園児だった頃、僕が姿を現すまで園内に入ろうとしなかった女の子が何人もいたという思い出話をよくしていた。だけど、女性に囲まれていたことにはマイナス面もあった。たとえば、母や姉から過保護気味に扱われたせいで、僕は安全な家のなかでいることを好むようになった。おかげで、いざ小学校に通い出したときに何かと苦労をした。

そして、父のジョン・バトン。小皺が刻まれた日焼けした肌に、キラキラと輝く瞳。絶えることのない口元の笑み。ロッド・スチュワートとクロコダイル・ダンディーを足して二で割ったような風貌。父にはその外見に相応しい魅力があった。

父はフルームのちょっとした有名人だった。何軒もの自動車販売店のオーナーだったし、何よりラリークロスのレーサーだった。ラリークロスは、改造した市販車でサーキットを走る自動車競技だ。当時は今よりもさらにマイナーなスポーツだったし、父が目立った戦績を残したのは一九七六年に開催された大使館RAC－MSAイギリスラリークロスチャンピオンシップとTEACリッデンヒル・ラリークロス・チャンピオンシップでの準優勝だけ。それでも、父は走りだけではなく車そのものでも名前を売った。フォルクスワーゲン・ビートルの改造車で、黒、黄、赤の特徴的な塗装で〝コロラド・ビートル〟という渾名がついていた。これが僕の父だった。町で顔を知られ、レースや自動車販売のことで地元紙に頻繁に登場する、いつでも人の注目を浴びている男。

父は一九四三年、ロンドンのイーストエンド地区で生まれた。当時はこの地区で、双子のギャング、クレイ兄弟が幅を利かせていた。父は若い頃、地元の自動車修理工場で車をピカピカになるまで念入りに掃除したり磨いたりする〝ディテイリング〟と呼ばれる仕事をしていた。同じ道路沿いで中古車販売店を営んでいたバーニー・エクレストンという若者に丁寧な仕事ぶりを認められ、引き抜かれそうになったこともあったが、そのオファーは断った。一九五〇年代後半から六〇年代初めにかけての大昔の出来事だが、後に僕がF1に参戦したとき、実業家として大成功し、F1組織のCEOとしてこの世界の頂点に君臨するようになっていたエクレストンは、このエピソードをよく覚えていた。エクレストンと父はよく、パドックでこの一件をネタにして笑っていた。

父にはいかにもイーストエンド出身らしい、抜け目のなさもあった。若い頃はバンドのマネージャーをしていたこともあるくらいで、カーディーラーとしても車のうまい売り方を常に考えていた。売り口上も弁舌巧みだった。「この車は最速じゃないかもしれないし、最高でもないかもしれない……」と客に言い、しばらくためをつくると、愛おしそうに車を見つめながらこうつぶやく。「だけど、信頼性は抜群さ」。中古車ディーラーの常套手段として、車の値打ちが上がるような見せ方も常に探していた。得意技は、車体の横側にストライプを入れ、その車が限定版だったと見せかけて価格を一〇〇〇ポンド吊り上げること。「これは町を走っていても、めったに見かけないタイプだ。保証するよ」と客に売り込むのだ。

父は一時期、ポーランドの自動車メーカー、FSOの車も扱っていた。同社の車は、他のメーカーと比べて格段に見映えが劣っていた。だが父はうまい作戦を考えた。休暇にこの車に乗って出かけるシーンを演出したのだ。演出のコストは一〇〇ポンド程度しかかからなかったが、それによって二〇〇〇ポンドも車の値段を上げ、一生に一度の買い物だと言わんばかりの雰囲気で客に売り込んだ。車の前に砂を敷き詰め、その上にバケツやスコップ、ビーチボールを置いてディスプレイをつくる。ジャジャーン！　たちまち車のショールームにビーチが出現だ。それはうまくいった。父は、（このラーダ・リーバの隣に置いてあるひどいデザインの車を、一〇〇ポンドの費用でつくったディスプレイで二〇〇〇ポンドも高く売るぞ）と心のなかでつぶやきながら車を売り込む。客は喜んで「早く契約書を出してくれ。今すぐサインする」と言う。

突拍子もない作戦だったが、成功した。その理由は、父にロンドンっ子特有の魅力や、生まれ持った話術の才能があったからだと思う。父には、とにかく何かを成し遂げてしまう、名状しがたい力があった。

子供たちには厳しいときもあったが（僕たちに好き放題をさせていた母に比べれば、という程度だが）、激怒したりすることはなかった。ただし、たまに理解できないような行動をとった。僕は小さいとき、ペダルゴーカートがお気に入りだった。足でペダルを漕いで操作する四輪車のおもちゃで、足の付け根のところにハンドブレーキがついていた。僕はどこに行くにもこれに乗っていた。大好きだった。だけどある日、父に突然、このゴーカートを捨てられてしまった。

父が、僕がこのおもちゃで遊ぶには大きくなりすぎたと思ったのか、何かの罰を与えるつもりだったのかはわからない。それはどこにも問題のない完璧なゴーカートだったし、そのときの僕はそれに乗られないいくらい成長しすぎていたわけでもなかった。とにかくそのときの父の行動は不可解だった。

父は糖尿病を患っていたので、気分の浮き沈みが激しかったのかもしれない。とはいえ父の名誉のために言えば、こうした出来事はごくたまにしかなかった。普段は素晴らしい人間で、僕は心から尊敬していた。

これが僕たち家族だった。裕福ではなかったが、決して貧乏でもなかった。毎年、マヨルカ島へ家族旅行に行くだけの経済的な余裕もあったし、それ以上の贅沢も望んでいなかった。僕たちは、理想的な家族であるべきだった。

実際、ある問題がなければ、理想的な家族になれていたはずだった。両親はそれぞれを見れば、文句のつけようがなかった。母は母性の象徴のような存在で、いつでも子供たちを抱きしめ、キスをしてくれた。父はそれに比べれば厳しかったし、気まぐれなところもあったが、ふたりはどちらも僕にとってのスーパーヒーローだった。

問題は、父と母の仲がうまくいっていないことだった。

自転車に熱中

ジェンソンという名前の由来については、母と父で言い分が違っていた。父は、ラリークロスのライバルだったアーリン・ジェンセンの名をとり、スポーツカー・メーカーのジェンセンを連想しないように、ジェンセンのEをOに変えてジェンソンにした、と言った。母は最初、なんと〝ジョーダン〟を考えていたという。だが、ジェンセンのスポーツカーを見て気が変わったらしい。EをO

に変えたのは「そのほうが男らしいから」ということだった。

だが、それは多岐にわたる二人の意見の不一致のなかでは、ごく些細なものだった。子供たちにはなるべく見せまいとはしてくれていたが、父と母はしょっちゅう口論していた。表向きは平和な家族のひとときでさえ、不機嫌だがしかたなく同じ部屋にいなければならないときのカップルが放つ雰囲気があった。うわべだけの親しさや取り繕ったような笑顔では、その不穏さは払拭できなかった。その空気はずっと家のなかにあった。まるで、キッチンのゴミ箱から漂ってくる昨日の夕食の魚の臭いのように。

大人なら、こんな状況にもなんとか対処できる。人生経験を積み、相手の心理を推し量れるようになる。だが、僕はまだ小さな子供だった。僕は闇のなかに置き去りにされていた。両親は、自分たちの不仲が子供たちの目に入らないように、僕たちを〝遮断〟しているつもりだったのだろう。だけどもちろん、そんなことは不可能だ。

二人は若い頃、イギリス南西部にあるビーチタウン、ニューキーを休暇で訪れていたときにダンス場で出会い、そのまま一緒に時間を過ごした。休暇が終わり、母はフルームに、父はロンドンに戻った。二人とも、おそらくもう二度と会うことはないだろうと思っていた。だがある夜、母がイギリス南部のウィルシャー州にあるカントリーハウス、ロングリートで催されたローリングストーンズのコンサートに行ったとき、車で迎えに来た父親が、こう言った。「お前を訪ねて来た人がいる。びっくりするぞ。誰だと思う?」

父と母の容姿は、いかにもお似合いの二人といった印象を抱かせるものだった。家には、二人の見栄えのいいツーショットの白黒写真が何枚もあった。若い頃の母は髪の毛を真っ黒に染めていて、二人はたいてい車のボンネットに腰掛けてポーズをとっていた。母は自動車レースにのめり込んだりはしなかった。車の運転すらできなかった。だが、母の父親はレーサーだった。それはオートクロスという、ラリークロスへの入り口と見なされている別種の競技だった。ラリークロスはレース専用のサーキットで行われるが、オートクロスでは地面に目印となるパイロンなどを置いてコースをつくり、一台ずつ反時計回りに周回してラップタイムを競う。世のなかは狭い。僕の父と祖父（母の父親）は、同じ大会に出ていたことがあった。直接競争したわけではなかったものの、ものすごい偶然だ。そのことに気づいたのは、今から五年前のことだ。

とにかく、僕の両親は出会い、恋に落ちた……そのきっかけが愛情だったのか、愛欲だったのかは定かではないけれど。いずれにしても、長女のタニヤが僕より一三歳年上であることを考えると、二人がずいぶんと前から一緒にいたのは間違いないし、きっと通じ合うものはあったのだと思う。幸せな時代があったことは、写真からも想像できた。問題は、二人が水と油のような人間だったことだ。繰り返すけど、母はとても思いやりのある人間だ。でもその分、物事を過度に心配しすぎる傾向もあり、それは嫉妬心にもつながった。

そして父は、嫉妬心の強い女性がつき合うのに相応しい男性ではなかった。父が不実な夫だったというわけではない。僕はそうではなかったと信じている。子供の頃、父に「いいか、ジェンス。俺は女遊びなんてしていないからな」とはっきりと言われたこともある。それだけで、僕には十分だった。

それでも現実には、父は二枚目で移り気な、フルームの有名人だった。休暇をイメージさせる演出で車を売るというアイデアを思いつき、町で洒落たことが起これば必ずそこにその姿があるような男だった。何より、カーレーサーだった。ラリークロスはマイナースポーツだったが、レースはテレビで放映された。あのマレー・ウォーカーが解説者だったこともある。レース界の有名人との関わりもあった。たとえば、僕の姉のタニヤは幼いデイモン・ヒルと一緒に遊んでいた。伝説的なグラハム・ヒルの息子だったデイモンは、いわばこの世界の貴族のような扱いをされていた。

つまり、両親は二つの違う世界に住んでいた。母はいつもキッチンにいたわけではないが、そこで家族のために食事をつくることが自分の務めだと感じていた。だが、父はマイペースだった。

それでも、人生は続いた。こうした家庭環境のなかで、僕は幼い少年としての毎日を忙しく過ごしていた。サッカーには興味がなかったが（僕には球技をする時間はなかった）、常に活発だった。それは今でも同じだ。僕は休養日が苦手だ。何もしていないと頭が痛くなり、だるい気分になる。じっとしているのが苦手なのだ。

活動的な少年だった僕の自由のカギを握っていたのは、自転車だった。最初に手に入れたのはラレーのロードバイク。母に補助輪を外してもらい、初めて自力でバランスをとりながら走ったとき、見事に転んで泣きわめき、慰めてもらったことをよく覚えている。

その後で買い与えてもらったのは、マリンのマウンテンバイク。これは大のお気に入りだった。僕は最近カリフォルニアに移住したのだが、そこではたと気づいた。そう、マリンのマウンテンバイクの名称は、カリフォルニアのマリン郡に由来していたのだ。当時はこのマウンテンバイクで近所を走り回り、中等学校に通学していた。

僕たちの家の一階は、ぐるりと一周できるような間取りになっていた。廊下からキッチン、ダイニングルーム、リビングへと移動し、また廊下に戻ってこられた。僕は小さな子供らしく、この家のなかのサーキットを周回するのが大好きで、何度も何度も繰り返し走り続けた。今思い出しても、その熱中ぶりは尋常ではなかった。こう書くと、まるでこの本のために可愛らしいエピソードをでっち上げたように思うかもしれないが、これは神に誓って本当だ。姉たちがリビングのソファに腰掛けてテレビの『デンプシー＆メイクピース』や『ジャスト・グッド・フレンズ』なんかを観ている前をドタバタと足を踏みならしながら横切るので、いつも怒られていた。

ずいぶんと長い期間、飽きもせずにこの屋内サーキットごっこを続けていたが、しばらくしてようやく新しい遊び方を発見した。長いロープ（物干し用のロープだったはずだ）の片方の端をつかみ、自分の尻尾を追いかける犬みたいに、この周回コースをぐるぐると回るのだ。

問題も起こした。僕が住んでいたノースコート・クレセントは、フルームのメインストリートを見下ろす斜面に位置していた。ある日、僕は自宅の私道から坂道を見下ろし、次に父がホイールやタイヤをたくさん保管していたガレージに目を向けた。そして五歳児なりに、いいアイデアを思いついた。

次の瞬間、タイヤが一個、私道を転がって道路に飛び出した。僕はタイヤが向かいの家の低い壁に当たるのを、興味津々になって見ていた。弾みながら勢いを増すタイヤが、交通量の多いメインストリートに向かって進んでいく。

タイヤは奇跡みたいにうまく障害物を避けながらしばらく転がり続け、反対側の舗道にぶつかって停止した。

一部始終を見ていた長女のタニヤが「ジェンソン、何してるの？」と言った。

「どうなるか見てみたいんだ」僕は答えた。

タニヤはやれやれといった様子でかぶりを振った。彼女はしばらくして実家を離れることになる。もちろん、僕のいたずらがすぎることが原因だったとは思いたくはないけれど。別の日、僕は父のジャガーＸＪＳ（白のボディに黒いソフトトップの、とびきり格好いい一台だった）に飛び乗り、いつものように運転ごっこをしていた。ステアリングを思い切り左右に動かしたり（ロックはされていなかった）、ギアを変える振りをしたり、本当に車を動かしている人になりきって遊んだ。普段とは違いハンドブレーキも触っていたら、何かの拍子で解除されてしまった。

前に書いた通り、僕たちの家は傾斜している丘の上に立っていた。私道のほうを向いていた車が、後方に転がり始めた。家のなかから緊急事態に気づいたサマンサが腕を振り、「ストップ！ストップ！」と叫んだ。

僕たちきょうだいのなかで、一番、荒っぽい性格をしていたのはサマンサだった。だから、僕は、身の回りを少々散らかしていても親から怒られたりはしなかった――まあ、僕は何をしてもめったに怒られたりはしなかったのだけど。

だが、普段のこの関係は逆転しようとしていた。車は大声を上げるサマンサなどお構い無しに転がり続けた。僕は必死になって足下のブレーキペダルを踏もうとしたが、うまくいかない。車はノースコート・クレセントの道に向かって転がり続けた。そのまま道を横切れば、以前転がしてしまったタイヤと同じように向かいの家の壁にぶつかってしまう。

サマンサは捨て身の覚悟で車体の前に立ち、なんとか停止させようとした。だけど、黒のソフトトップのジャガーＸＪＳを、十代の華奢な女の子が止められるわけなどない。サマンサは勇敢に立ち向かったが、瞬時に無理だと諦め、すぐに車の前からどいた。ジャガーは道を横断してそのまま壁に向かって進んでいった。

その結果、ジャガーの車体には大きな凹みができてしまった。

この小さないたずらの結果、親には叱られた。だが、罰を与えられた覚えはない。なぜだかはわかる。父が、ジャガーで遊んでいる息子のことを密かに喜んでいたかもしれなかったからだ。父からは、車やモーターレースへの興味を持たされそうになったことは一度もない。だけど僕は幸運だった。父から仕向けられなくても、それは僕のＤＮＡに最初から刻まれていたからだ。唯一の息子が車やカーレースに見向きもしなければ、父には寂しい思いをさせてしまったはずだ。

気がついたら、僕はすっかり車に心を奪われていた。いつからそうなった、というはっきりとした瞬間はなかった。どこにでもいる少年ジェンソン・バトンを、〝車馬鹿のジェンソン・バトン〟に変えた特別な出来事などない。歩いたり話したりするのをいつのまにか覚えているように、僕は自然に車を愛するようになっていた。

その愛は最初から、僕のなかにあったのだ。

スロットカーに魅せられて

スケーレックストリック――。僕はこのスロットカーのブランドが、たまらなく好きだった。カーレースがどんなものかを理解し始めたのも、おそらくこのおもちゃがきっかけだ。スロットカーとは溝《スロット》のある模型のサーキットでミニチュアのレースカーを走らせるゲームだ。大切なのは、いかにアクセルをコントロールし、スピードを調節しながら、コーナーに入り、出るかだ。それまではミニカーをA点からB点に動かすだけだった僕は、初めて車をレースカーとして走らせる術を学んだ。ただアクセルを踏み込んで速く走ればいいというものではない、と気づいたのだ。スピードを上げるべきときと抑えるべきときの加減を知らなければならない。

僕はおもちゃの車専用のガレージも持っていた。父のガレージの使い方を真似て、そこにミニカーを保管していた。スケーレックストリックのスロットカーに夢中になる前は、ホットウィールのミニカーも集めていた。「ループ・ザ・ループ」と呼ばれる一回転ループのあるレールも持っていた。僕はスロットカーに熱中し、何時間も飽きずに何台ものミニカーをレール上で走らせた。両親が惜しげもなく買い与えてくれたミニカーを、一日中、家のなかで動かしていた。大人になってから、家に遊びに来ていた姪や甥たちに、僕がコレクションしているミニカーで遊ばせたことがある。精巧につくられた、フォーミュラ1のシリーズだ。これは失敗だった。しばらくして様子を窺ってみたら、全部壊されていた。子供たちは、ミニカーをぶつけて遊んでいた。僕は同じくらいの年頃のとき、こんなふうにミニカーを荒っぽく扱ったりはしなかった。特に神経質だったわけではないが、大切なおもちゃを傷つけたくなかった。僕は家の階段の踊り場に大量のミニカーを置き、現実ではありえないような組み合わせの車が競争する空想の世界に没頭した。

テレビも同じだ。お気に入りの番組は、初めは『きかんしゃトーマス』だったのだが、すぐに『超音速攻撃ヘリ エアーウルフ』や『ナイトライダー』など、車が登場するものに変わった。映画でも、自分の意思で動くフォルクスワーゲン・ビートルが活躍する『ハービー』シリーズや、廃車寸前だったレースカーの改造車に乗って家族が冒険の旅に出る『チキ・チキ・バン・バン』が好きだった。車が出てくれば、なんであれ夢中になった。僕は完全に車に取り憑かれていた。部屋の壁にはフェラーリF40のポスターを貼っていた。年頃になると、これに女優のパメラ・アンダーソンとテレビアニメの『シンプソンズ』のキャラクター、バート・シンプソンのポスターも加わった。好きな女優は成長するにつれてころころと変わった（パメラ、ごめん）が、F40への情熱はいつまでも消えなかった。大人になってから、一台購入してしまったくらいだ。部屋の壁にF40のポスターを貼っていた八歳の子供だった僕が、次の瞬間、この車を所有する大人になっていた。そんな心境だった。僕が子供の頃に抱いていた車への尋常ではない情熱は、決して一過性のものではなかったということだ。

そして、対象は単なる車ではなかった。僕が何よりも夢中になったのは、カーレースだった。五、六歳の頃から、よく父と一緒にF1をテレビ観戦した。レース中にある車が別の車を追い抜こうとしていると感じたら、そう言葉にした。たいてい、その予想は当たっていた。

一九八六年には、ナイジェル・マンセルとネルソン・ピケが火花を散らしていた。それもすごく面白かったが、なんといっても刺激的だったのは、その数年後に注目されるようになった、マクラーレンのチームメイト同士だったアラン・プロストとアイルトン・セナの争いだ。

当時は気づいていなかったが、そのライバル争いはF1史上最大のものだった。セナは裏表がなく、感情を露わにするブラジル人。一方のプロストは、自らのスタイルに合わせてチームと協力し、最適な車をつくりあげるその整然さと緻密さから、〝プロフェッサー〟の愛称で呼ばれていた。

プロストにとって、何よりも重要なのは勝つことだった。無理をして大差をつけるよりも、安全に僅差で勝利することを好んだ。

セナは正反対で、相手を徹底的に叩きのめそうとした。セナは、プロストに苦杯をなめさせようとした。ただ勝つだけでは不十分だった。

一九八八年にモナコで凄まじいレースがあった。セナが首位を独走し、二位のプロストを大量にリード。だがセナは手綱を緩めず激走を続け、あと少しというところでスピンしてガードレールに衝突、リタイヤしてしまった。結局、プロストが優勝。落胆したセナはパドックにも戻らず、そのままアパートメントに帰ってしまった。

数年後、プロストはフェラーリに移籍し、マクラーレンのセナと激闘を繰り広げた。ここでも、二人は相手を打ち負かすためにあらゆる手を尽くした。常に、お互いをサーキットのコース外に押し出そうとしているように見えた（実際に二人のマシンが派手に接触したのは二回だけだったはずだが、印象としてはいつもぶつかり合っていたように思える）。

プロストはかつてこう言った。「セナは私にただ勝ちたいとは思っていなかった。私に屈辱を与えようと思っていた。世界に向けて、いかに自分が強く、優れているかを示そうとしていたんだ——そして、それが彼の弱点だった」

プロストは正しかった。単に勝つのではなく、相手を完膚なきまでに叩きのめそうとすることは、レーサーとして他に非の打ち所がなかったセナにとって唯一の弱点であり、アキレス腱だった。

二人のうち、僕のお気に入りはプロストだった。テレビ画面に映るプロストは落ち着いていて、セナのように感情的ではなかった。そんなところが僕の性に合っていた。セナのことは尊敬している。だが、どちらか一人を選べと言われればプロストをとる。この対照的な二人を、同時にお手本にはできない。セナはとても速かった。一ラップに限れば、プロストより上だった。だが、プロストは用意周到で、知的で、勝つためにあらゆる手を尽くすドライバーだった。レースとは一ラップではなく、トータルの距離を速く走る競技だということを知り尽くしていた。ピットストップの度に、コーナリングのライン取りに問題がないかをピットクルーに細かく確認していた。

もちろん、僕はマンセルも好きだった。あの太い眉毛の、我らがナイジェル・マンセルだ。イギリス人として、母国出身のドライバーを応援できるのは素晴らしいことだった。とはいえ、僕はマンセルがイギリス人だから応援していたわけではない。レースの世界では、ファンが自国のドライバーを応援するのは一般的だ。スペイン人のファンはスペイン人のドライバーを応援するし、南米のファンは南米のドライバーを応援する。でも、イギリス人は違う。僕たちは自分が好きなドライバーを応援する。イギリス人かどうかは関係ない。僕はイギリス人のそんな気質が気に入っている。

いずれにしても、子供の頃の僕にとって、F1ドライバーはまさに神だった。その一方で、ヒーローに憧れ、いつかはフォーミュラ1のレーサーになることも夢見てはいたが、そんなことはとうてい無理だという気もしていた。ドライバーたちは、スーパーヒーローだった。将来、自分が彼らと同じ舞台に立つことになろうとは、幼い僕には知る由もなかった。

八〇年代半ば、僕は地元の初等学校、ヴァリス・ファーストスクール校に通い始めた。学校通いは辛い体験になった。

前に書いたように、僕は家で時間を過ごすのが好きだった。そして、それが問題だった。ノースコート・クレセントの自宅で、家族に囲まれ、おもちゃの車で遊んでいるときが一番幸せだった。家にいるとき、僕は腕白で天真爛漫な男の子でいられた。だが、そんなふうに振る舞えるのは家のなかだけだった。一歩外に出ると、痛々しいまでに恥ずかしがり屋で神経質な子供になってしまうのだ。

不安は家を出る前から始まった。朝、父の車に乗り込む前、母に髪を整えてもらっているときから、これから待ち受けている学校での一日を想像して落ち着かなくなった。いったん登校してしまえば多少は気楽になれた。僕はいつもそうなのだ。その場に着いてしまえば、不安は和らぐ。だけど何かを始める前は、やたらと緊張してしまう。

最近では、レーシングドライバーとしてさまざまな場面で人前に立つことも増えた。インタビューや舞台挨拶といった小さな仕事でも、子供の頃に感じていたのと同じような、何かが始まる前の嫌な緊張感を味わってしまう。実際にその場に出てしまえば気持ちも落ち着き、素晴らしい体験をしたと思うことがほとんどだ。そして、こう思う。「なんだ、心配して損したよ。なぜあんなに不安になっていたんだろう?」。そんなことを繰り返す度に、子供の頃の記憶が蘇ってくる。こんな思考回路は捨て去ってしまいたいと思うのだが、どうやらこれはもう変えられない習性になっているらしい。

学校の友達からは、まともに名前を呼んでもらえなかった。最近でこそ、聞いたこともないような珍しい名前の子供が大勢いる。たぶん教師は大変な思いをしているはずだ。だが、僕が子供だった一九八〇年代前半は、男の子ならマイケルやクリストファー、女の子ならアマンダやサラといった具合に、みんなありきたりの名前をしていた。「ジェンソン」は地元のサマセットではまず耳にしない名前だったので、僕はあだ名で呼ばれるのが常だった。そのうちの一つ、「JB」は今に至るまでずっと使われているニックネームだ。「ジェイソン」と呼ばれることもあった。今にして思えば、これは単なる聞き間違えから生まれたものだったのかもしれない。ジェンソンという音の響きから、「ジッパー」や女の子の名前の「ジェニファー」と呼ばれたりもしたが、面白がっているふりをして受け入れるしかなかった。ジェニタル《性器》なんてのもあった。

とはいえ誤解しないでもらいたい。ひどいあだ名をつけられることはあっても、僕にとって学校生活はそれほど悪いものではなかった。孤独と苦難に満ちた日々だったわけではない。なんというか、それは〝特に問題のない〟程度の日々だった。身振りで表現するなら、肩をすくめる、といったところだ。折れ線グラフで表すなら、浮き沈みのない、まっすぐな線。

あるとき、僕は自分についての大きな発見をした。初等学校を卒業し、セルウッドの中等学校に通い始めた頃のことだ。僕は相変わらず目立たないおとなしい子供で、ちょっとした孤独を味わいながら学生生活を続けていた。

一年生か二年生のとき、学校のラグビーチームの試合に出ることになった。なぜそんなことになったのかは、よく覚えていない。たぶん、一軍のチームがフランスに遠征に行っていて人手不足だったとか、そんな理由だったはずだ。そのとき駆り出せるのが、僕くらいしかいなかったということなのだろう。いずれにせよ、僕はラグビーをしなければならなくなった。その体験は、悲惨なものになった。考えてみれば、僕はこの競技のルールすら知らなかった（それから数十年経った今も、いまだにラグビーのルールはよくわからない）。ピッチに入って周りを見渡しながら、〝冗談だろ〟と思った。相手チームの選手は、全員ひげを生やしている。僕は一二歳で、それなりに背は高かったが、痩せた子供にすぎなかったし、どうみてもスクラムなど組めそうな体格はしていなかった。

ともかく、僕はピッチに立っていた。しばらくは、なんとかしてゲームから消えようと必死に試みていたが、ふと気がついたらボールが手のなかにあった。どうしたらいいのかわからず、ともかく前に走った。敵のひげの選手が飛びかかろうとして迫ってくるのが視野に入った。僕はボールを放り投げた。味方にパスしたのではない。タックルされるのが怖くて、でたらめな方角にボールを投げ捨てたのだ。チームメイトはあきれていた。その後は試合が終わるまで、一度もボールは回ってこなかった。そのとき気づいた。自分は球技などの団体競技には向いていない。仲間をがっかりさせるのは嫌だ、と。

こう言うと、「でも君はF1ドライバーだろ？ F1ほど、失敗すればチームの仲間をがっかりさせてしまうスポーツもないんじゃないの？」と思うかもしれない。もちろん、その通りだ。でも、違いがある。球技では自分の才能をまったく信じられなかったが、レーサーとしての技術には自信があった。ラグビーと違い、僕はカーレースではチーム内でもグリッド上でも自分の居場所があるというたしかな感覚を持てた。もちろん、クラッシュすればチームに迷惑をかけてしまうし、みんなに謝ることになる。だけど、あの日、ラグビーのピッチで感じたような〝チームをがっかりさせてしまった。自分はここにいるべきではない〟といった気まずさを覚えたことはない。この考えが人生をより良く生きるうえで万人に役立つものかどうかはわからないのだが、ともかく僕はラグビーで恥をかいたあの日、こう決意した――これからは、得意なことだけをして生きていこう。

初めてのサーキット

両親は、末っ子で唯一の息子である僕に、姉たちより多くのプレゼントをくれた。普通ならきょうだい喧嘩の原因になりかねないが、そうはならなかった。彼女たちの気立ての良さや寛容さのおかげだ。誕生日がクリスマス前後の人間（僕は一月一九日生まれだ）によくみられる、〝お祝い疲れ〟のようなものも感じたことはない。僕は毎年、クリスマスにプレゼントをたくさんもらい、一カ月後の誕生日にも山ほどのプレゼントをもらった。それがとても嬉しかった。

それは現在でも同じだ。母からは今でもたくさんの贈り物をもらう。その度に、最高の気分になる。クリスマスには、みんなが自分のプレゼントの中身を確認し終えても、僕はまだ目の前に積まれた箱や袋の包装紙を破り続けている（おかげで、自分も気前よく身内に贈り物をするようになった。だから僕の家族は、誰も中古のＦＳＯ車に乗っていたりはしない）。

七歳の誕生日にも、たくさんのプレゼントをもらった。なかでもお気に入りだったのは、ヤマハの五〇ccバイクだった。愛称は〝ピーウィー50〟。新型で、デザインも斬新だった。目玉が飛び出るほどの高額というわけではなかったし、父が仕事のコネを使って安く手に入れたことも十分に考えられるのだが、それでも七歳の子供にとってはとてつもなく大きなプレゼントだった。

「じゃあ、エンジンをかけてみよう」父が言った。僕たちはノースコートの自宅前の私道にいた。母や姉のサマンサ、ナターシャも見ていたはずだが、恥ずかしながら僕はそれを覚えていない。光り輝く真新しいピーウィーに、すっかり心を奪われていたからだ。

父がエンジンをかけると、僕の身体じゅうに稲妻が走った。車とは何かが違っていた。そのエンジンサウンドやバイクの匂いは、昨日のことのように覚えている。僕はそれを、死ぬまで忘れないだろう。

シートに飛び乗り、スタートの体勢をとった。凍えるように寒い日だったけど、バイクの熱を感じた。エンジンが間近にあり、五〇ccのパワーが伝わってきた。「だめだよ、ここじゃあ乗れない」父が言った。

近所の小さな公園内の舗装路に移動した。僕が同じコースを何度も行き来し、徐々にバイクの感覚をつかんでいくのを、父は鷹のような眼で見つめていた。意外にも怖くはなかった。ヘルメットがあったからだ。モータースでは、ヘルメットをかぶっていても完全に身を守れるわけではない。だがこの防具を身につけると、不思議なくらいの安心感が得られる。あるいは、僕はもともとレースに関しては恐怖心をあまり感じないほうだったのかもしれない。ともかくギアを装着し、ヘルメットをかぶった瞬間、恐怖心は消えた。それは一種の錯覚なのだが、それでもかまわなかった。「フルスロットルにするんじゃないぞ」父は警告したが、僕はかまわずグリップを回した。次第に、バイクとの一体感が生まれてきた。自転車に乗っているときの感覚と同じだった。手足を動かすみたいに自然な操作で、ピーウィーを身体の一部のように動かせる。ただしこのバイクにはリミッターが付けられていて、スロットルを全開にはできなかった。

リミッターは邪魔だった。フルスピードを出せないのがもどかしかった。帰宅し、「どうだった？」と父に尋ねられたときも、せっかくプレゼントしてもらったバイクに文句をつけるみたいで気が進まないと思いつつ、ゴクリと唾を飲み込んでから、こう言ってしまった。「すごく良かったよ。でも、ちょっと退屈だったな」

「退屈？」父は好奇心と驚きが入り混じったような顔をした。

「あんまり速く走れないから」僕は言った。

リミッターによって、ピーウィーは時速二〇キロ以上のスピードが出ない設定になっていた。僕はこのバイクが三〇キロ以上の速さで走れるのを知っていた。

「なんとかしてみよう」父は言った。いま振り返ると、父は密かに喜んでいたのかもしれない。

翌日の良く晴れた空気の乾いた日、父がリミッターを解除した（簡単だった。ボルトを一本外すだけだった）。

昨日と同じ公園に行き、バイクにまたがりエンジンをかけた。「ゆっくりだぞ」と父が言った。エンジンの熱が身体に伝わり、昨日と同じ興奮が蘇ってきた。グリップを握りしめながら、〝昨日はうまく乗れたぞ〟と自信をみなぎらせた。前方を見つめ、ヘルメットの重さを味わった。身体の下のバイクが、自由になりたがっている。思い切りアクセルを開けた。

勢いがつきすぎ、バイクから振り落とされた。激しく地面に落下したが、どこも痛くはなかった。僕はそのままの体勢で、自分を置き残して発進した愛車が、ぶつかった壁に寄りかかるようにして停止するのを見ていた。

「ゆっくり、って言っただろう」父が頭を振り、眉をひそめた。父が僕に対してこんなふうに不機嫌になったのは初めてだった。

僕は怪我をしなかったし、バイクも傷ついていなかった。バイクは倒れてもいなかった。僕は再びバイクにまたがった。本当の話、僕がこのバイクから落下したのは後にも先にもこのときだけだ。

今度はうまく乗れた。胸が高鳴った。〝いいぞ！〟と心のなかで叫んだ。リミッターが解除されたバイクは、それまでよりも力強く走った。次の瞬間には、こう考えていた――〝限界まで走らせてみたい〟。その瞬間から現在に至るまで、僕はずっと同じことをしてきた。なんであれ、自分が運転しているモノの限界を探そうとすること。できる限り、速く走らせようとすること。

父は冷静だった。僕の尋常ではない速さへの衝動を見抜き、これ以上息子を公園でバイクに乗せるのは危ない、と常識的な判断をした。

僕たちはブリッジウォーターの近くにある飛行場に行った。そこは公園よりもバイクに乗りやすかった。路面に置いた石を目印にし、ちょっとしたサーキットをつくって走った。でも三〇分後には、僕はこう言っていた。「父さん、飽きたよ」

なんて生意気な子供だったのだろう。でも、父はわかってくれた。そして、たぶんこう考えていた。〝いいぞ。それでこそ俺の子だ〟。たぶん、僕も無意識で理解していた――息子である自分が〝バイクをもっと速く走らせたい、もっと難しいことに挑んでみたい〟と伝えることが、父にとっては大きな喜びになるはずだ、と。そう、これは僕だけの問題ではなかった。僕と父にとって大切なことだった。とはいえそのときの僕たちは、自分たちがレースの世界に足を踏み入れようとしているとは夢にも思っていなかった。ただ、親子二人で何かに夢中になり始めていることに気がついていただけだった。

「そうか、飽きたのか」父は言った。「近くにちょっとしたサーキットがある。そこに行ってみよう」

サーキットを訪れてみると、そこは別世界だった。僕の五〇ccのピーウィーより大きな八〇ccのバイクに乗る、年上の子供たちが大勢いた。みんなバイクをドリフトさせ、横滑りさせ、ジャンプ台を使って宙を飛んでいた。凄まじい騒音だ。僕は思わず息を飲んだ。

コースに出て、周りのライダーに気圧されながら走り始めた。数周走ったあたりで、〝ダメだ、僕には無理だ〟という心の声がした。父のところに戻り、自信がないと伝えた。

「気にするな、ジェンス」父は少し離れたところに停まっていた、ハンバーガーなどの軽食を売っている移動販売車を指さした。「まずは腹ごなしをして、そのあとで続けるかどうかもう一度考えよう。いいな？」

僕には、父が心のなかで二つのことを考えているのがわかった。まず、父は息子がレースに関心を示し始めたことを喜んでいるはずだ。同時に、段階を踏みながらバイクの技術を身につけてほしいとも考えているはずだ。ついさっき、僕は公園でバイクから振り落とされたばかりだった。当然、父はこのサーキットで息子に手足を骨折するような怪我をさせたくはないに違いない。

二人で立ったまま、白パンにベーコンと卵を挟んだサンドイッチを食べた。週末レーサーの定番メニューだ。サーキットを走るレーサーたちを見ていると、走りたいという意欲がすぐに蘇ってきた。この感覚を味わったのは、おそらくこのときが初めてだ。同じ感覚は、それから何度も体験することになる。特に、F1を引退してからがそうだ。F1のキャリアを終えたとき、もうF1マシンに乗らなくてもいい、とほっとした。だけど地元イギリスのシルバーストン・サーキットでの予選を走るF1マシンを見ていると、〝わあ、なんてカッコいいんだろう〟と思うことがある。F1マシンは最高だ。何しろ、時速三〇〇キロ以上で走る。〝もう一度、運転してみたいな〟と思う。

その日も同じだった。サンドイッチを食べ終える頃には、もう一度走りたいという気持ちになっていた。自信を漲《みなぎ》らせ、コースに出た。年上のライダーたちの真似をして、車体をドリフトさせ、後輪を滑らせ、軸足をまっすぐにしてコーナーを曲がった。

近くにいた大人がアドバイスをしてくれた。「ドリフトをするときは、もっとスピードをつけてコーナーに入るんだ。そうしないと後輪が外に出ないぞ」。それまでしたことのないようなテクニックもいくつか試してみた。ジャンプ台から飛んでみたりもした。気分はオートバイスタントのヒーロー、エベル・ナイベルだ。

父はコース脇に立ち、鷹のような眼で僕を見ながら、心配そうに唇を噛んでいた——自分たち親子が、とうとうこの世界に足を踏み入れるときがきたか、という顔をして。

両親の離婚

両親の諍《いさか》いは続き、関係は冷え切っていた。二人はとうとう匙を投げ、数年前にそうなっていてもおかしくはなかったことをした。そう、離婚だ。

僕はそのときのことをよく覚えていない。派手な喧嘩があったわけでも、感極まった別れの瞬間があったわけでもなかった。父はただ、荷物をまとめて家を出て行った。僕はそのときから、父と母の家を行き来する生活を始めた。それは何年も続いたが、長いあいだ腹の底でお互いを嫌っていた二人は縒りを戻したりはしなかった。

ただし正直に言えば、僕にはこの離婚の件で思い悩んだ記憶はない。むしろ友人には、「これからは誕生日とクリスマスにプレゼントを二回ずつもらえるからラッキーだ」と言っていたくらいだ。おそらくそれは、七歳の男の子なりの精一杯の現実の受け入れ方だったのだろう。でも実際、僕には本当にそう考えていた節もあった。だから、〝当時は密かに傷ついていた〟という振りをしてもしょうがない。姉たちは辛い思いをしていたはずだが、僕はそもそも、母と父を愛し合う二人の男女だとは思っていなかった。僕にとって両親の離婚は、果てしなく続く口論の終わりを意味していた。もう、家庭内に漂っていた険悪な雰囲気はなくなった。そういう意味では、僕にとって離婚がもたらした良い影響は、悪い影響をはるかに上回っていた。

父の新しい家は、フルーム郊外の農場の庭にある小さな平屋だった。本当に小さな家だった。今から数年前、ガールフレンドのブリトニーと車で走っていたときに、近くをたまたま通ったので、この家に立ち寄ってみたことがある。記憶していたよりもはるかに小さくてびっくりした。幼い僕には、それが大人が暮らすにはどれくらい手狭な家なのかはよくわからなかったけれど。

それでもこの新しい家は、七歳の子供にまったく新しく刺激的な世界を切り開いてくれた。一九八七年当時、父はラリークロスでも乗っていた愛車のコロラド・ビートルをフォルクスワーゲン・ゴルフに乗り換えていた。レース前のウォームアップのために、父はよく農場でこの車のエンジンをかけていた。そこで聞いたエンジン音は、いまでも鮮やかに覚えている。レース用に改造され、完全にチューニングされたエンジンが全開で奏でる、ヴォーーンという轟音。幼い子供の耳には騒々しすぎたが（騒音に悩まされた近所の人が、当局に苦情の電話をしたことがあるくらいだ）、とても興奮した。その音は、僕がますますレースにのめり込むきっかけにもなった。

別居したことで、父と過ごせる時間が増えた。両親が離婚したことで、父とそれまでよりも多くの時間を過ごすようになるなんてヘンな話だ。だが、実際にそうだった。離婚のほとぼりが冷めると、母も落ち着き、僕が父のいる農場で長い時間を過ごすことにもとやかく言わなくなった。だが、父が後の再婚相手になるピッパという女性と付き合い始めると、母の心中は穏やかではなくなった。再び戦線が引かれ、母からは決められた時間しか父と一緒にいてはいけないという指令が発せられた。

それでも、父とは一緒にいろんなところに出かけた。海辺にも行ったし、遊園地にも行った。もちろん、バイクにも乗った。離婚してから八カ月ほどは、愛車の五〇ccバイク、ピーウィーでのライディングを親子で楽しんだ。ロングリートの森に持って行き、小さなサーキットをつくり、木々のあいだを抜けるようにして走った。楽しかった。そのときに嗅いだウッドチップや木片の匂いは、今でもよく覚えている。森のなかは、いつも湿っていた。ここでも僕は、公園のときと同じような感覚を抱き始めた。〝飽きた〟とは言いたくはないが、物足りなさを覚えた。違う何かをしてみたかった。

初めてピーウィーで走った、あのサーキットにも何度も行った。ある日、そこで年上の子供とその父親と知り合い、話をした。その子供が乗っていた八〇ccのバイクを、僕は休憩のあいまに羨ましそうに何度も横目で見ていた。

「息子さんにも、同じようなバイクを買ってやったらどうだい？」と、その父親は僕の父に向かって言った。「息子さんは、十分にバイクを乗りこなしてる。そろそろレースを始めてもいい頃だ」

そのとき、父は未来を心に描いたのだと思う。父は、僕がバイクにのめり込んでいるのを見ていた。僕はまだ、誰かと競争はしていなかったし、レースにも出ていなかった。ただ、前回のラップより速く走ること、コーナーを少しでも速く駆け抜けること、カーブのときに後輪を大きくスライドさせることに熱中していただけだった。僕があまりにも真剣なので、父は驚いていたのかもしれない。こんなに早い段階で、息子にレースへの意欲が生まれていることも予期していなかったはずだ。だが、それは事実だった。だからこそ、そのときの父はじっと考え込んでいた。それまで、父はバイクレースで手足を骨折する選手を大勢見てきたし、危険なニアミスも何度も目撃してきた。バイクは、父と息子が週末に楽しむための遊び道具のはずだった。僕を大怪我させたり、死に至らしめたりするものであってはならなかった。五〇ccのピーウィーなら、まだある程度は安全を保証できる。だが、八〇ccのカワサキならそうはいかないだろう（それは青二才《グリーン》の僕と同じ、緑色《グリーン》だった）。さらに、そのカワサキを卒業して、もっと大きな排気量のバイクでレースに出るようになったら？

　父には、慎重なところもあった。僕がレーサーになってからも、誰かに中傷されたりするようなことがあれば、真っ先に息子を守ろうとしてくれた。当時から、この防御的な本能がはっきりと顔を出すことがあった。

　結局、父は慎重な選択をした。落胆したが、どうにもならなかった。僕は八〇ccのバイクを買ってもらえなかった。どれだけおねだりしても、父は頑として首を縦に振ってはくれなかった。

　とはいえ、父はまだ問題を抱えていた。世界中にいる、同じような立場にたたされた父親が直面するであろう問題だ。これからは週末に、息子と何をして遊べばいいのか？　その答えは、父が仕事で訪れたモーターショーの会場で見つかった。父はそこで、旧友のキース・リップと再会した。リップはロンドンで、国産大衆車のミニ専用の部品やアクセサリーを扱う「リップスピード」というショップを経営していた。雑談の途中で、父は「息子にバイクを止めさせたんだけど、これから何をさせればいいのかわからないんだ」と悩みを打ち明けた。
「なんだ――」リップは言った。「それなら、ぴったりのものがあるぜ……」

カートの世界へ

両親が離婚した一九八七年、クリスマスがやって来た。その年は父の仕事が好調で羽振りも良かったので、子供たちへのプレゼントも豪華だった。ナターシャは高級ステレオ、サマンサはフォルクスワーゲン・ポロ（タニヤは残念ながら、この年はプレゼントをもらわなかった。父の恋人のピッパと喧嘩をしていたからだ）。

そして、僕は？　父の旧友リッピが経営するリップスピードで買った、ジップカート製のカートだ。このカートは、八歳から一二歳の子供たちを対象とした新しいカートカテゴリ、「カデット」向けに特別に開発されたものだった。一カ月後に八歳の誕生日を迎えようとしていた僕にとって、時期的にも最高だった。

カートの見た目も最高だった。ボディもホイールもイエロー。芝刈り機みたいにコードを引っ張ってスタートさせるタイプの、六〇ccのコマー製の二気筒エンジンが搭載されていた。クラッチは、スクーターと同じ自動遠心型。二気筒だったので、買ってきた燃料とオイルを自分で混合して使わなければならなかった。もちろん、それは父の仕事だった。以降、何年にもわたってカートに熱中することになる僕を傍でずっと見守り、支えてくれたのも父だ。父は僕のピットクルーであり、レースエンジニアだった。

さっそく父がエンジンをかけ、僕はシートに身体を滑り込ませた。そのときパジャマを着ていたのをよく覚えている。それまで運転席に座ったことがある四輪車は、父に唐突に捨てられたカートだけだったが（ハンドブレーキを勝手に解除して動かしてしまったジャガーＸＪＳを除けば）、ちっとも不安な気持ちになったりはしなかった。その理由の一つは年齢だ。この年頃の子供は、怖い物知らずだ（今は人の親になった僕も、自分の子供たちがスキー場を猛スピードで滑り下りてくるのを見ると心臓が止まりそうになる）。もう一つの理由は、僕にとって車の運転席が、とてもしっくりくる場所だったということだ。バイクのときと同じく、真下にあるマシンのパワーを感じた。それは僕の命令を待っていた。僕は本能的に、自分にはこの機械を操れるという直感を覚えた。だから、不安を覚えたりはしなかった。

自己流ではあったが、僕はそれなりにカートを操れた。父にプレゼントしてもらってすぐに、パブの駐車場でカートを運転した。危うくぶつけそうにもなりながら、わずかな時間、カートに乗った。その日は、それで十分だった。父と僕は家に戻り、クリスマスの続きを楽しんだ。

翌日のボクシングデー。父と一緒に、カートを車に載せて、ブリッジウォーター付近にある飛行場跡地に行った。新たな世界が開けたような気がした。目の前には広大なスペースがあり、カートを思いのままに走らせられる。元は滑走路だったその場所を、僕は自由に走り回った。

だが二〇分後、僕はまたしてもこう言っていた。

「飽きたよ」

「飽きた？」父が言った。「なんでだ？」

「一人で走るんじゃなくて、誰かと競争したいんだ」ピーウィーに乗っていたときから感じていた気持ちだった。

父がため息をついた。「いいかジェンス、まずカートに慣れるところから始めなきゃ駄目だ。物事には順序ってものがある」

「でも、サーキットを走りたいよ」

父は眉をひそめていたが、僕の気持ちをわかってくれた。「行くぞ」父は言い、車の荷台にカートを積み込み、近くの電話ボックス（そう、当時は携帯電話なんてなかった）を探しに行った。父はドーチェスターの近くに「クレイピジョン・レースウェイ」というサーキットがあるのを知っていたが、ボクシングデーだから営業していないかもしれないと思ったのだ。普通、このクリスマス翌日の休日には、みんな自宅で家族とモノポリーをしたり、００７の映画を観たりする。

だが電話で確認したところ、意外にもサーキットは開いていた。僕たちはまっすぐそこに向かった。父がクレイピジョンを知っていたのは、このサーキットでレースに出たことがあったからだった。軍病院の跡地に建設されたというこのサーキットでの初めてのレースは、一九六三年五月五日に開催された。父はこの記念すべきレースに出場していた（詳しくは後述するが、クリスの父、ジョナサン・バンコムも出場していた）。現在、名誉なことに、クレイピジョンには父と僕の名前を冠したコーナーがある。それは「ホースショー」と「トップ・ベンド」と呼ばれているコーナーのあいだにある、「バトンズ」と名付けられた右コーナーだ。

その日は寒く、路面は濡れていたが、父はウェットタイヤを持参してはいなかった。だから僕はスリックタイヤを装着したままコースに出て、あちこちでスリップしながら走った。父はコース脇でその様子を見ていた。スリックタイヤでの走行が、良質なトレーニングになることに気づいたようだった。

スリックタイヤにはレインタイヤと違い、地面と接するトレッドと呼ばれる部分に溝がない。レインタイヤでは、水は溝を通って後ろに弾き出される。だからタイヤは路面をつかみやすくなり、安定した走行が可能になる。だがスリックタイヤのトレッドは平面なので、水の行き場がない。そのためスピンしやすく、バランスを保つためにはスピードを落とさなければならない。だから、スリックタイヤは一般道での走行が禁止されている。

スリックタイヤで走る僕は、低速で走らなければならなかった。それが、父の狙いだった。スキッドやスピンをコントロールするための基礎練習になると考えたのだ。感覚を頼りに、前輪タイヤのグリップを探り、車体の後ろが流れそうになる感触を味わいながらコーナーを曲がっていく。この動きを繰り返すことで、限界がどこにあるかがわかり、ウェットの状況でカートがどんな挙動をするかを理解できるようになる。僕にとってこの経験は、さまざまな種類のタイヤとの長いつきあいの始まりでもあった。これは、レーシングドライバーなら誰にとっても必要なことだ。

それから何度かこのサーキットを走った、父は僕がウェットタイヤに変えてほしいと頼み込むまで、ずっとスリックタイヤを使わせた。でもおかげで、僕はこのスリックタイヤでの走行から多くを学べた。そして、僕が学び始めたのはそれだけではなかった。

もう一人の自分

モータースポーツの世界では、コーナーを最速で走るためにレーサーが走るべきラインを「レーシングライン」と呼ぶ。右コーナーなら、できるだけ左側に寄せてからインし、「エイペックス」と呼ばれるコーナー内側の頂点を通って、トラックの左側の縁石ギリギリまでふくらんで走り抜ける。このラインが最短距離とは限らない。大切なのは、できる限り高速を保つこと。距離が長くなっても、スピードで補えばいいという考えだ。

トラックが空いていたり、車が一列で走っているときは、取るべきレーシングラインはどの車でも同じになる。難しいのは、周りに他の車がたくさんいるときだ。この場合、カートでは蜂の巣をつついたような大混乱になる。

父はコーナリングの基本を教えるために、コーナーで僕がブレーキを踏むべき場所の近くに立ってくれた。あるときはコーナーのエイペックスから約一五〇メートル離れたところに立ち、僕が通り過ぎるのを待つ。そして僕のブレーキングを見て、親指を立てたり、下ろしたりする。次のラップでは、前よりもエイペックスに近い位置に立つ。もっとスピードをつけてコーナーに入り、ブレーキをかけるタイミングを遅らせろ、という合図だ。次の周回では、さらにエイペックスに近づいた位置に立つ。僕はブレーキのタイミングが遅れ、コースアウトしてしまう。だけどそれは、大きな学びになった。

それは素晴らしいセッションだった。オールドマン《父》の手ほどきを受けながら、僕はクレイピジョンでレース技術の基礎を磨いていった。前の車を追い抜く方法、ポジション争いでの位置取り、レーシングラインの読み方、サーキット一周の最速での走り方、咄嗟のアクシデントにうまく対処する方法――。レーシングドライバーとして身につけなければならない無数の技術の、ほんの一部だ。

　僕のドライビングスタイルが確立されたのは、このサーキットだ。アラン・プロストが好きだったので、その影響を受けていたのは確かだ。基本的に、僕は可能な限り正確なドライビングを心がけている。コーナーでは、スピードを維持することを意識する。大切にしているのは、車を感じること。たとえばカートでは、エンジンの回転数を絶えず耳で確認している。コーナリングではできるだけ回転数を高く保ち、ライン取りもエンジン音を頼りに判断する。コーナーを回っているときのエンジン音が小さすぎたら、それはベストのライン取りではない。だから次のラップでは別のライン取りを試す。Ｆ１でも同じだ。僕はただコーナーを見ているのではない。シートから伝わる振動や、車全体の挙動を通して、コーナーを感じているのだ。

　僕がウェットコンディションが得意なのもそのためだ。感覚重視のドライビングをしているからこそ、いつもとは違う状況にも適応しやすく、瞬時の判断ができる。

　サーキットを見て、「あのコーナーは少し濡れているから、減速しよう」といった程度の考えしか持たずにコースに出るドライバーは多い。でも本当は、車とタイヤを通じてその日のコンディションを全身で感じなければならないのだ。

　レースを通して路面が濡れている、あるいはウェットタイヤを履いているときに途中で路面が乾いたりするといった難しい状況のなかでも、僕は良いタイムをたたき出せる。ドライタイヤの装着時に雨が降り、途中で路面がウェットになったような場合でも、グリップを見つけられる。他のドライバーにとっては簡単なことではない。僕はＦ１では一五回のグランプリを獲得したが、そのうち七回はウェットコンディションだったはずだ。

その頃、自分が車の後部《リア》のコントロールが好きなことにも気づいた。フロントのグリップが強すぎると、リアが大きくスライドしてしまう。僕はその感触が嫌いだ。フロントがわずかにスライドするのはかまわない。その状態なら、コーナーで狙い通りの位置を保てる。だがリアがスライドしてしまうと駄目だ。スピードを保ったままコーナリングをするには、リアを安定させておくことが欠かせない。

僕のスタイルは、幼い頃にカートをしていた時代からほとんど変わっていない。もちろん、それ以降もさまざまなテクニックを身につけてきた。だけど基本的に、僕はカートで培ったドライビングスタイルを、レーサーとしてのキャリア全体を通して貫いた。

さらに言えば、公道でも同じスタイルを保っている。僕は一般道ではスピード狂のようなドライバーではない。たしかに昔は若気の至りで飛ばしたこともあったが、今は違う。それでも、レースでの原則通りに運転している。たとえば、ラウンドアバウトに差し掛かったときは、乗っているのがレンジローバーであっても、手動でシフトダウンし、エンジンブレーキを使って車を減速させる。ブレーキを傷めないようにするためだ。そして（もちろん、周囲の安全を確かめたうえで）、サーキットと同じように最適なライン取りを意識し、段差のない縁石を踏みながら、ラウンドアバウトを出ようとする。

高精度な走りを心がけていれば、もちろんメリットが得られる。だがそのためには、車が自分の望み通りのセッティングになっていなければならない。そうしなければ、ルイス・ハミルトンやフェルナンド・アロンソみたいに速くは走れない。僕は自分のスタイルを十分に発揮できるように車をチューニングする。それさえできれば、誰にも負けない自信がある。

そんなわけで、クレイピジョンは僕がレースのＡＢＣを学んだ場所だった。セッションで覚えた知識を土台にしてさまざまなことを吸収し、自信と技術を高めていった。クレイピジョンで走っていた子供の大半は一〇歳か一一歳で僕より年上だった。だから、彼らからいろんな技を盗むことができた。特に見本になったのは、マシュー・デイビス。カデットクラスの大会ではいつも優勝争いをしていて、地元では名前がよく知られていた。僕は「カーティング・マガジン」を愛読していたので、マシューのことは何でも知っていた。ある午後、僕はマシューのすぐ後ろにぴったりとつけて、数周走った。僕みたいに経験が浅く、年少の子供にとってはなかなかできないことだ。

「レースに出したらどうだい？」マシューの父親が、僕の父に言った。自分の息子についてこられるなんて、それだけでたいしたものだとでもいうように。

「いや」父が言った。「カートは、週末の親子の楽しみでやってるだけだからね」

それでも、後で二人きりになったときに、父は尋ねてきた。僕の答えはもう知っていたはずなのに。

「レースに挑戦してみるか？」

わざわざ答える必要なんてなかった。僕は自信に満ち、何も恐れていなかった。父は僕がレースをしたがっているのを知っていた。むしろ、僕があまりに熱心なので驚いていた。僕は普段は恥ずかしがり屋で、自分に自信のない子供だった。地元のノースコート・クレセントから離れようともしなかった。だが、僕は気づいていた。日常の外側に、もう一人の自分がいることを。

彼は、僕のカートの運転席にいた。

カートレースに挑戦

初めてのレースの舞台は、ホームサーキットのクレイピジョン・レースウェイ。とはいえ出場した「カデット」のカテゴリーは人気がなく、僕以外に選手は三人しかいなかった。

それでも緊張は消えなかった。父のサポートがいつにも増して心強かった。父は普段と同じようにひざまずき、カートをあれこれといじり、僕が初心者であることを示す黒いプレートをカートにとりつけた。カートの世界での仮免許の「L」プレートみたいなものだ。僕は自分より経験のあるドライバーの前からスタートしたかったが、最後尾からの戦いになった。

父が立ち上がった。カートの準備は完了だ。

「楽しんで走れ、ジェンス」父が言った。「勝ち負けは関係ない。リラックスしてレースを楽しめばいい。わかったな?」優しい目をして僕を見下ろし、安心させるように笑顔を浮かべた。

僕はうなずいたが、リラックスはできなかった。だが、不安に打ちのめされていたりもしなかった。それはほどよい緊張感だった。気持ちの高ぶりを感じた。相当に気合いが入っていた。

運命のいたずらか、その日の路面は濡れていた。かなりのウェットコンディションで、スタート直後から、先行車が上げる飛沫で前がほとんど見えなかった。トラックサイドにいる父の姿もよく見えない。だが、どこかにいることはわかった。歯を食いしばり、まずは目の前の一台を抜くことに意識を集中させた。

一台を抜き去った。すでに僕は、別世界に入り込んでいた。完全に、今、この瞬間と一体化していた。父の姿が目に入った。背後を見渡すと、さっき抜いた一台はもう遠くに離れていた。何度かコーナーを抜けると、二番手の選手をとらえられる位置に来た。次のコーナーでライン取りに成功し、その一台をかわした。さらに、トップを走っていたカートも抜いた。信じられないことに、僕は先頭を走っていた。もう、先行車の後輪が跳ね上げる水飛沫をかぶらなくてもよかった。走るほどに、リードは広がっていった。

コーナーでスピンした。灰色の霧雨のカーテン越しに、トラックサイドに立ち、こちらに手を振りながら叫んでいる父の姿が見えた。エンジンの騒音でよく聞こえなかったが、「行け！　行くんだ！」という声が耳に入ってきた。

トラックに復帰したが、次のコーナーで再びスピン。今回は後続車に追い抜かれたが、再び抜き返し、フィニッシュラインを越えた。ゴールの瞬間、チェッカーフラッグが見えた——そう、チェッカーフラッグだ！　ぎこちなく車を止めると、雨で全身ずぶ濡れの父が、満面の笑みを浮かべて小躍りしながら近づいてきた。

勝ったらどんな気分になるかなんて、想像もしていなかった。面白いことに、僕は気恥ずかしさを感じた。最初にフィニッシュラインを越えたときは最高の気持ちだった。でもその後は、怯えたウサギみたいな気分だった。みんなに祝福され、周りじゅうからの（僕にはそう感じられた）温かい拍手が聞こえてきた。

気がついたら、表彰台に上がっていた。てっぺんに立ち、トロフィーを受けとった。その瞬間、黒い雲間から眩しい太陽の光が差し込むみたいに、すべてがわかった。自分の手元にあるトロフィーと、二番手、三番手の選手が手にしている——小さな——トロフィーが見えた。僕はにっこりと笑いながらトロフィーを高く掲げた。TVのF1中継で見た、レーサーみたいに。そして思った。僕はカートが好きだ。大好きだ。

カートでは、ストレートでの追い越し《オーバーテイク》はほとんど不可能だ。コーナーをうまく抜けるか、相手がコーナリングをしくじるかしない限り、車はまったく同じパワーしかないので、直線では追い越すチャンスはない。勝負は、コーナーにかかっている。この人生初のレース、僕は自分にとってベストのラインを取ることに集中した。他のレーサーは、最適なコース取り《レーシングライン》に何度も失敗していたが、僕は天気の状態や全員がカートを滑らせがちな状況から判断してコース取りをし、相手を抜いた。コースの内側か外側かは関係なかった。ともかく、僕は良いラインを走った。そしてライバルたちは力みすぎたりミスをしたりして、それができなかった。

〝カートこそが最高〟だと語るドライバーが多いのは、このシンプルさにある。僕たちが乗るのはただのカートだ。F1マシンみたいに、開発と整備に五〇〇人もの人間が関わっていたりはしないし、祈るような気持ちでシートに乗り込んで、結局は車の不調でストップせざるを得なくなったりもしない。たしかに微調整はする。だが、カートの勝負で何より重要なのは、エンジンメーカーでもテクニカルディレクターでもなく、ドライバーだ。

仮に、まったく同じシャシーとエンジンが搭載されたF1マシンだけのレースがあったとしても、オーバーテイクは難しいだろう。まず、相手は世界トップのレーサーたちだ。簡単にはスリップなんかしないし、誰もが最適なライン取りを理解している。それから、F1ではダウンフォースもある。空力によって車体は地面に押さえつけられ、後ろにやっかいな空気の流れをつくり出す。だから後続車はコーナーでグリップを保ちにくい。

カートではそんなものは何もない。それはF1とは違う、素朴で純粋なレースだ。たしかにF1はカーレースの頂点に君臨しているし、どんな欠点があるにせよ、他にはない魅力がある。だがドライバーはみんな、カートをしていた頃を懐かしく思っている――レースが、ただ目の前を走る車と、自分だけだった世界を。カートでは、自分のレーサーとしての実力を証明することだけを考えていればよかった。そんな時代が、たまらなく恋しくなることがあるのだ。

その夜、僕は母と姉たちにトロフィーを見せびらかし、こみ上げてくる笑いをこらえきれないまま眠りに落ちた。

二重生活の始まり

二度目のカートレースは、父に出場を促されたグロスタシャー州リトル・リシントンで開催されるイギリス選手権。断る理由はなかった。

最初のレースから数週間が経っていたが、僕たちはまだ初勝利の興奮の余韻に浸っていて、少しばかり自信過剰になっていた。リトル・リシントンのサーキットには馴染みがなかったが、それでも僕は決勝に進出した。集団で四コーナーに入ったとき、後続車と接触した。

後輪に軽くぶつけられただけだったとは思うが、カートはバランスを失い、僕はスピンした。この時点では挽回は可能だったが、さらに後続車と接触し、再びスピン。今回は角度が悪かった。猛スピードで近づいてきたカートのドライバーが、ものすごい形相で目を見開いていたのをはっきりと覚えている。

激突の衝撃でヘルメットがどこかに飛んでいき、腕も強打した。レースは終了。これは僕にとって初めての事故らしい事故だった。以前はレース中にスピンしても、トラックに復帰して走り続けた。だが今回はレースをリタイヤし、怪我もした。腕を押さえながら、父の待つ場所に向かった。百貨店で迷子になった子供みたいな気分だった。僕はカートを運転しているときは、運転席に座った瞬間から、大人みたいに振る舞った。だけどそれ以外の場では、八歳の少年に過ぎなかった。さっきまで怖いもの知らずだったのに、次の瞬間、父の慰めの言葉を求めている泣き虫な子供に戻っていた。

「もう大丈夫だ」父は言った。「このレースに出場させたのは、父さんの間違いだった。前回のレースのお前の走りが素晴らしかったから、大丈夫だと思ったんだ。悪かった。これからは、もう無理はしない。楽しむためにカートをしてるってことを、忘れないようにしよう」

もっともな考えだと思えた。実際、それからしばらくのあいだ、僕たちはレベルの高い大きな大会は避け、もっぱら地元のクラブレースを走った。僕は自信を取り戻し、腕を上げ、勝ち続けた。次第に、週末の楽しみとして、趣味として始めたカートに、他の楽しみへの興味を失うくらいにのめり込むようになっていた。それから九年間、誰かに「ジェンソン、週末は何してた？」と尋ねられたときの答えは、ずっと「カート」だった。

でも、そんなに頻繁にその質問をされたわけではない。学校には少ししか友達はいなかったし、誰も僕の二重生活を詳しくは知らなかった。彼らにとって、僕は毎週金曜日に地球上から姿を消し、月曜日に再び現れる得体の知れない人間だった。一方で、僕は週末の世界で新しい仲間をつくっていった。そのうちの一人は、僕の一年ほど後にカートを始めたリッチー・ウィリアムズだ。リッチーは一一歳の誕生日にカートをプレゼントしてもらったが、クレイピジョン・レースウェイで、右も左もわからずに父親と一緒にまごついていた。僕は九歳で年下だったが、おせっかいにも手ほどきを試みた。リッチーはそれを好意的に受け止めてくれ、以来、僕たちは友達になった。

それから、同じく父親に導かれてカートの世界に入ってきたクリッシー・バンコムとも仲良くなった。父親のジョナサンはかつてレーサーとして、クレイピジョンで僕の父と競ったこともあった。クリッシーと知り合った一九八九年当時、僕の父は自動車業界の長引く不況にうんざりし、カーディーラーを売却して、フルームにカートショップを開業していた。店名は「ロケットモータースポーツ」。父はこの店で、エンジンチューニングの名人として名を馳せるようになった。

そのことは、パドックの噂話のネタにもなった。何人かの少年レーサーの父親たちが、僕が勝利を重ねるのは、父がエンジンを不正にいじっているからではないかと怪しんだのだ。当時のカート大会の運営組織だったRAC（王立自動車クラブ）から目をつけられ、各レースの最後にカートのエンジンをチェックすると通達が入ると、ゴシップはさらに熱を帯びた。

だが、RACは結局何も見つけられなかった。父はルール違反を犯してはいなかったからだ。父は何であれ、限界スレスレのところで勝負するのに長けていた。F1のカーデザイナーのような鋭い目を持ち、規制の抜け穴を探し出して、それをうまく利用していた。ＲＡＣが何度も検査を要求するので、腹を立てた父はエンジンに自ら封をして、絶対にいじれないようにしてしまった。そうすれば悪い噂は立たなくなると思ったのだ。

だが、噂は続いた。今度は、父がＲＡＣに賄賂を渡しているのではないかと影で囁かれ始めたのだ。周りの父親たちは、父がエンジンをチューニングしたカートが地元の大会で何度も優勝することが受け入られなかったらしい。父のエンジンを載せたカートは、一一回も大会を制した。ルイス・ハミルトンも、父のエンジンで優勝したことがある。父とルイスの父、アンソニーは、それから十数年後にＦ１のパドックで再開した。二人は、アンソニーが父に借りた三〇〇ポンドをまだ返していないという昔話で盛り上がっていた。

ともかく、父はカートショップを切り盛りするようになり、店にはクリッシー・バンコムとその父親のジョナサンも頻繁に顔を見せるようになった。クリッシーと僕は馬が合った。それは美しい友情の始まりだった。

この頃、父がバンを買った。フォードのトランジット。カートショップの看板やロゴと同じ色で塗装したこの車で、僕たちはサーキットに行った。帰り道、僕はよく後部座席で眠ったものだ。一度、父はこの車に閉じ込められて一晩を過ごしたことがある。しかたなく小便をしていた水筒に、翌朝うっかり口をつけた。父にはそんなおっちょこちょいなところもあった。

さらに、父は中古のキャンピングトレーラーも購入し、サーキットに牽引して行った。レースに出場することが、休暇のキャンプみたいな雰囲気になった。僕たちはトレーラーの隣に大きな八角形のテントを張り、みんなの羨望を集めた。テントは、大勢の人が出入りする社交場になった。父は派手なベストとモップみたいな金髪で、どこにいても目立っていた。人目を引くカラーのコロラド・ビートルに乗っていたときもそうだったけど、とにかく周りの注目を集める人間だった。

僕は一九八八年のクレイピジョン・クラブチャンピオンシップで優勝した。自分でいうのもなんだけど、これはかなりすごいことで、大きなレースに出場する道が開けた。翌年には、クレイピジョンTVSスーパープリに出場。これは、そのカテゴリーとしては初めてテレビで放映された大会だった。優勝者には、「三五〇ポンド相当のハイテク機器」が与えられる。当然ながら、誰もが色めき立っていた。テレビ中継の解説者は、F1でデビューしたばかりのジョニー・ハーバート。僕たちを含む何組もの親子がインタビューされた。僕はお気に入りのロックバンド、アレイ・キャッツのTシャツを着ていたのだが、あまりテレビに相応しい服装とは言えなかった。一方の父は、レースへの情熱の理由を尋ねられ、「これは私の趣味で、息子はただのパイロットなんです」と笑って答えた。

「息子が将来どうなるかなんてわかりません。F1レーサーを目標にしている親子は多いですが、私はまず息子がカートを楽しむことが一番だと思っています」

「息子さんは未来のジョニー・ハーバートになるかもしれませんよ」インタビュアーが言った。

「たしかに、息子には特別な何かを感じます」父は微笑んだ。「そうなればいいですね」

テレビでも僕の名前は正しく発音されなかった。放映された番組では、僕はスカンジナビア風のアクセントで「イェンソン」と呼ばれていた。そのうち何回かは「ジェスパー」だった。「ジェイソン」と呼ばれなかっただけでもマシかもしれない。

出場選手は錚々たる顔ぶれだった。マーク・ハインズ、ジャスティン・ウィルソン、アンソニー・デビッドソン、チャーリー・ボーガン、クレイグ・マレー、ダン・ウェルドン。一九八七年のカデット・ブリティッシュ・チャンピオンシップで優勝したボーガンは一二歳にしてすでにベテランの風格があり、一九八八年に同じくこの大会を制したダン・ウェルドンが王者として君臨していた。このビッグレースは、僕にとってそれまでもっとも厳しいレースになるはずだった。

予選では首尾良く走れた。第三ヒートの終盤、四位だった僕はアンソニー・デビッドソンを抜いて三番手につけた。前を走るのは、ジャスティン・ウィルソンとダン・ウェルドンの二人だけ。ウェルドンのカートには、誰もが憧れるナンバー「1」がつけられている。

直線に入ると、僕は素早くエンジンをチョーキングした。カートレーサーが、ストレートを走行中にエアボックスの吸気口を右手で覆う、このチョーキングをするのを見たことはないだろうか。カートは〝リーン〟、つまり低燃費で走っている。エンジンは薄い混合気が燃えているときほど多くの動力を得られる。だがカートの二気筒エンジンは潤滑のために燃料を必要とする。だからレーサーはストレートエンドに差し掛かったとき、すなわちエンジンがもっともリーンになったときにスロットルとブレーキを解除してエンジンをチョーキングで冷却し、コーナーで安定させるのだ。

だから僕はそれをした。コーナーに入ると、チャンスがあることに気づいた。誰も走ろうとしていないラインが見えたのだ。振り向いて背後にスペースがあるのを確認すると、S字カーブを曲がり始めていたジャスティン・ウィルソンを脇から追い抜いた。その勢いで、一気にダン・ウェルドンもかわした。その間、わずか三秒。そのままトップでゴールした。

いよいよ決勝。すでに〝ジェスパー・バトン〟の名はサーキットじゅうに知れ渡っていた。予選トップの僕は先頭でウォームアップラップを走り、ポールポジションをとった。六〇ccのカートの騒音が、第二次世界大戦の爆撃機みたいに鳴り響く。エンジン音が最高潮に達し、フラッグが振られた。僕は先頭の特権を活かし、いきなり集団を引き離した。

そのままトップを保ち続けた。ラップを重ねるごとに、差を広げていった。後続ではダンや何人かの選手が巻き添えになる事故があったが、それを差し引いても、誰も僕に追いつけなかった。クレイピジョンは一周約八〇〇メートル強の長さがあるが、レース終了時には二位の選手に一五〇メートル近くの差をつけていた。

最強のライバルが集う、テレビ放映もされるその年一番のレースで、僕はぶっちぎりの勝利を収めた。第三ヒートでは、戦術を駆使して相手を抜いた。だが決勝では、別の強みを活かした。それは〝滑らかに走ること〟。父から金科玉条のようにして何度もアドバイスされていたことの一つだった――〝滑らかに走れ〟〝正確に走れ〟〝最適なラインを見つけろ〟。これらは僕のレーサーとしてのキャリア全体を通しての原則になった。

その年、僕はカデット選手権で準優勝し、シルバーストーンで開催されたスーパープリでも優勝した。

僕は次第に、勝つことに執着するようになった。うまく走れないときは、自分に腹を立てた。周りの目が気になった。父の言う〝特別な才能〟が本当にあることを、証明しなければならないという思いにかられていた。

目立つのは苦手だ

母が再婚した。相手の名前はクリス。仕事で「バウンシーキャッスル」と呼ばれる大きなバルーン遊具と関わっていたことが、僕にとって唯一の取り柄のような男だった。彼はすぐに怒った。怒っていなかったとしても、とにかく不機嫌だった。僕は、近くにいると怒鳴られるのではないかとびくびくして、恐怖に怯えた。そんなふうに誰かに冷たくされることに、慣れていなかった。クリスが怒り出しそうな雰囲気を少しでも発しただけで、涙がこみ上げてくることもあった。

二人は結婚し、ノースコート・クレセントを去ることになった。そして、代わりに父と恋人のピッパが僕と二人の姉の面倒を見ることになった。親同士の、椅子取りゲームをするみたいに。

特に仲が良かったわけではないけど、クリスと比べればピッパとはうまくやれた。彼女は動物好きで、傍に生き物がいるだけで機嫌が落ち着くみたいだった。しばらくして僕たちはノースコートを離れ、ローワー・ボブスターという地区に引っ越した（それは僕にとってひどく辛い出来事だった）。家の敷地は一エーカーもあり、一辺が川に接していた。ピッパはこの広い土地でたくさんの動物を飼った。猫が五匹、ヤギが三匹、ボクサー犬が一匹。

でも、ピッパには動物を飼うための正当な理由があった。父が家に不在がちなので、寂しかったのだ。父は、平日はカートショップで遅くまで働き、週末は僕と一緒にサーキットにいた。トランジットのバンにカートと洒落たテントを載せ、キャンピングトレーラーを牽引し、トレードマークのベストを着て、イギリスじゅうを転戦した――キンボルトン、シェニントン、ライハウス、フルベック、ウォンブウェル、ブランズハッチ、ロッキングハム、スネッタートン、シルバーストーン、ドニントン。僕たちはどこにでも行った。

一九九〇年、イギリス・カデット・チャンピオンシップで王者として君臨していたのは僕の（友好的な）ライバル、ダン・ウェルドンだった。だが、その天下も終わりに近づいていた。翌年に参戦した僕が、全三四回のレースのうち三三勝をして、それまでウェルドンが三年連続で維持していたタイトルを奪ったのだ。その年、僕が唯一勝てなかったのはイングランド東海岸の都市ハルを舞台に市街地にサーキットが設定されたレースだ（コンセプトはモナコと同じだが、美しさでは負けていた）。道幅が狭かったこともあり、先頭を走っていた選手をどうしても抜けなかった（これもモナコと同じような展開だ）。

でも、残りは全勝。僕はその年のチャンピオンになった。首周りに花輪をかけ、トロフィーを手にして表彰台に立ち、頬が痛くなるくらいにっこりと笑った。最高の気分を味わい、みんなの注目を浴びながら飲み物で喉を潤した。

とはいえ現実に戻ると、最悪の状況が待ち構えていた。その頃に通っていたセルウッド中等学校（初等教育と中等教育の中間に位置する学校だ）が、地元紙か何かで僕の優勝を知り、校内で祝賀会を開きたいと言ってきたのだ。しかも、話を聞く限り、とても恥ずかしそうな演出につき合わされそうだった。

絶対に嫌だ。僕は、十字架を前にした吸血鬼みたいな反応をした。だが父は食い下がった。「心配することなんてないさ。ジェンス。きっと良い経験になる」。その笑い顔には、いたずらっぽさが浮かんでいた。父の笑顔にはいくつか種類があり、僕はそれを見分けられた。レースの直前に僕に安心感を与えてくれるきりっとした笑顔。僕が勝ったときの満面の笑み。ロンドン、イーストエンド出身の人間に特有のちゃめっ気のある笑い――このときの父の笑顔も、これだった。だけど、父は僕が学校でどれくらい引っ込み思案なのかを知らなかった。朝、家を出た瞬間から、僕の学校生活は極力目立たないようにするために費やされていた。それを知ったら、父はもちろん、母や姉もみんな腰を抜かすくらいに驚いたはずだ。

だが父と校長に説得され、僕はしぶしぶ承諾した。セレモニー当日、レースのときと同じようにレーシングスーツに身を包み、ヘルメットを被り、カートに乗って出番を待った。場所はサーキットではなく、学校の講堂の舞台だ。全校生徒と僕のあいだを仕切る幕の向こう側には校長がいて、メル・ギブソンが演じた映画『ブレイブハート』の主人公でも赤面してしまいそうなクサい演説をぶっていた。曰く、目標に向かって努力をすれば、何だって可能だ――。僕は幕の裏側で、（ただし、ゴーカートを買ってくれる父親がいなきゃいけないけどな）と思っていた。

幕が上がった。全校生徒の目が、舞台上の小さな車のなかに座る、ジェンソン・バトンという普段はまったく目立たない、地味な生徒の姿に注がれた。

死にそうな気分になりながら、校長に言われたとおり、ヘルメットを外し、生徒たちにレーシング・キットがよく見えるように講堂の通路を歩いて回った。ひどく恥ずかしかったが、子供たちの目にはそれなりに格好よく映ったらしい。誰もが静かに僕のことを見ていた。こんなふうに目立った何かをすれば、きっと馬鹿にされたりからかったりされるはずだと思っていたが、実際にはそんなことはなかった。一目置く、といった感じの視線だった。

とはいえ、僕は突然学校一の人気者になったわけではなかった。胴上げもされなかったし、廊下で誰かに抱きつかれたりもしなかったし、名前を連呼されたりもしなかった。でも、それまでとは扱いが変わったのは事実だった。以前の僕は、友達のいない変わり者のように思われていた。誰かの誕生日パーティーにも、祭りにも顔を出さなかった。週末はカートがあったからだ。誰もそのことを知らなかった。だから僕のことを変人だと見なしていた。だけど講堂でのセレモニーのおかげで、周りが僕を見る目は変わった。カート競技で全国優勝し、テレビにも出ていたという事実が知られることになり、僕は興味を持たれるようになった。怪我の功名というやつだ。

もちろん、中等学校の暮らしは永遠には続かない。数年後、僕はフルーム・コミュニティ・カレッジに進学することになり、そこでまた別の世界を体験することになる。ともかく、その頃の父と僕は、壮大な計画を胸に抱きながら、カートに没頭し、カートに明け暮れる毎日を過ごしていた。

F1に挑みたい

カートを始めたとき、父と僕にとってF1は夢物語に過ぎず、現実のものとは考えられなかった。テレビドラマの『イーストエンダーズ』に通行人役で出演した人が、アカデミー賞の授賞式に呼ばれるかもしれないと衣装の心配をしたりしないのと同じことだ。レースの世界にのめり込むようになってからも、F1ははるか遠くにあるものでしかなかった。父と僕は、目の前のレースに全力を尽くすことしかできなかった。その先に何があるかなんて、誰にもわからなかった。

でもいま僕は、イギリスチャンピオンになっていた。そして、そのことが自分の将来に変化をもたらし始めていた。

「みんな、お前には本格的にレーサーの道に進むべき才能があると言ってる」。ある夜、ローワー・ボブスターの家の台所で夕食をとりながら父が言った。「どう思う？」

答えようとしたが、遮るように父が続けた。「大きな夢を持たなくたっていいんだぞ。これまでと同じようにクラブでレースを楽しみたいのなら、それでまったく構わない。だけどお前は今、イギリスの全国チャンピオンになった。だから……」

「父さん、Ｆ１で走りたい」僕は、はっきりとそう言った。

父はうなずいた。僕がそう答えるのを知っていたかのようだった。父は紙を取り出してテーブルに置き、三角形の図を描いた。それはカートの世界のピラミッドだった。ピラミッドの底辺にいるのは、何千人もの週末アマチュアレーサーだ。チャンピオンになった僕は、もうこの位置にはいない。父はピラミッドの真ん中辺りを指して、そこが現在の僕がいる位置だと言った。ただし、僕は翌年、カデットからジュニアのカテゴリーに上がることになっていた。このカテゴリーでも勝ち続けることができれば、ここに行ける――と父はピラミッドの頂点を指差した。そうすれば、もしかしたら、本当にもしかしたらの話だが、僕はアイルトン・セナやジョニー・ハーバートをはじめとする大勢のドライバーと同じように、カートで実績を積んでＦ１の世界に飛び込むことができるかもしれない。

このとき、僕たちはもう一つ大切な決定をした。父と僕の関係は、ピリピリしたものになり始めていた。それは、親子だからこそ生じる問題だった。カートを始めたとき、父は「これがスロットル、これがブレーキ」といった調子で、辛抱強く、創造性豊かに僕に手ほどきをしてくれた。「スムーズに走れ、ジェンス。スムーズに」と口を酸っぱくして言いながら、コーナーでのライン取りやブレーキやスロットルのコントロールを教えてくれた。そのカートの基礎は、僕にとってあらゆるカーレースの基礎になった。父は僕にとって一番のメンターだったし、これからもそうであり続ける人だった。

だが、一つ問題があった。それは彼が僕の父だったことだ。常に鷹のような目を向けられることに、僕は閉所恐怖症のような息苦しさを覚え始めていた。父からアドバイスされると、反射的に耳をそむけたくなった。二人はいつでも一緒だった。朝の五時に家を出てサーキットに向かい、高速道路を何時間も走り、夜遅くに帰ってきた。同じDNAを共有した人間が、ずっと同じ空間にいればぶつかり合うことは避けられない。

自分のレースの知識をできる限り息子に伝えようとしていた父は、エンジンには詳しかったものの、チューニングには手こずっていた。そう、僕たちは経験豊富なコーチとして、間に入ってくれる誰かの力が必要な時期を迎えていた。その役割を担うことになってくれたのが、デーブ・スペンスだ。

カート界の有名人で、機械や工学の天才的な知識があったデーブには、ジェイミーとダニーの二人の息子がいた。僕がカートを始めた頃にはライバルだった年長のジェイミーは、一九九二年当時にはすでにカートを卒業し、上のカテゴリーである「フォーミュラ・フォード」で戦っていた。このカテゴリーでは、ドライバーはエンジニアやメカニックのいるチームの一員として走る。それまで息子と二人三脚でレースを楽しんでいた〝カート・パパ〟は突然、すべきことがなくなってしまう。そのときのデーブもまさにこの状況だった。次男のダニーはまだ幼く、カデットのカテゴリーで走れるようになるまではしばらく時間がかかる。そこで父は手持ちぶさたでカート場をうろついていたデーブに声をかけた。

「ジェンソンを助けてくれないか？　息子はこれからジュニアのカテゴリーに上がろうとしている。正直に言って、もう息子に教えられることはすべて教えてしまったような気がするんだ。だから他人の力を借りたい」

「カデットとジュニアは別物さ」デーブが言った。

「その通り」父は言った。

デーブは一八〇センチを優に超える大男で、頭は少し薄く、物腰は柔らかかった。ことレースになると（正確には、レースのときだけは）激しく感情を露わにすることもあったが、基本的には穏やかな思慮深い男で、僕にレースの技やコツを教えたいという善意に満ちていた。そして、実際にその通りのことをしてくれた。

まず、レース時の僕の様子を撮影した動画を一緒に見るところから始めた。画質の悪い、古いVHSテープだ。

「スムーズだ。とても滑らかに走っているぞ、ジェンソン」デーブが言った。

「ありがとう、デーブ」

「でも、ジュニアではこの走りは通用しない」デーブが言った。カデットで使われているのは六馬力、最高時速八〇キロメートルの六〇ccエンジンだが、ジュニアでは二五馬力、最高時速一二〇キロメートルの一〇〇ccエンジンを積んだカートを運転することになる。そのため、ドライビングスタイルもエンジンの排気量に合わせて変えていかなければならない。ジュニアで勝つには滑らか《スムーズ》で正確な走りだけでは不十分で、もっと自体重を利用した積極的なドライビングが必要になってくる。カギを握るのは、タイヤの使い方を知ることだった。

僕はそれまで、タイヤにはあまり注意を払っていなかった。タイヤはタイヤにすぎなかった。だけどジュニアでは、タイヤはF1を走るときと同じくらい重要だった。実際、タイヤメーカーは熾烈な争いを繰り広げていた。ベガ、ブリヂストン、ダンロップのカート用タイヤの三大メーカーは、グリップの効く柔らかいタイヤの開発にしのぎを削っていた。よく知られているように、硬いタイヤは岩のようなもので、路面とのあいだにグリップを生むことができない。だが柔らかく粘り気のあるタイヤは、路面をしっかりとつかめる。当時これらのメーカーが提供していたソフトタイヤはあまりにもグリップが効きすぎて、コーナーで四輪のうち二輪が浮いてしまうこともあった。そのためにカートの幅を広げたり、ドライバーがカート内で重心移動してタイヤを浮かさないようにしたりした。それは本当に馬鹿げているくらい柔らかいタイヤだった。

デーブが教えてくれた〝タイヤの扱い方〟も、僕のその後のレーサー人生の基礎になった。四つのタイヤは、車が地面に触れている唯一の場所だ。だからこそ、細やかな気配りが必要だ。タイヤのごく小さな変化を、読まなければならない。

カートからは、タイヤの状態を目視で監視できる。注意すべきは、摩耗の状況だ。アンダーステアが出たり、滑りやすくなったりする原因になる。運転席からは、タイヤが摩耗していくのを目の当たりにできる。表面のゴムが剥がれ始めているのが見えたら悪い兆候だ。悪影響を避けるために、タイヤに優しくしなければならない。エンジンを休ませるためにチョーキングをするのと同じだ。レーサーは、車がケアを求めているときにそれに気づけなければならない。

おかしな話なのだが、Ｆ１よりもカートのほうがタイヤを扱いやすい。僕の考えでは、今Ｆ１で使われているピレリのタイヤは、カートで使われているタイヤほど良くはない。以前ブリヂストンやミシュランがＦ１に供給していたタイヤも同じだ。

Ｆ１ドライバーはみな、タイヤへの不満を口にしている。全チームが、タイヤを機能させるために奮闘している。つまり、Ｆ１ではそれくらいタイヤを使いこなすのが難しいのだ。カートでは、タイヤは信頼できる友人だ。ピットから出た瞬間、たちまちグリップを効かせてくれる。だがＦ１ではそうはいかない。タイヤをまったく機能させられないときもある。〝機能させる〟とは、単に路面で転がすことではない。タイヤを適切な温度に保つということだ。タイヤが冷たいと硬くなり、グリップが得られないからだ。

たとえば、まったく同じＦ１マシンを二台隣に並べ、片方のタイヤを温かく、もう一方を冷たくした状態でスタートさせれば、冷たいタイヤを履いた車のラップタイムは約二〇秒も遅くなる。Ｆ１の世界では致命的な差だ。

有名人やスポンサーなどのアマチュアドライバーがＦ１マシンに乗るときにも、ここが問題になる。意気揚々とコクピットに乗り込み、メカニックがタイヤウォーマーを外した直後に車をスタートさせるが、一コーナーに入るまでのスピードが遅すぎてタイヤが冷えてしまい、あえなくスピンしてしまうのだ。

タイヤが適正温度から外れてしまうと、グリップ力が落ち、うまくコーナリングができなくなる。だからＦ１ドライバーはピットから出たらすぐに、直線でスピードを上げる。

こんなふうに、僕はデーブからタイヤの基礎について教わった。正直に言えば、今でも学びは続いている。これは、僕がモータースポーツを愛している理由でもある。常に学習し、適応し、成長していなければならない。たとえばテニスなら、ラケットは進化するだろうが、コートの広さやルールがコロコロと変わったりはしない。だけどモータースポーツでは、あらゆるものが変化している。レギュレーション、タイヤ、馬力、エンジンタイプ——。だからこそ、このスポーツは面白いのだ。

ビッグリーグの洗礼

ジュニアには、手強いライバルたちがひしめいていた。このカテゴリーに該当する年齢は、一一歳から一六歳。下を見れば、母親の口紅を頬に塗って大喜びするような、僕を含めた無邪気で幼い子供たちがいる。だが上の子供たちは、もう半分大人だった。髭も剃るし、セックスもするし、煙草も吸う。三つすべてをしている者だっていただろう。

「厳しい戦いになるぞ」と父がデーブの言葉をなぞるように言った。

シーズン初のレースは、クレイピジョンで開催されたOプレート。馬力の上がった、新しいカートでの挑戦だ。カートレース場の光景と騒音という大好きなものを目の前にして、僕の胸は高鳴った。それまでと違っていたのは、エンジン音くらいだった。今日からは、これまでよりもパワフルなマシンを駆使して競技を楽しめる。父はこのレースに向けて、僕の練習時間を意図的に制限していた。排気量の大きな車を扱おうとして、これまで培ってきた核となるドライビングスタイルが悪影響を受けることを懸念したのだ。デーブに教わってきたことをそのまま実践すれば、きっといい走りができる——。

レースが始まった。いつもとそれほど変わらない、何かが少しだけ違う、と感じただけだった。路面はウェットで、得意な条件だった。僕は予選を二位で終え、決勝をトップでフィニッシュ。ジュニア初レースとなったOプレートを制した。

悪くないぞ——。そう思った。デーブと父は不安視していたけど、僕は予想以上にこのカテゴリーでもうまくやれそうだ。

一週間後、イギリス選手権の第一ラウンドが開催された。大会の正式名称は「スーパーワン・ナショナルチャンピオンシップ」。イギリス各地のサーキットを舞台に、全七戦で競われる。その年の最初のラウンドの開催地は、僕たちの地元クレイピジョン。

Oプレートでの勝利ですっかり気を良くした父は意気揚々としていた。イギリス選手権での僕の活躍を楽観視し、微塵も疑問を抱いていなかった。レーシングスーツに着替えてレース前の準備をしていると、何人かのライバルの睨むような鋭い視線を感じた。

予選第一ヒート、グリーンライトが点灯して全二四台が二列縦隊でローリングスタートした。スタート直後に左カーブがあった。僕は外側を走行しながら、大混乱の集団内を縫うように走ろうとした。他のドライバーが突っ込んでこないか、後ろを何度もチェックした。特にレース序盤は、密集した状態で誰もがポジションを争っている。予期せぬ角度から後続車が追い抜こうとしてくることもあるし、先行車がリードを守ろうとして急ハンドルを切って行く手を阻もうとすることもある。

これは想定していたことだった。F1などの他のクラスと比べてもさらに熾烈なディフェンシブのドライビングは、カートの特徴だ。デーブからも、ジュニアのカテゴリーでは積極果敢なドライビングがいっそう激しさを増すと教わってきた。

だがそう甘くはなかった。後続車が迫ってきていないことを確認したはずなのに、突然背後に大きな衝撃を感じた。なんとかバランスを取り戻せるような軽い追突ではなかった。誰かが意図的に僕をコーナーの外に追い出そうとして、遊園地のダッジェムカーみたいに思い切りぶつけてきたのだ。僕のカートはトラックから弾き出されてスピンし、タイヤの壁に衝突した。

ガソリンタンクで股間を痛打したのもこのときが初めてだった。カートのガソリンタンクは、なぜかドライバーの睾丸の間近に設置されている。理由はわからないが、そういう設計になっているのだ。自転車選手も大切なところをクロスバーに打ちつけることがあるというが、カート選手にとってのそれがガソリンタンクだ。涙がこみ上げ、吐き気を催すほどの痛みだった。

これでこの日のレースは終了。僕は打撲を負い、茫然としていた。父のいる場所に戻りながら（父は激怒し、僕にぶつけてきた子供をぶん殴ってやると息巻いていた）、僕は戸惑っていた。ライバルたちが正当な戦いを挑んでくるのではなく、こんなふうに敵意をむき出しにしてくるなんて予想もしていなかったからだ。どうやらジュニアの選手たちのあいだには、カデットのチャンピオンとして鳴り物入りでカテゴリーに入ってきた僕の鼻をへし折ってやれという空気が生まれていたようだ。クレイピジョンでの初のジュニアレースに僕が勝ったことも、それに拍車をかけたらしい。

こうして僕はジュニアの手荒い洗礼を受けた。ビッグリーグへようこそ。

マリオカートに熱中

その頃、父は6R4でラリークロスのレースに出場しないかと誘われていた。6R4はレース用に開発された特別な車だった。ベース車こそ市販の小型車メトロだったが、ウィリアムズが開発に関わった鋼管のフレームが採用され、大きなリアウイングを備えていた。馬力は八〇〇。もしこの車でレースができたとしたら、父は最高の気分を味わえただろう。

だけど父は〝息子のカートに集中したいから〟という理由でこの話を断った。それに、カートショップの経営も忙しくなっていた。僕が大会で優勝するようになってから、店を訪れる客も増えていた。

僕が初めてF1グランプリを観戦したのもこの頃だ。ドニントン・パークで開催された、ヨーロッパグランプリ。これは特別なレースだった。アイルトン・セナが、ウェット状態で一周目に複数の車を追い抜くのを目撃できたからだ。素晴らしかった。

翌年は、父のキャンピングトレーラーで、シルバーストーンで開催されたイギリスグランプリを観戦しに行った。現地のトイレが地面の穴を掘っただけのお粗末なものだったことをよく覚えている。凄まじい騒音も印象的だ。

そう、この頃のF1マシンのエンジン音は強烈だった。普段、カートレースで騒々しいノイズには慣れていたはずの僕にとっても、耳をつんざくような爆音に聞こえた。車が急旋回できることにも驚いた。たしかそのとき、僕は初めてダウンフォースという現象を知った。空気、地面、レーシングカーが神秘的に連結して生み出す空気力学によって、レーシングカーは強力なグリップを得る。それは僕にとって大きな発見だった。負の揚力を利用して、コーナーでもっとスピードが出せる、そのためのグリップが得られる。なんてすごいんだ――。

シルバーストーンの芝生席に座っていると、それまでも大好きだったF1への愛がさらに深まっていくのを感じた。

一方、家では僕は姉たちを困らせていた。彼女たちは部屋にボーイフレンドを連れ込み、甘い一時を過ごそうとしていたのだが、遊び相手が欲しかった僕は、いつも空気を読まずにずけずけと部屋に入り込んでいったからだ。

まさに、「恋愛ぶち壊し屋」という文字がプリントされたTシャツが相応しい少年だった。一緒にテレビゲームをしようとせがみ、ボーイフレンドを姉の部屋から引きずり出した。僕は初期の家庭用ゲーム機のほとんどを持っていた。アタリ社のポン、任天堂のファミリーコンピューターと、そしてなんといっても『マリオカート』ができたスーパーファミコン。

ご想像の通り、『マリオカート』は僕のテリトリーにあるゲームだった。誰にも負けなかった。知っている人も多いと思うけど、このカートゲームでは、好きなキャラクターを選んでプレイする。キャラクターにはそれぞれに長所と短所がある。ほとんどの人は、平均的な能力を持つマリオかルイージを選ぶ。ピーチ姫は加速が良く、ヨッシーも機敏に走る。どれも悪くない選択だ。

だが僕は、いつもクッパを選んだ。クッパはカメの怪獣のような形をした大型生物で、そのセールスポイントはいったんスピードに乗ったときの速さだった。欠点は操縦が難しく、加速が良くないこと。でも僕は現実のカートの経験から、最高速度を保つことの重要性を知っていた。僕はクッパをコーナーでスピンアウトさせないようにドリフトさせ、できるだけ速いスピードを保ちながらトラックを周回させ続けた。クッパを操るのにはコツがいった。だがなるべく減速をせず、一定の速度で走らせるという秘訣をつかんでしまえば、無敵だった。これは実際のレースにも当てはまる原則だ。

僕は『スーパーマリオカート』に熱中し、しょっちゅう徹夜でプレイした。このゲームが大好きだった。だけど、それでも現実のカートとは比べられなかった。僕はカートを愛していた。取り憑かれていた、と表現できるほどに。

でもカートが大好きなのと同じくらい、学校は嫌いだった。日曜日の夜にサーキットから帰宅すると、レースで味わった高揚感が次第に消え、〝明日は学校に行かなきゃいけないんだ〟と憂鬱な気分に襲われた。カートと学校という二つの世界のあいだには深い溝が横たわっていた。僕は週末には表彰台に立ち、満面の笑みを浮かべてトロフィーを掲げるゴールデンボーイだった。誰にも負けない、という気持ちになれた。でも学校では、サッカーのメンバー選びでも煙たがられているような存在だった。ボール扱いが下手すぎて、誰も僕を自分のチームに入れようとしなかった。

「ヒーローからゼロへ」という表現があるけど、まさにそれが毎週月曜朝に僕が味わっていた気分だった。一週間、歯を食いしばり、時計を睨みながら時が過ぎ去るのを待ち、金曜の午後の授業が終わった瞬間、ようやく檻から解き放たれた虎のような気分でカートの世界に逃げ出した。

レースの前は抑えきれないほど胸が高ぶった。いつでも自信満々だったわけではない。サーキットや天候の条件が良ければ前向きになれたが、悪条件の日には不安にもなった。とはいえ基本的に、レースに出られるというだけで心は疼いた。

だが時には、すっかり自信を失って落ち込むこともあった。レーシングドライバーには、学ぶべきことが山ほどある。レーシングライン、戦術、ブレーキング、スロットルコントロール、エンジンのケアやタイヤのメンテナンス――。本格的にレースに取り組むなら、これらすべてに習熟していなければならない。

でも、それだけではない。本物のレーサーになるには、プラスアルファの何かが要る。それはうまく言葉では表現できない、一種の才能のようなものだ。定義できないからこそ、その才能が失われてしまったのではないかと不安になる。

カートにのめり込んでいくうちに、次第に勝負へのこだわりが楽しみを上回り始めた。良い成績は収めていた。だけどそれまで感じていたカートへの愛が少しずつ薄れていくような気がした。喜びよりも、結果のことで頭がいっぱいだった。勝利への期待は、他ならぬ自分の心から生まれたものだった。この先もレースを続けたければ、結果を出さなければならない――僕はその現実を、理解するようになっていた。金も問題になっていた。スコットランドのラークホールで催されたレースに出場したとき、父は帰りの旅費を誰かから借りなければならなかった。僕のカートにかかる年間費用は、一〇ポンド以上にも膨れ上がっていた。単にカートを楽しむためだけに、父にこれほどの金銭的負担をかけるわけにはいかなかった。僕は勝たなくてはならなかった。

だけどこのときは、この状況を望むところだとも思っていた。プレッシャーはなかった。

初めての挫折

一九九二年、それまで順調だった僕のカート人生に、スランプの兆候が現れ始めた。僕はこの年にチャンピオンシップを獲得しているが、それは「ジュニアTKM」で、より権威が高く競争も激しかった「ジュニア100B」ではなかった。満足のいくレースもしていたが、ひどく出来の悪いレースもあった。ほとんどビリのような順位でフィニッシュしたレースも何度かあった。

「ジェンス。大丈夫か？」散々な結果に終わったレースの帰り道、父がそう切り出した。僕たちは父が運転するトランジットの車内にいた。レース会場はスコットランドだったので、地元のサマセットに到着するまでにはたっぷり時間があった。父は僕に尋ねる前に、じっと考えていたようだった。

「うん、大丈夫だよ」そう小さな声で答えたが、僕は落ち込み、自信を失っていた。〝何が間違っているのだろう〟という疑問が頭から離れなかった。それはドライバーの心を蝕む感情だ。この不安はライバルの存在よりも大きく、危険なものになる。

「ここ最近のお前のレースは、目も当てられないくらいにひどかった。そうだろ？」

父は言葉をオブラートに包んだりはしなかった。

「うん」

「いいか、聞くんだ」父は言った。「カートから離れたいなら、そうしてもいいんだぞ。お前次第だ。父さんは構わない。二カ月ほど休んだっていい。お前がそうしたいならそうする」

〝二カ月休む〟という言葉を聞き、僕の耳がピクッと反応した。

「だけどな、覚えておくんだ」父は付け加えた。「一度カートから離れたら、もう二度と元のレベルには戻れない。休みを取ったら、それで全部終わりさ……」

父が何をいいたいのかはわかった。数カ月もカートの世界と距離を置くことは、将来一流のレーサーになるという夢に、さよならをすることになる。

「続けたい。父さん、僕はカートを続けたいよ」僕は言った。だけどここでなぜか、しばらく前に話していた僕の体調の問題に話題が移り、カートを休むかどうかという話は途切れた。僕たちはそのまま高速道路M74を走り続けた。

惨めだった。レースでうまく走れなかったときはいつでも、誰かをがっかりさせてしまったという気分になる。だけどこのときほど、それをはっきりと感じたことはなかった。僕は父を失望させている。父は傷ついている。

帰宅するまでの三時間、僕たちは黙り込み、それぞれ思いに耽っていた。レースへの愛はどこに消えたのだろう？　毎週末、早朝に家を出てサーキットまで何時間もひたすらに車を走らせるような生活を続ける価値はあるのだろうか？　たぶん、父は僕に足りないものが何かについて考えていた。賢い人だから、その答えはもう知っていたはずだ。

その答えは、僕が勝利への意欲を次第に失っていたことだった。それは、技術や言葉では表現しにくい〝何か〟に加えて、レーサーとして成功するために不可欠なものだった。

勝つことへの燃えるような意欲は、〝あれば望ましい〟といった類のものではない。それは、なくてはならないものだ。Ｆ１では、この強い意欲はチームメイトのドライバーとのライバル関係のなかに見られる。まったく同じ車に二人のドライバーが乗ることになるため、力量の差がはっきりと表れるからだ。僕たちがメルセデスやフェラーリのマシンの後ろでグリッドに並ぶのも、勝ちたいからこそだ。頭数を揃えるためでもなく、格好良く見られたいからでもない。僕たちはチームメイトよりもいい走りがしたいという思いで、レースに参加しているのだ。

この勝利への強い気持ちは、F1だけではなくあらゆるレベルのモータースポーツで必要だ。そのときの僕がそうだったように、相手を追い抜いてやろうという気迫もなく、少しでもいいポジションを得ようとして戦うでもなく、勝つ必要などないというような態度でレースに臨むのなら、レーサーとしては失格だ。僕は勝利を奪いとろうとしていなかった。勝利のほうから自分に近づいてきてくれるのではないかという甘い気持ちで走っていた。勝つことへの燃えるような執着がなかったのだ。

それが、僕が失った、あるいは一時的に見失っていたものだった。次に考えるべきことは、なぜそうなってしまったのか、そして元の状態に戻るにはどうすればいいかということだった。

なぜそんな状態に陥ってしまったのかという問いへの答えは、僕が成長し、週末のヒーローから平日のゼロへというサイクルを繰り返すことに疲れていたことだった。ティーンエイジャーになった僕は、自分にその年頃に相応しい人間関係が著しく欠けていることに気づいたのだ。

端的に言えば、僕は友達がほしかった。男友達もほしかったし、女友達もほしかった。そう、ガールフレンドが。僕は仲間をつくり、みんなと同じように行動してみたかった。くだらないことでからかわれたりちょっかいを出されたりして腹を立てることも多かったが、いじめられていたというわけではなかった。仲間はずれにされていたわけでもなく、何人かは優しく接してくれた。だけど、学校全体の子供たちから好かれているという感覚はなかった。僕は、そんな状況を変えたかった。

そこで、社交的になるべく努力を始めた。友達と一緒に酒を飲んでみた。煙草を買ってみたこともある。そんなふうに浮ついた気持ちで不良の真似事をしていることが、カートから心が離れる原因になっていたのは間違いなかった。

それは僕にとって難しい時期だった。週末のカートの世界と、平日の学校生活との折り合いをうまくつけられなかった。レースをしているときは自分自身でいられた。有能な自分を実感できた。同じ感覚を学校でも味わいたかった。だから無理をして仲間の馬鹿げた行動にも付き合った。それが、週末のレースに悪影響を及ぼしていた。

ある日、レースを終えて帰路についていたときのこと。僕は父が運転するバンの後部座席で仮眠をとっていた。助手席にはピッパが座っていた。僕は目を閉じてはいたが、完全には眠っていなかったので、二人の会話が途切れ途切れに耳に入っていた。父が囁くような声でこう言った。

「ジェンスはものにならないかもしれない。最近、本物のレーサーになるための才能があるとは思えなくなってきたんだ」

その瞬間、僕は決意した——これからは心を入れ替えよう、もっと真剣にレースに取り組もう、と。

成長と復活

勝利への意欲を取り戻すために、何をすればいいのか？

僕たちはデーブに助けを求めた。以前、デーブからはいろいろとアドバイスをしてもらった。そのデーブに、向こう二年間、指導をしてもらうことになった。僕は父と共にカートのメンテナンスに携わってくれていたデーブに、レースやセッティングに関する指示を仰ぐことにした。デーブは僕を一段上のドライバーに育てようとしてくれた。何より、僕の競争心を回復させる手助けをしてくれた。

デーブはその仕事に成功した。そのカギは、僕がそれまでしていなかった部分に本腰を入れて取り組むことだった。

一九九一年までの僕は、普通にカートを操っていれば誰よりも速く走れた。ごく自然な感覚でレースに勝てた。だがカテゴリーが上がってカートがはるかに強力で複雑になったために、以前と同じ方法は通用しなくなっていた。つまり、新しいカートを操る術を習得しなければならなかった。同時に、僕は密かにカートと学校の二重生活のバランスをとる方法も模索し続けていた。〝普通〟のティーンエイジャーと同じことをしたいという思いは断ち切れなかった。とはいえ、カートに全力で打ち込み、結果を出すとも腹を決めていた。「ものにならないかもしれない」という父の言葉が脳裏から消えることはなかった。

デーブはルールを定めた。校長にかけあい、それまでサッカーをしていた時間は、学校のジムでウエイトトレーニングをすることになった。炭酸飲料を飲むことも禁止だ。

ただし、僕は新しいルールを宗教の教えのように厳密に守っていたわけではない。もし守っていたといえば、嘘つきになってしまう。ジムに行き、一〇分間トレーニングをすると、あとはテレビ番組の『ネイバーズ』を観ていた。炭酸飲料を飲むのも完全にはやめていなかった。これはある意味どうしようもなかった。コカ・コーラは、その年頃の少年にとっては一種の宗教みたいなものなのだから。

それでも、デーブの教えに従ってこの時期に身につけた多くの原則と同じく、フィットネスは僕のF1人生のなかで核となるほど重要なものになった。レーシングドライバーが身体を鍛えて得られるメリットは、難燃性のレーシングスーツを颯爽と着こなせることだけではない。まず、重力《G》の問題がある。高速でコーナーを通過するときにドライバーにかかるGは「五G」。たとえば、頭の重さを普段の五倍に感じるということだ。成人男性の頭の重さは平均すると五kg前後なので、二五kgのGがかかることになる。さらに、レーサーはヘルメットとHANS《ハンズ》デバイス（事故による衝突時に首を保護するための型で固定するU字型の拘束具）も着用している。

ヘルメットとHANSデバイスの重さの合計は約二・五kgなので、Gはその五倍の一二・五kg。頭にかかる二五kgのGと合わせれば、四〇kg近くを首で支えなければならない。体重一〇kgの一歳児四人が頭上に乗っているのと同じだ。Gはコーナリングのときに最も強くなるが、それ以外の場所を走行中にも常にかかっている。レースのあいだじゅう強力なGを受けているレーサーの肉体的な負荷は、とてつもなく大きくなる。

これに対処するために、ドライバーは身体を鍛える必要がある。求められるのは、筋力と総合的なフィットネスだ。ドライバーは一般的に、過度な筋力トレーニングはしない。だが、レースに絶えうるだけの身体はつくっておかなければならない。

体重にも気をつけなければならない。F1では一時期、レースカーの最低車体重量（車体とドライバーの重さの合計）は六〇〇kgだった。当然、チームはできるだけ車を軽くしようとするが、それでも車体が重たくなるケースもある。そのときは、ドライバーに減量が求められる。マクラーレンのマシンの車重は、シーズン序盤は問題ないのだが、途中でコンポーネントやウイングが追加されていき、どんどん重くなる。そして結局、僕が体重を落とさなくてはならない羽目になる。

あるとき、チームから体重を七四kg以下に落としてほしいと言われた。これには合計四kgになる、ヘルメットやHANSデバイス、レーシングスーツ、グローブ、ブーツの重さも含まれていた。頑張って減量したが、限界に達した。結局、どのレースかは思い出せないのだが、体重オーバーのためグリッド降格のペナルティを受けてしまった。モナコにいる専門家に相談したところ、炭水化物のとりすぎだと言われた。

たしかにそれ以前の僕は、炭水化物を貪るように食べていた。パスタを朝昼晩の三食だけでなく、デザートや軽食代わりにもしていた。激しい運動をしているから、大量の炭水化物を補給しなければならないと考えていたのだ。だが、それは間違っていた。その専門家によると、僕の体脂肪率は一二％。トレーニングの量に比べて高すぎる値だった。

炭水化物を減らし、かつパスタやジャガイモ、パンではなく、玄米やサツマイモなどの食物繊維が多い食品のみから炭水化物をとるように指示された。その通りに食事をしたら、体脂肪が六％にまで落ちた。当時の僕としては軽すぎたが、レースカーを運転するためにはそれが必要だった。

僕はF1ドライバーだった期間、ずっとこの食生活を続けた。基本的に、炭水化物は一年じゅう我慢しなければならなかった。レースの直前には、よく断食をした。僕はドライバーとしては平均的な体格だ。小柄なセバスチャン・ベッテルやニコ・ロズベルグは、減量にはそれほど苦労していないが、七〇kg前後の僕やルイス・ハミルトンは炭水化物をあきらめなければならない。ニコ・ヒュルケンベルグやマーク・ウェバー（七五kg）のような大柄の選手は、本当に減量に苦労していた。

これはきつかった。僕のF1キャリアの最後の四、五年で、ドライバーたちがタイヤ以外で不満を口にするのはたいてい減量のことだった。僕のように身長一八〇センチメートルを超える大勢のドライバーたちは、背が高いことでペナルティを受けているように感じていた。背が高いと、ライブハウスで立ち見でコンサートを鑑賞しているときには前が見えて便利だ。だけど、騎手やレーシングドライバーにとってはデメリットになる。最低車体重量の制限値が上がったとき、僕たちドライバーは大喜びした。だけどフェリペ・マッサだけは、元のレギュレーションのほうが良かったと言っていた。なぜなら、小柄なマッサは減量に苦しんでいなかったからだ。

だがドライバーたちが喜んでいたのも束の間、チームは新しい最低車体重量値に合わせて車を重くし始めた。結局、僕たちは再び体重を減らさなければならなかった。

F1を引退してからは、減量に苦しむこともなくなった。だが、その後で僕は熱心なトライアスリートになった。ジェンソン・バトン・トラストでは毎年、トライアスロン大会を開催している。主催者として、弛んだ体つきをして周りをがっかりさせたくはない。だからトライアスロンの練習が大好きなのは幸運なことだ。レーシングドライバーは早起きする必要がないので、ゆっくり寝ていることが多い。だけど僕はトライアスロンのトレーニングのために毎朝六時半に起き、八キロのサイクリングか一時間のラン、一時間半のスイムをする。今でも、僕は甘い炭酸飲料は口にしない（アメリカで売られている「ゼビア」という炭酸飲料を飲むことはある）。

デーブは他にも大切なことを教えてくれた。ここまでこの本を読み進めてきた人なら、もうそれが何かはわかるかもしれない。これも、レーサーとしての僕に不可欠なものだった。それは〝レースを見る目を養うこと〟だ。

僕は小さな頃から、レース展開を読むセンスがあった。幼いときに父とF1をテレビ観戦していたときから、その才能の片鱗を見せていた。それでも、当時はまだ、レースを映画のようにただ眺めているような状態だった。他のドライバーが何をしているか、どんなふうに運転しているか、出来事にどう反応しているのかを真剣には考えていなかった。

「ジェンソン、いいか」ある日、デーブがサーキットで言った。「これから一緒に一コーナーの近くに立って、レースを観察する。一台一台のカートの、全ラップを細かく見ていくんだ」

「わかったよ、デーブ」

僕たちはすっかり仲良くなっていた。父と僕はよく、デーブの家に泊めてもらった。デーブの二人の息子のうち、長男のジェイミーは不在がちだったけど、弟のダニーとも親しくなった。僕たちは四人組のレースクルーのように一致団結し、旅回りのジプシーのようにサーキットを転戦した。

僕はデーブの後をついて、一コーナーのところまで歩いた。

「ドライバーをよく見て――」デーブが言った。「彼らがどんな意図で走り、カートをどう操り、他のドライバーとどんな駆け引きをしているかを観察するんだ」

言われた通りに一コーナーに立ち、レースのあいだじゅうずっと観察を続けた。このときから僕は、経験豊富な他のドライバーからさまざまなことを学び始めた。ジュニアのカテゴリーに適応するためには、レースを読む方法を学ばなければならなかった。この能力は、Ｆ１でも僕の大きな強みになった。デーブと一緒に一コーナーに立ってレースを見ていたあのときが、その始まりだった。

デーブの教えは、最後まで僕を助けてくれた。彼は僕にとって、父に次ぐ真のメンターだ。デーブの指導は一九九三年シーズンまで続いた。その頃の僕はまだ、普通の十代の生活とレーサーとしての活動を両立させる方法を試行錯誤しながら模索していた。デーブはさらに僕に大きな一歩を踏み出すチャンスを与えてくれた。一四歳になる直前、僕はイタリア、シチリアを拠点とする「チームランボー」（冗談ではなく、本当にこれがチーム名だった）の入団テストに誘われたのだ。エトナ山の麓にあるサーキットで、僕は印象的な走りをしてテストに合格した。

僕が入団した頃、チーム名は「チームアストラ」という平凡なものに変わった。チームのオーナーは父の店の顧客だったセルビア人だった（だからデーブはこのチームにコネクションがあった）。そんなわけで、僕は海外でレースを始めた。三週間に一回、ヨーロッパ大陸で週末を過ごした。世界を舞台にする男になったというわけだ。それ以外の週末は、それまでと同じようにイギリスでのレースを続けていた。ハードなスケジュールだったが、デーブのおかげで、僕はレースへの愛と勝利への意欲を取り戻した。

そして、ひどい出来事が起こった。

仲間を襲った悲劇

その知らせを受け取ったのは一九九四年の終わり。イタリアでのウィンターシリーズのレースに出場していたときだった。先にこのニュースを知った父は、レースが終わって帰路につく飛行機のなかで僕にそれを告げた。

「ジェンス、ダニーが事故にあった」父の声は震えていた。「ダニーは死んだ」

僕と父は、デーブとその息子のダニーのスペンス親子と本当に仲が良かった。父はいつもサーキットでキャンピングトレーラーをデーブの大きなキャンピングカーの隣に停め、八角形のテントを張った。それはカートコミュニティのなかの小さなコミュニティになった。僕たちは早起きして朝食を用意し、テントに集合してその日のレースで使うカートの準備をした。

デーブの長男のジェイミーがたまにカートレースの現場に姿を現わすと、大勢の子供たちが尊敬の眼差しで見つめた。カートを卒業しカーレースの世界で活躍するジェイミーは、僕たちの憧れの的だった。熱狂的なレース一家の一員だったダニーも、生きていれば間違いなくジェイミーみたいなカーレーサーになっていただろう。ジェイミーと同じく、ダニーも才能に溢れていた。

レースをしているときもしていないときも、ダニーはいつも僕たちと一緒にいた。カートを整備するデーブの手伝いをしたり、ジェイミーがそうだったように何かと面倒を起こしたりもした。モータースポーツは、スペンス一家のお家芸だった。彼らはレースを心から愛していた。父と僕も、尋常ではないくらいレースに入れ込んでいた。だけどスペンス一家は、息をするのと同じくらい自然にレースに関わっていた。デーブとダニーのあいだには、めったに目にすることがないような深い親子の絆があった。父と僕も仲が良かったが、デーブとダニーはまるで親友のように楽しい時間を過ごしていた。デーブはダニーのレーサーとしての将来に大きな希望を持っていたに違いない。僕がヨーロッパでレースを始めたのとほぼ同じ時期に、ダニーもカートの試合に出場するようになっていた。

ダニーはわずか九歳でこの世を去った。事故は、ダニーがケンブリッジシャーのキンボルトンでレースをしている最中に起こった。このサーキットは、僕たちが自分の庭のように知り尽くしていた場所だ。バランスを失った別のカートが転覆した状態でダニーのカートの上に覆いかぶさるように衝突。衝撃は特に大きくはなく、ダニーは一度立ち上がったが、地面に倒れ、そのまま息絶えた。死因は頭と胸の怪我だった。

父が悲しい知らせを僕のレース後に告げたのは正解だった。それは僕にとって、初めての知人の死だった。友人を失っただけではなく、その原因がレースだということが悲しみをさらに募らせた。レースは僕たちが楽しんでいたことであり、ダニーと僕を結びつけてくれた素晴らしいものだった。そのレースに、命を奪われてしまうなんて――。

僕にはなぜダニーが死んでしまったのかが理解できなかった。それは複数台の車が折り重なるような大事故ではなく、六〇ccのカデット用カートのちょっとした衝突だった。誰かが死ぬような事故ではなかった。

翌週末、僕はカートに戻った。悲しい事故が起きたとき、レーサーはなるべく早くいつもと同じようにレースに復帰すべきだ。息子が自転車で転んだときに、父親が「すぐに立ち上がってサドルに跨がるように」と言うのと同じだ。僕の父も同じことをした。モータースポーツでは、「怪我は稀にしか起こらず、ましてや死亡事故など本当にごく僅かな確率でしか起こらない」という確信を持つことが重要だ。「事故など絶対に起こらない」と信じていなければならない。僕がレース前にヘルメットをかぶる度に自分が不死身になるような感覚を得るのも、そのためだと思う。

その翌週、イギリスのカート関係者全体がダニーの葬儀に参列した。キンボルトンで事故を目の当たりにしたというルイス・ハミルトンもいた。

父は当時BMWの7シリーズに乗っていた。いい車だったが年式が古く、あちこちにガタがきていた。葬式当日、修理していたはずのバンパーが外れ、ロードサービスを呼んだ。僕たちの車は牽引車に引かれて葬儀場に到着した。

これが何事もない日常で起きた出来事なら、面白おかしく思えたかもしれない。だけど九歳の少年の葬儀では、何があったとしてもユーモアなど感じられなかった。その短い生を祝福などできなかった。早すぎる死を悲しむことしかできなかった。

式場は悲しみに包まれていた。僕と同年齢以下の子供たちと、ショックで言葉を失ったその両親たちが大勢参列していた。葬儀のあいだじゅう、あちこちから聞こえてきたすすり泣きの音が、ダニーの死の痛ましさを物語っていた。

誰もデーブにどんな言葉をかけていいのかわからなかった。僕も同じだった。一四歳だった僕に、幼くして息子を失った男にかけるべき言葉などわかるわけもなかった。通夜はスペンスの家で行われた。父と僕がしょっちゅう泊まっていた場所であり、すべての部屋にはまだダニーの思い出が残っていた。デーブは僕を椅子に座らせ、ダニーがどんなふうに事故に遭い、どんなふうに命を落としたのかを説明してくれた。僕にダニーの死を理解させようとしてくれていたのだ。今思うと、それはとても勇気のあることだった。デーブは、もうダニーには会えないと言った。僕はもう、そのことを理解していた。だけどデーブは、自分自身に言い聞かせるためにその言葉を口にする必要があったのだと思う。

事故のあと、デーブは変わった。無理もなかった。息子であり、親友であり、愛弟子であった最愛のダニーを失ったのだ。僕には、デーブのそのときの気持ちを軽はずみに代弁することなどできない。ともかく、デーブは細胞レベルから変わってしまったと思えるほど別人のようになった。

デーブはカートの世界から姿を消した。みんなへの別れの言葉も、カートから離れる理由を説明する言葉もなかった。もちろん、そんな言葉は必要なかった。デーブはただ、サーキットに来なくなった。長男のジェイミーはカーレースを続けていたが、たぶんデーブはその現場にも足を運ばなかったはずだ。悲しみに暮れ、殻に閉じこもってしまったのだ。結局、〝ダニーと暮らしていた家に住み続けるのはよくない〟という妻の判断で、デーブは家族と一緒にイギリスを離れ、スペインに移住することになった。

それはそのときのデーブにとって最善の選択だったと思う。それから何年ものあいだ、僕はデーブやジェイミーに会う機会がなかった。二〇〇〇年代半ばのある日、僕がF１の所属チームでのテスト走行をするためにバルセロナに滞在していたとき、一緒にスペインに来ていた父がデーブに連絡し、サーキットに招待した。

再会できて嬉しかった。デーブは以前と同じ人間ではなくなっていた。ダニーを亡くしたことで、心の大切な部分を失ってしまったような印象を受けた。それでも、その日は久々にサーキットに足を踏み入れたことをとても喜んでいた。ダニーの事故が起きて以来、レースの現場に姿を現したのは初めてだったはずだ。

それからというもの、僕たちはレースでスペインを訪れる度にデーブを招待した。デーブはレースも好きだったが、なんといっても大好きなのはテスト走行だった。僕たちが紹介したチームのメカニックやエンジニアの作業光景を、飽きることなく何時間も眺めていた。もしデーブがヘッドフォンをつけて、マシンについての僕のコメントを耳にできたとしたら、黙ってはいられなかっただろう。ああしたほうがいい、こうしたほうがいいと口を挟んできたはずだ。デーブは特別な人だった。

ダニーは特別な人だった。その死は、カート選手全員を結ぶ絆になった。僕たちは決してダニーのことを忘れなかった。

すべてをレースにかけて

当時、僕はまだ普通の子供としての生活をしたいと思っていて、実際に人並みのことをしていた。音楽にも夢中になった。お気に入りはプロディジー。このバンドのアルバム『ミュージック・フォー・ザ・ジルテッド・ジェネレーション』は、この時代の自分にとってのサウンドトラックみたいなものだった。真の怒りが感じられ、アドレナリンが湧き上がるような音楽だ。好きだった映画は『パルプ・フィクション』や『レザボア・ドッグス』。ファッションでは、スニーカーはリーボックのポンプ、服は——笑わないでほしい——シェルスーツやジョー・ブロッグスなんかの流行りものを着ていた。どれも服のつくりが大きくて、とにかくダブダブだった。ガールフレンドもできた。一学年下のキンバリーという名の女の子だ。はたから見れば、僕はどこにでもいる普通の少年として毎日を過ごしていた。そして、それが僕のやりたかったことだった。

休暇には父と運河に遊びにも行った。スーパーマーケット「セーフウェイ」のビニール袋に父が飲むためのビール缶をいっぱいにいれ、運河に投げ入れて冷やしたりした。カートでは、ヨーロッパ選手権と世界選手権で戦っていた。目標は、一つ上のカートのカテゴリーであるフォーミュラA。さらにその上にはフォーミュラスーパーAがあり、そこから先はカートを卒業して本格的なカーレースのカテゴリーに入っていく。僕はヨーロッパやアメリカ、日本などさまざまな場所でレースをした。

僕は、一六歳になったときに誰もが受験する全国統一テスト「GCSE」を受けなかった。正確には、フランス語のSEGモジュラーコースを年間を通して受講した。成績はB。だけど筆記試験でのGCSEは受けていない。

理由はもちろんカートだった。学校の校長も、レースに出場することに寛容だった。校長は、陸上競技であれサッカーであれバランスビームであれ、とにかくスポーツの才能に将来性が感じられる子供には、学校を休んでも競技を優先させてもいいという考えの持ち主だった。「君がレースをする機会を与える、それは学校にとって当然のことだ」というのが口癖だった。

校長のサポートは心強かった。さすがに今の時代なら、他の生徒が試験場で真剣にテストを受けているときにスポーツにうつつを抜かすなんてことは許されないだろう。GCSEを受験しないことも認められないはずだ。その分、僕の時代に比べてカートに没頭するのが難しくなっているのかもしれない。

それでも、共通試験をふいにしてまでカートに情熱を注ぐのは大きな賭けだった。これは簡単な決断ではなかった。自分が人生をモーターレース一択にかけていることを嫌というほど意識せざるを得なくなるからだ。とはいっても、僕は学校をきちんと出ていなくても社会で活躍している人をたくさん知っている。たとえばクリス――クリッシー・バンコム――は、学校の成績はトップクラスだったがレース一本の人生を選び、ル・マン二四時間レースで優勝するほどのレーサーになった。僕のPR担当者ジェームス・ウィリアムソンも、大学には行っていないが実に頭が切れる。テレビのクイズ番組『カウントダウン』に出場したときも、持ち前の頭脳明晰さを存分に発揮した。もちろん僕は、学校をドロップアウトすることを勧めたりはしない。だが学校の成績が良ければ世の中を渡っていけるとも思っていない。たとえば僕はフランス語でBをとったが、その後で一七年間フランスに住むことになったにもかかわらず、英語交じりのフランス語くらいしかまともに話せなかった。

息子が事故で命を落としたことを境に父親がカートの世界から離れる気持ちはよくわかる。それでも、僕は友としても師としてもデーブが恋しかった。再会を果たすまでには、長い年月がかかった。だがコーチに関しては、幸いポール・レメンスという腕利きのベルギー人指導者と巡り会えた。僕はフォーミュラAに参戦した一九九五年に、ポールのチーム「GKS」に加入した。このチームでは、ソフィー・クンペンとチームメイトだったこともある。彼女は当時ヨス・フェルスタッペンと付き合っていて、二年後には子宝に恵まれた。つまり、僕はマックス・フェルスタッペンの母親と一緒にレースをしていたというわけだ。年をとると、子供の頃はものすごく大人に見えた警察官が若く見えて嫌になることがあるけど、それと同じ感覚だ。その後、僕はヨスともマックスともレースをしたので、この家族全員とレースに関わったことになる。フルハウスだ。

そんなわけで、僕はポールのチームで走り始めた。ポールは厳しい人だったが、ドライバーへの扱いは公平だったし、筋も通っていた。僕はカート選手としてのキャリアの最後の一年間、カートに乗ることで報酬ももらえた。これは初めての体験だった。ポールは僕を家族同然に扱ってくれた。僕はベルギーのヘンクという都市で多くの時間を過ごすことになった。チームメイトのヤン・ヘイレンと一緒に、ポールの家にしょっちゅう泊まり込んでいた。生活費の足しにするために、カートの整備やテスト走行といった仕事もした。

僕はフォーミュラAで頭角を現し、その年は世界選手権に進出。得意のソフトタイヤで準決勝を制した。

迎えた決勝。僕はトップに立つと、そのまま集団との差を広げた。ライバルは後続の二台に絞られた。ハンドルを握りしめ、歯を食いしばりながら、（いいぞ、俺は世界選手権で優勝しようとしている！）と心のなかで叫んだ。だが突然タイヤの調子がおかしくなりスリップ。あえなくスピンしてしまった。僕は、デーブに教わったタイヤに優しい走り方を忘れていた。準決勝では、決勝のことを考えず、タイヤを酷使する走り方をしていた。それが原因だった。後続車に追い抜かれ、三位に転落。なんとか挽回して一台を抜き、最終的に二位でフィニッシュした。世界選手権での二位は嬉しかったが、勝てたレースだっただけに後悔も大きかった。準決勝では三、四位狙いに徹し、タイヤの摩耗に気をつけながら走るべきだった。

一九九六年、僕は勝利を重ね、翌年のフォーミュラスーパーAに招待された。これはカーレースの一つ手前に位置する、カート最高峰のカテゴリーだ。そしてフォーミュラスーパーAでは、ヨーロッパ選手権の最終ラウンドに進出。ヨーロッパ各地の四つのサーキットを舞台に八レースで競われる大会で、各サーキットでは週末の土日に二回レースが行われる。最終ラウンドの舞台は、地元のヘンク。このサーキットのことは、知り尽くしていた。周回した回数では、どの選手にも負けていなかったはずだ。しかも、この週末は雨が降っていたので、得意のウェットコンディションで走れる。ヨーロッパ選手権を制覇するというビッグチャンスの到来を予感し、僕の胸は高鳴った。

巡ってきた大チャンス

ヘンクのトラックにはタイトなコーナーがたくさんある。これは理論上、僕のように背の高いドライバーには不利だ。重心が高くなるのでカートはコーナーで跳ねなくなり、ドライバーはコックピットの側面に脇腹をぶつけることになる。

でも、どれだけ脇腹を痣だらけにしようとも、僕はこのサーキットが大好きだった。走りがいのある厳しいコーナーのシケインが連続するこのコースでは、まさにレースの醍醐味を味わえたからだ。

その日のスタンドは混雑していた。このサーキットにこれほど大勢が集まったのは見たことがなかった。なんといっても、これはヨーロッパ選手権だった。関係者の家族も見に来るだろうし、たくさんの客が入るのも当然だった。それまで僕が出場したレースのなかでも、一番の規模だったと思う。世界各国から選りすぐりのドライバーが集結していた。各カートには国旗が貼られていた。日本、オーストラリア、アメリカ、イタリア、ノルウェー、スウェーデン——。観客のなかで目立っていたのは、レースが盛んなお国柄であるイタリアやスカンジナビアの人々だった。僕は思った。これから、この大観衆の前で、最高のドライバーたちを相手に、自分のホームと呼ぶべきサーキットで戦うのだ——。

土曜日のレースを二位で終え、迎えた日曜日の最終レース。二列縦隊のローリングスタートで一周し、ホームストレートをじりじりと進みながらライトがグリーンになるのを待った。この段階で、僕の優勝条件ははっきりしていた。それは三位以内に入ること。他のドライバーの順位に関係なく三番以内でフィニッシュすれば、僕はヨーロッパチャンピオンになれる。

注意すべきライバルは三人。一人はイタリアのジョルジオ・パンターノ。後にF1やF3000でも活躍するドライバーで、ニコ・ロズベルグやフェルナンド・アロンソといった一流どころからも畏怖されていた。僕が一四歳から一七歳にかけて国際的なカートレースで戦っていたとき、最大のライバルだったのがこのパンターノだった。未成年が酒を飲むことに寛容なイタリアで、レース前になるとパンターノがいつもバーでグラッパを飲んでいたのをよく覚えている。

グリッドの上には、まだ優勝を狙える位置にいたアレサンドロ・マネッティとジョニー・ミロジェビッチもいた。この二人にも要注意だった。僕が三位になることを望んではいないはずだからだ。レース前の父との作戦会議では、この二人に意図的にぶつけられてスピンさせられる可能性は十分にあると話し合っていた。

ライトがグリーンに変わった。アクセルをべた踏みし、スピードを素早く上げようとした。ミロジェビッチが後ろから迫ってくるのが怖かった。ドライバーたちが凄まじい勢いで一コーナーに突っ込んでいく。僕がそれまで何千回も走ったことのあるコーナーだ。

ここで惨事が起きた。ミロジェビッチを気にする余りブレーキングが遅れ、リアタイヤがロックされてオーバーシュート。僕を乗せたカートは砂利と雨水を弾きながらコースアウトした。あたりを見渡して父の姿を探した。いつも一コーナーにいる父が、初レースのときと同じように、トラックに戻れと僕に向かって叫んでいる。後続車に抜かれて最下位になっていたが、カートはそのまま動かせた。カートが停止すると、いったんコックピットから降りてリアを持ち上げ、車の向きや位置を変えてから再びコックピットに飛び乗らなければならないこともある。だが不幸中の幸いで、このときはそれが不要だった。

幸運は続いた。二コーナーで玉突きがあり、四、五台が立ち往生していた。僕は脇を通り抜け、最下位から脱出すると、集団後方を走るカートを一台ずつ抜き始めた。頭のなかでプロディジーの音楽が鳴り響いていた。完全な集中状態に入りながら、最適なラインを選んで走り続けた。それまでレースで味わったことのないような感情がこみ上げてきた。それは激しい怒りだった。この大舞台で、一コーナーでいきなりしくじってしまった自分への怒りだ。僕を信じてくれているポールや父、デーブの期待に必ず応える——そう決心した。僕はコーナーで積極果敢にインを攻め、次々に先行車を抜いていった。その日のレースに参加していたドライバーは三四人。残り八周を切ったところで僕は四番手まで順位を上げ、ついにパンターノの背中が見えてきた。

絶対に、三位以内に入ってやる――。

そのとき、パンターノが縁石にぶつかった。強い衝撃でチェーンが壊れた。カートはチェーンで動いている。ゲームオーバー。パンターノはここでリタイヤになった。

僕は三位に浮上した。このままなら、チャンピオンシップは僕のものになる。

三番以内を維持する限り――。

そのときの先頭はマネッティ、その後ろはミロジェビッチだった（順番は逆だったかもしれないが、僕の前を走っていたのは間違いなくこの二人だった）。二人はチームメイトだったので、マネッティが減速し始めた。僕をブロックして後続に追い抜かせるためだ。三位をキープできなければ、僕はチャンピオンシップを逃してしまう。

背後に目をやると、マックス・オルシーニが猛烈な勢いで追い上げてくるのが見えた。僕たちはそのままつばぜり合いを続けながらラップを重ねた。マネッティはさらにスピードを落として僕の行く手を阻み、僕は後ろから激しく迫ってくるオルシーニを交わし続けた。最終ラップ、オルシーニは紙一重の差で僕の真後ろにつけていた。失うものは何もないオルシーニは、捨て身で僕を抜きにかかってきた。最終コーナーが見えてきた。必ずここで勝負をかけてくる。

オルシーニの追撃をなんとか凌ぎながら、猛烈な勢いでコーナーに近づいていった。うまくライン取りができたが、それはオルシーニも同じだった。勝負を分けるのは、次のコンマ一秒の差だ。ブレーキのわずかなタイミングが、誰がコーナーで勝つかを決める――。僕は勇気を振り絞り、一コーナーでリアロックした失敗を頭から振り払おうとした。スローモーションのように遅く感じられる時間の流れのなかで、ブレーキのタイミングをぎりぎりまで我慢した。しびれを切らしたオルシーニが先にブレーキを効かせ、ハンドルを切る。だが僕を抜く勢いは出せない。

僕は三番手を保ったままコーナーを出た。それで終わりだった。ミロジェビッチ、マネッティ、バトン、オルシーニの順番で、テールトゥノーズでフィニッシュラインを越えた。僕はそれまでのキャリアのなかで一番の大勝利を収めた。ヨーロッパチャンピオン――。

しかも、ここはチームのホームトラックだった。ポール・レメンスは泣いていた。大人の男が泣くのを見るのは初めてだった。しかも、ポールのような普段は強い人間が涙を流すなんて。チーム全体が歓喜に沸いていた。父も喜んで飛び跳ねていた。何日も続きそうな祝福だった。

レース前に「優勝したらチームで頭を剃る」と誓っていた僕たちは、ポールと父以外の全員が本当にスキンヘッドにした。

すぐに、僕に丸坊主は似合わないことがよくわかった。後頭部が突き出ていて、格好が悪いのだ。僕のガールフレンドのキムは言った。「頭を剃る正当な理由があったからまだ許せるわ。でも、本当に似合わないわね」

僕は気にしなかった。ヨーロッパのチャンピオンになったのだから。

そして目の前には、カートの次の舞台が待っていた。大きな舞台が……。

自動車免許試験に落ちる

この頃、僕は自動車免許の試験を受けた。路上試験で細い道を走っていたとき、進行方向の路肩に何台かが路上駐車していた。交通ルール上、こういう場合は対向車を優先させ、安全を確認してから進むことになっている。このときも対向車が遠くに見えたが、こっちに先に路上駐車の脇を通り抜けられるだけの時間的な余裕があった。だからアクセルを踏んだのだが、対向車の女性はパニックになり、僕を避けようとして縁石に乗り上げてしまった。神に誓って、どうみてもそんなことをする必要はなかったのに、だ。それでも、試験官の女性はそれを危険運転だと判断した。「不注意」ではなく、『マッドマックス』みたいに「危険」な運転だと言ったのだ。

「僕は合格ですか?」

「いいえ、ミスター・バトン。不合格です」

正直言って、これはかなり恥ずかしかった。

二回目の試験では、無事合格した。でも、この話にはオチがある。この本を書いている時点で僕はアメリカで暮らしているのだが、そのために運転免許試験をもう一度受けなければならなくなったのだ。僕は自分のなかのメル・ギブソン的な傾向を慎重に抑えて試験を受け、合格した。とはいえ、もう二〇年も車を運転しているのに、保険料はとてつもなく高く設定された。二輪の免許も受け直さなければならない。好きなことのためだから、しょうがないのではあるけれど。

九〇年代後半、免許をとった僕は父に買い与えてもらった中古のシボレー・キャバリエをあれこれといじっていて、レースで勝つ度に勲章代わりの改造を施していた。父が言った。「ジェンス、ヨーロッパ選手権で優勝したら新しいホイールセットを買ってやるぞ」。ご存じの通り僕は優勝し、へんてこな髪型と、洒落たカーボンファイバー製のトロフィーと、モータースポーツ界からの注目と一緒に、キャバリエ用の新しいホイールも手に入れた。一七インチの、ツインファイブスポーク。さんざん手を入れてきた愛車にぴったりだった。今は廃刊になってしまった、『マックスパワー』というカーマニア向けの雑誌があった。僕は、派手にチューニングされた車の写真が満載のこの雑誌の愛読者で、自分の車も同じように悪趣味に改造していた。サスペンションを下げてカートのように乗れるようにし、後部に大きなスピーカーを設置し、エンブレムは外した。バンパーは黒いプラスチックだったので、色合わせした（つまり、車体とまったく同じ色になるようにスプレーした）。仕上がりは完璧だった。一度警察に止められたとき、車種を尋ねられたくらいだ。嘘じゃない。

「この車は何だ？」警官は言った。

（ウソだろ？　世界で一番ありふれてる車種じゃないか）と思いながら、僕は平然と答えた。

「キャバリエです」

「ライトが切れてるぞ」警官は言ったが、恥ずかしそうに頬を赤らめていた。

前の章で、今は公道で飛ばしたりはしない、と書いた。だがそれは、三七歳になった現在の話だ。例のキャバリエを乗り回していた一七歳の僕は、どこに行くにもかっ飛ばす、迷惑この上ないスピード狂だった。そのことを端的に表す極めつきのエピソードがある。キムや何人かの友達とニューキーにあるビーチに遊びに行った日のことだ。目的は、現地でサーフィンをしたり、マクドナルドでハンバーガーを食べたりするという、ごくありふれたものだった。僕とキムはキャバリエに、仲間は他の車に乗り込んで出発した。

朝七時半、ビーチを見下ろす崖の上に到着した。その瞬間までは、のどかな雰囲気だった。だがその崖の上にはすでに二台のローバー・メトロが停まっていた。芝生の上では野球帽を被った二人の若者が横たわり、ドーナッツをかじっていた。テナガザルみたいな笑い顔を浮かべ、人生を謳歌している。

その年頃の若者というものは、誰かに挑発されたら受けて立つものだ。はっきりと挑発されているのかどうかわからなくても関係ない。僕は自分の存在を見せつけてやろうと思った。アクセルを踏み込み、芝生の上にいるメトロめがけて加速すると、ハンドルを切ると同時にハンドブレーキを引いた。

見事なハンドブレーキターンを決めるつもりだった。うまくやってのけられたはずだった。だけど問題が二つあった。一つ目は、キャバリエの車体は軽快な小型車のメトロとは違って大きかったこと、二つ目は芝生がまだ朝露で濡れていたことだ。摩擦が得られず、車のコントロールがきかなくなった。助手席のキムが金切り声を上げた。目の前の光景がスローモーションに切り替わり、二台のメトロのあいだのスペースが見えた。シンクロナイズドスイミングの選手みたいな美しい振り付けで、キャバリエがリアを大きくスライドさせながら二台のあいだを滑り抜けていく。ゆっくりと回っていく車のなかで、リアビューミラーに映る、驚きのあまりポカンと口を開けた二人の若者の顔が見えた。さらに車が回ると、今度は僕たちが向かおうとしている崖の端が見えてきた。その先に海面が燦めいている。

一巻の終わりだ――。僕は思った。このまま崖から落ちて死ぬんだ。僕の墓石には、「ジェスパー・バトン、ここに安らかに眠る」と刻まれるんだ――。

芝生とビーチにつながる絶壁とのあいだには、砂利道があった。僕が生きてこの話を書いているのは、この砂利道のおかげだ。最後の最後で摩擦が生じ、車は崖の端から数センチ（正直に言えば、それくらい際どく感じられたというだけで、実際には数メートルくらいは間隔があったかもしれない）のところで急停止した。

最初キムは怒っていたが、スリル満点の体験だったと思い直してくれた。僕は命拾いをした幸運に感謝した（キムの前で面目が丸つぶれにならなくてよかった）。その後は、サーフィンをしたりして遊んでいたのだが、突然、キムが腕時計を見て、慌てふためいて言った。「うっかりしてたわ。このままじゃアルバイトの時間に遅れちゃう！」

僕は間一髪で死を免れたことで、すっかり自信を回復していた。「任せろ、俺が時間までに送ってやるよ」。僕はキャバリエにキムを乗せると、高速道路を最高一一五キロの猛スピードで突っ走り、サイドブレーキを駆使して黄信号の横道をドリフトし、キムのアルバイト先のパブ、〈レッドライオン〉の駐車場に横滑りしながら停止すると、彼女に向かって「な？　言っただろ？　間に合ったぜ！」と言った。顔面蒼白のキムは、とても仕事ができるような状態ではなかった。

ダウンフォースの衝撃

最近、アメリカの家にイギリスから木箱の荷物が届いた。中身は二五個のヘルメット。レーサー時代の想い出の品だ。

一緒に住んでいるガールフレンドのブリトニーが、目を丸くした。「こんなに……いったいどこにしまっておくつもりなの？」

「大丈夫さ。男部屋にしまっておくから」僕はにっこり笑って言った。

「男部屋？　どの部屋のこと？」

ブリトニーを説得するには、まだしばらく時間がかかりそうだ。

実は、イギリス、エセックスの倉庫には、まだヘルメットが七五個もある。トロフィーも一緒だ。特別な宝物は、ヨーロッパスーパーA選手権のもの。こんなに美しいトロフィーは見たことがなかった。しかも、それを自分がもらったのだ。

僕はＦＩＡ（国際自動車連盟）主催のカート選手権で優勝したおかげで、授賞式では上のカテゴリーで優勝した憧れの有名ドライバーを間近で見ることができたし、「ＦＩＡ」の文字が刻まれたカーボンファイバー製のトロフィーももらえた。

その年のカートの世界選手権では優勝を逃した。二位を走行中、エンジンが故障してしまったのだ。その年の後半、日本で開催されたワールドカップでトップを走っていたとき、今度はチェーンが切れた。そう、カートではチェーンが切れたらそれで終わりだ。だけどそのときは、積極的な走りを評価され「アイルトン・セナ・メモリアル・カップ」を授与された。僕は一四台のカートをオーバーテイクしてトップに立った。あのときチェーンが切れていなかったら——。ヨーロッパ選手権で僕の前を走行中にチェーンが切れてリタイヤしたジョルジオ・パンターノの無念さが、わかるような気がした。

僕はカート界の注目の的になり、周りも騒がしくなっていた。今後についての決断を迫られていた。そのままカートのカテゴリーにも留まれたが、四輪自動車競技の舞台で戦ってみたいという気持ちは強まっていた。順当なら、次に進むべきカテゴリーはフォーミュラ・フォードだ。そのためには、どこかのチームと契約しなければならない。父と一緒にチームを物色した。いくつか良い話もあったのだが、さまざまな理由で契約には至らなかった。

不安に襲われた。進学の道を断ったことが、心に重くのしかかってきた。僕はモータースポーツを職業に選ぼうとしていた。カートの最終年ではレーサーとして報酬がもらえた。だが当面は、父のカートショップで働かなければならない。

落ちぶれたような気持ちになった。店にとっては、ヨーロッパのカートチャンピオンがエンジンのチューニングをしているというのは客を呼び込むためのいい宣伝にはなったかもしれない。だけどエージェントやマネジメントの人間からは、なかなか声がかからない。フォーミュラ・フォードのレーサーになるのは、僕にとって『鏡の国のアリス』のアリスが鏡を通り抜けて異世界に入り込むのと同じことだった。だがいくら鏡のなかに入ろうとしても、頭をぶつけてばかりだった。

だがようやく、幸運が巡ってきた。ベルギー在住のハラルド・ユイスマンというノルウェー人の元レーシングドライバーが、雑談をしていたポール・レメンスに、これまで見たなかで最高のカート選手を三人挙げてほしいと尋ねた。

「三人は挙げられない。二人しかいないから」ポールは答えた。「アイルトン・セナと、ジェンソン・バトンだ」

「それは誰だ？」ハラルドが言った。セナのことを尋ねたのではなかった。

ポールは僕のことを相当に絶賛してくれたらしい。なぜならハラルドは、将来のF1ドライバーのマネジメントをしたいと有望な選手を探していたイギリス人、デイヴ・ロバートソンに電話をして僕の噂を伝えたからだ。

しばらくして、自宅の電話が鳴った。デイヴからだった。ウェールズのペンブリーでフォーミュラ3の車のテストをしないかという誘いだった。デイヴが詳しい話をしたがらず、怪しさも感じたので、受けるべきかどうか迷った。ともかく、父と僕はウェールズに行くことにした。

現地に着くと、名門チームのカーリン・モータースポーツの関係者がいた。しかも、車は二二〇馬力、炭素繊維強化樹脂が採用されたダラーラ無限ホンダだ。僕たちが予期していたよりもはるかに本格的な、本物のテストだった。

僕はかなりうまく走れた。車の仕組みがそれまでとは大きく違っていたことを考えればなおさらだ。まず、この車にはギアがあった。だけど僕は素早くコツをつかめた。もう一つの大きな違いは、もちろんダウンフォースだった。

航空機の翼とF1カーのウイングは基本的に同じようなメカニズムで作用する。ただし、力が働く向きは逆だ。航空機の翼からは、機体を上昇させる力、すなわち正の揚力が生じる。一方、車のウイングがつくり出すのは、車体を地面に押しつける力、すなわち負の揚力だ。この空力が生み出すグリップは、ダウンフォースと呼ばれる。

大まかに言えば、車の速度が上がれば空力グリップも強まる。低速コーナーではダウンフォースが小さくなるので、得られる駆動力《トラクション》は空力ではなく車がつくり出す〝メカニカル〟なものになる。そしてスピードが上がると、車はメカニカルグリップではなく空力グリップを用いて走ることになる。

高速コーナーでは強いトラクションが得られ、車のスピードを上げられる。これは、普段ダウンフォースを用いないレーシングカーの運転に慣れているドライバーの頭を混乱させる。ある程度までは〝スピードを上げるほどグリップが得られる〟のだ。このいつもとは逆の感覚を受け入れるためには、〝レース脳〟を書き換えなければならない。

ダウンフォースがもたらすトラクションは、ドライバーの直感に反する。まるで突然、〝脂っこいものを食べれば痩せる〟と、常識が逆さまになったような感覚に襲われる。本当にそうなのか？これでいいのか？　その時点までに学んできたこととはまったく逆の現実に戸惑う。それは、物理法則と矛盾しているように感じられる。

他のレーステクニックと同様、ダウンフォースを使いこなす秘訣は、タイミングをとること、数字を計算すること、車の声に耳を傾けて反応することだ。コーナリングでは〝完璧なダウンフォースを生み出す速度〟で走行しなければならない。この速度を下回るとグリップ力が低下してふらつきやスピンの原因になるし、上回るとコーナーを曲がりきれなくなる。

ダウンフォースの学びに終わりはない。ともかく、僕はその日、ペンブリーでそれを学び始めた。そして幸運にも、この初めてのテストでダウンフォースの基礎をつかめた。ここで躓くドライバーは少なくない。ウイングのない普通の車では優れた走りを見せるのに、ダウンフォースを生み出す車に乗ると十分に力を発揮できないドライバーは大勢いる。

メカニカルグリップと空力グリップのどちらが好きかと尋ねられれば、答えるのは難しい。だけど、ダウンフォースと同じくらいのグリップが得られるなら、僕はメカニカルをとる。その理由は、こちらのグリップのほうが、レースに適しているからだ。メカニカルグリップは、目の前の車に接近しても失われたりはしない。だがダウンフォースは先行車の真後ろにつくと空気抵抗の影響を受けてしまう。F1にDRS（ドラッグリダクションシステム）のような、電子制御でエアロパーツを動かして空気抵抗を低減するシステムがあるのもそのためだ。こうした機構がなければ、オーバーテイクが難しくなってしまうのだ。

それでも、僕はダウンフォースにうまく対処した――デイヴとハラルドがマネジメント契約をオファーしてきたくらいに。二人が要望していた取り分の割合はびっくりするくらい高かったが、それを除けばこの二人と組むのは良い選択肢のように思えた。

「フォーミュラ3でレースをしてほしい」二人は言った。カートからこのカテゴリーに飛び級で上がるドライバーはまずいない。昔、ヤルノ・トゥルーリがそれをやったことはある。だが……。

「フォーミュラ3では走れない」僕は答えた。「僕にはカーレースの経験がない。いきなりフォーミュラ3のマシンに手を出して、まともに走れないという間違いをしたくないんだ」

結局、僕はフォーミュラ・フォードで一年間走ることになり、この舞台でイギリス選手権と世界選手権を獲得した。もちろん嬉しかったが、このフォーミュラでのレースはあまり楽しくはなかった。レースはアクション満載だったが、車が面白くなかったのだ。鈍くて、遅く、反応が悪く、パワーも小さくてダウンフォースもない。ただコーナーを走り回るだけだ。

それでも僕は全力を尽くした。レースは楽しめなくても結果は出した。それはこの時期の自分にとって何より大切なことだった。僕はその年の活躍が認められ、マクラーレン・オートスポーツ・ヤング・ドライバー賞を受賞した。デビッド・クルサードやダリオ・フランキッティなども受賞したことのある賞だ。受賞者は、各種のレーシングカーでテスト走行を行うことになっていた。フォーミュラ3や、イギリスツーリングカー選手権などの車（三〇〇馬力もある怪物だった）だ。このテスト走行の報酬として、僕は五〇〇〇〇ポンドもの大金と、タグ・ホイヤーの腕時計（いまでも所有している）をもらった。

自分に勢いを感じた。誰もが僕のことを話している。しかも、褒めてくれているのだ。その年、バルセロナで開催されたF1のスペインGPを観戦した。一緒にいたハラルドに、F1関係者を数え切れないほど紹介してもらった。三度目のGP観戦にして、僕はパドックのなかにいた。そして、子供の頃から神のように崇めていた伝説の大物たちに挨拶をした。パトリック・ヘッド、フランク・ウィリアムズ。父が贔屓にしていたドライバー、ケケ・ロズベルグもいた。

ケケは、後にF1レーサーになる息子のニコと一緒だった。ニコは僕より五つ年下なだけだったが、それ以上に幼く見えた。僕たちが話をしていると、父親の腕を引っ張ってどこかに連れて行こうとした。

僕はニコを見下ろし、せっかくケケと話をしているのに邪魔しないでくれ、と心のなかで毒づいた。おい頼むぜ、ほっといてくれよ——。

フォーミュラ3に挑戦

フォーミュラ3のドライバーになるまでには、しばらく時間がかかった。どのチームも、経験の浅いドライバーを好んでは使いたがらなかったからだ。これは永遠の課題だ。「未経験者に門戸を閉ざしている世界で、どうやって経験を積めばいいのか？」

それでも、デイヴとハラルドは僕のために奔走してくれた。そして、ルノーのエンジンを使っているフランスのチーム「プロマテクメ」を率いていたセルジュ・ソルニエと連絡を取った。

「ジェンソンとは契約できない」セルジュは言った。「うちのチームのドライバーには、ルノーの育成プログラムの出身者しかとっていないんだ。ジェンソンはルノーのドライバーじゃない」

だがデイヴとハラルドは引き下がらなかった。僕のフォーミュラ・フォードでの所属チーム「マイゲル」の面々も、「ジェンソンをテストすべきだ。ジェンソンをテストすべきだ」とセルジュにしつこく言い続けた。ベルギーのポール・レメンスもこの大合唱に加わった。とうとうセルジュは根負けした。

「わかったよ。彼を試してみる」

父と僕は、フランスのマニー＝クールに向かった。初めて訪れたそのサーキットは、とても美しかった。そこにはルノーのドライバーしかいなかった。僕は自分の力を証明してやると心に誓った。

一〇周走って戻ってくると、セルジュがこっちを見て微笑んだ。（あの笑顔の意味がわからないよ）と僕は思った。

今度は、セルジュは頭を振った。僕は（ああもうダメだ。もう本当にわからない）という心境だった。セルジュが近づいてきて、「今日はこれで終わりにしよう」と言った。

しばらくして、セルジュから電話があった。「君が望むなら、うちのチームでドライバーの席を空けておくよ」

これで決まりだった。僕は一八歳にして、あっけないくらいの展開で、フォーミュラ3のドライバーになった。さらにデイヴとハラルドのおかげで、マルボロとフィナとのスポンサー契約をかわせた。これはありがたかった。

セルジュはそれまで父やデーブ、ポールが担っていた僕のコーチ役を引き継いでくれた。僕はセルジュからダウンフォースについての次の段階のレッスンを受けた。ペンブリーのテストではダウンフォースをうまく使いこなせた。だがテストとレース本番は違う。

ダウンフォースはとてもデリケートで、路面の凹凸によってマシンが上下するだけで抜けてしまうこともある。風向が変わると車の感覚も別物になったりもする。前車を追走するときも同じだ。前車の背後に生じる厄介な空気の流れでウイングが影響を受け、ダウンフォースが失われてしまう。まるで、ピットクルーに突然ウイングを外されたのではないかという錯覚に陥る。こんなときは、瞬時の判断で空力グリップではなくメカニカルグリップを意識したドライビングスタイルに切り替えなければならない。

だから、フォーミュラ1とフォーミュラ3ではオーバーテイクがとても難しい。コーナーで追い抜こうとしても、前車は完全なグリップを得ているのに、真後ろにいる車は空力の影響で三割もグリップを失ってしまう。フロントもリアもスライドしやすくなり、前車に差を開けられてしまう。

チャンスとみたら、ごくわずかな隙を突いて一気に追い越さなければならない。相手に前に出られたら、グリップの差で負けてしまうからだ。

このダウンフォースを活かした走りの基礎を教えてくれたのがセルジュだった。だが前にも書いたように、この学びに終わりはない。学びは最後まで続いた。

フォーミュラ3で玉に瑕だったのは、エンジンだった。プロマテクメは最高のセットアップを用意してくれた。だがエンジンが物足りなかったために、思う存分のスピードは出せなかった。そのシーズン、僕は三つのレースで勝ち、ポールポジションを四、五回獲得し、チャンピオンシップで三位となり、新人としては最高の活躍をした。それでも、満足はできなかった。正直、チャンピオンになれたチャンスは十分にあったと感じていたからだ。

その年の終わり、僕は再び決断を迫られた。次の舞台は？　フォーミュラ3でもう一年を過ごしたくはなかった。速くF1で戦いたかった。次に進むべきカテゴリーであるフォーミュラ3000のテストをしたが、それはまさに怪物だった。シーケンシャルトランスミッションが採用され、攻撃的な走りが求められた。僕はこのカテゴリーでの走りがあまり好きにはなれなかった。テストはうまく走れたが、楽しめなかった。

そして一九九九年の年末、ヤングドライバー・オブ・ザ・イヤーを受賞した特典の一環として、マクラーレンのF1マシンでテスト走行するチャンスが巡ってきた。場所はシルバーストーン。三〇ラップと周回数はそれほど多くはなかったが、僕は全身全霊を注ぎ込んだ。うまく走ればF1ドライバーになれる、出来が悪ければレーサーとしてのキャリアは終わる——自分にそう言い聞かせた。天国か地獄か。その中間はなかった。

マクラーレンでのテスト走行

現地に着いてまず驚いたのは、マクラーレンの規模の大きさだった。フォーミュラ3のチームには、メカニックが二人とエンジニアが一人しかいなかった。ここでは、一台の車にものすごい数のメカニックとエンジニアが群がっている。タイヤを管理し、温めることを専門にするトラッキーや、ケータリングやPR、マーケティングの担当者もいた。まさに大集団だ。

レーシングスーツに着替え、ヘルメットを手にとると、場違いなところに来てしまったのではないかという不安に襲われた。すぐに化けの皮を剥がされ、お払い箱になってしまうかもしれない。

この日、僕が運転することになっていたのは、一年前にチャンピオンシップを獲得した、ミカ・ハッキネンが乗っていた車だった。その日のコンディションは厄介だった。元々は濡れていた路面が、乾燥し始めていた。スリックタイヤを履くほどには乾燥していなかったので、ウェットタイヤを装着して走ることになった。

インスタレーションラップに向けてピットを出発した。これは車の感触を得るためのウォーミングアップで、サーキットを一周してピットに戻る。本番のテスト走行の前に、クルーが車の状態をチェックして問題がないことを確認するためだ。

走り始めてすぐに、車の違いに度肝を抜かれた。馬力はそれまでの二四〇から、八〇〇にアップ。まさに怪物だ。車は僕の下で身をかがめ、いつでも前方に飛び出せるといったパワーを漲らせていた。同時に、ドライバーからの命令を従順に待っているようでもあった。とても滑らかに動き、僕が行きたいと思った方向に水のように自然に流れていく。他の車みたいに、言うことを聞かせなければ動かないような感覚がない。ドライバーの意のままに走るのだ。

もちろん、これはインスタレーションラップなので、手探りしながら慎重に運転しなければならない。ブレーキを早めにかけ、スロットルも全開にはしない。それでも、慣れたらこの車を思いっきりぶっ飛ばせるだろう、という感覚が強まってくる。もう少し時間さえもらえれば、限界まで走らせられるようになるだろう。陳腐な表現だけど、車と一体になっていくのを感じた。

バックストレートを走っているとき、無線からクルーの声が聞こえた。「車はどうだ？」

無線機の青い光が点滅している。僕はスイッチをオンにすると、「最高だよ！」と鼓膜が破れそうなほどの大声で叫んだ。ピットに戻ると、僕の興奮と熱気が伝わったのか、クルー全員が大きな笑顔を浮かべていた。父もそこにいた。僕と同じように、緊張していた。自分ではどうすることもできない立場だけに、僕より緊張していたのかもしれない。それでも、父は笑っていた。僕にはその理由がわかった。きっと父の心には、パジャマを着た幼い息子が初めてカートのコックピットに座った、あのクリスマスの夜の記憶が鮮やかに蘇っているに違いない。その同じ息子が今、F1カーの操縦席に座っていて、ピットクルーを笑顔にしているのだ。

「ガレージから出るときに車をストールさせないようにしてくれよ」とクルーが言った。運転免許試験に落ちたときよりも恥ずかしいことのように思えた。自尊心を保ちながら慎重に車を走らせ、再びトラックに出ると、周回を始めた。

ゾクゾクするようなエンジンサウンドが鳴り響く。自分の居場所に戻ってきたような気持ちになった。とても自然な感覚だ。長いあいだ、僕はF1ドライバーになることを夢見てきた。自分の資質を心底疑ったことは一度もなかった。そして今、初めてF1マシンを走らせながら、こう思っていた。——最高だ！

走行が終わる頃、トラックが乾燥しすぎていたために、タイヤが摩耗し始めた。だがクルーは何らかの理由でドライタイヤに履き替えようとはしなかった。それでも、もう一回出走してもいいとは言った。

「いや、もうやめておくよ」僕は言った。「これで十分さ」。残念だった。本当なら、一日中でも車を運転していたかった。だがもう一回走ったら、今日の走りを台無しにしてしまうものになることもわかっていた。スリップやスピンをした姿を、最後の自分の走りの印象として残したくはない。たったいま終えたばかりのいい出来の走りを、覚えておいてもらいたかった。

エンジニアと会話をした。彼らは、僕の車の感想を聞きたがっていた。ドライバーの視点での、車の感触やバランスについてのフィードバックを求めていたのだ。マクラーレン専用のトレーラーのなかで着替え、外に出た。チームのみんなが僕を見ている。手を振り、ウインクをしてくれている。「若いの、よくやった」とでも言うように。もう、場違いなところに来てしまったかもしれないという不安はなかった。僕は一九歳にして、F1ドライバーのようにパドックを颯爽と歩いている。夢みたいだ。最高の気分だった。

でも、それは僕が待ち望んでいた〝アリスが鏡に入る〟瞬間ではなかった。テストは楽しかったし、うまく走れた。だけどすぐにこれは、チームにとって大きな意味を持つものではなかったことに気づいた。さすがに、それはスポンサーをもてなすためにF1マシンに乗せるといった類いのものではなかった。だが、本格的なテストと呼ぶべきものでもなかった。今になって、クルーがドライタイヤを履かせたくなかった意味がわかった。本物のテストでもないのに、タイヤを無駄にはしたくなかったのだ。

現実に戻った僕は、がっくりと落ち込んだ。それでも、キムとメキシコのカンクンに二週間の休暇旅行に出かけた。以前から決めていたことだったからだ。

アラン・プロストからの誘い

正直言って、僕にとって休暇はちょっとした悪夢みたいなものだ。何もすることがないと、すぐに退屈してしまうからだ。カンクンでもそうだった。ビーチにじっと座っているのはつまらなかった。だからキムを強引に誘って、スピードボートを楽しんだ——スピードが出るものであれば、何でもよかった。だが、スピードボートばかりするにも限度というものがある。休暇も二週目に入ると、退屈が忍び寄ってきた。

ある朝、ホテルの部屋の電話が鳴った。デイヴからだった。

「ジェンソン、バルセロナに来るんだ」

「休暇中なんだ。無理だよ」

「いいか——」デイヴが言った。「来なきゃ駄目だ。アラン・プロストがお前をテストしたいと言ってる」

「何だって?」

「嘘じゃない。丸一日かけてテストする。午前九時から午後五時までだ」

僕はベッドの端に腰掛け、デイヴの言葉の意味を必死に理解しようとした。アラン・プロストは僕のヒーローだった。そのプロストが、僕をテストしたがっている。これは受賞者へのご褒美のテスト走行ではない。本物のテストだ。

「なぜだ？」僕は言った。「なぜプロストが僕をテストする？」

デイヴが笑った。このテストにはデイヴにとって、そして僕たちに二人にとって大きな意味があった。「噂が本当なのかを確かめようとしてるのさ。お前が本当にみんなが言うほどいいドライバーなのかどうかを、知りたがってる」

キムは理解を示してくれた。つき合っていた期間、キムは最後までモーターレースがどんなものなのかを知ろうとしなかったし、僕がそれにどれくらいの情熱を注ぎ込んでいるかについてもピンときてはいなかった。だけどこのときは、バルセロナに戻ることがどれくらい僕にとって重要なことなのかを察してくれた。

デイヴたちが、カンクンからマドリッド経由でバルセロナに向かう便のチケットを手配してくれた。空港に到着すると、父が出迎えてくれた。僕のヘルメットと古いフォーミュラ・フォードのオーバーオールを持ち、目に涙を浮かべていた。タクシーで丘の上のホテルに向かった。ホテルからは、カタロニア・サーキットを見下ろせた。その光景を目にしたとき、自分の居場所に戻ってきたという気持ちがした。部屋に行き、シャワーを浴びて着替えをした。それは一二月だった。ゆだるように暑いカンクンから来た僕が持参していた服はどれも、はるかに涼しいバルセロナの天候には合っていなかった。いかにも夏向けのバミューダショーツを穿いていたわけではないが、ともかくかなり季節外れの格好をしてタクシーに乗り込み、サーキットに向かった。僕たちはそこで、アラン・プロストに紹介された。

プロストとは初対面ではなかった。一九九八年にスペインGPを観戦したとき、パドックで大勢の大物と挨拶したなかの一人だった。だがそのときは慌ただしすぎて、憧れの人と会って話をするという心の準備もできないまま、短く言葉を交わしただけだった。初めて間近でじっくりと話をしたプロストは、まさに〝教授〟を絵に描いたような人物だった。静かで、落ち着いていて、知的だった。世間が描いている、アラン・プロストまさにその人だった。

「テストを楽しんでくれ」プロストは嬉しそうに言った。父からいつも聞かされている言葉と重なった。「テストを楽しんで、できるだけ多くのフィードバックを与えてほしい」

その日の午後は、コックピットでシートポジションの調整に時間を費やした。神経質な興奮が高まってきた。これは、シルバーストーンでのマクラーレンのテストとは意味合いが違っていた。自分の力を証明しようと、生きるか死ぬかといった気合いで臨むようなテストではなかった。バルセロナでは、僕はチームから招かれていると感じた。何かの賞を受賞したドライバーになかば義務的にテスト走行をさせ、ついでにフィードバックを求めようとするような雰囲気はなかった。僕がテストに招かれたのは、表彰台に立ち、トロフィーを握っていたからだ。アランたちの目にとまるような活躍を見せていたからだ。誰もが、僕がプロストのチームでドライバーになるのに相応しいかどうかを知りたがっているのだ。

別の言い方をすれば、今回はチームがタイヤをケチったりはしない。ホテルに戻り、ベッドに横たわって眠った。朝、目覚め、再びサーキットに向けてタクシーに乗った。前日にすべて準備が終わっていたので、元気よく挨拶を交わしたあとで、すぐに車に乗り込んだ。前の二日間、ジャン・アレジもテストをしていた。アレジの最速タイムは一分二四・九秒。天候は晴れだった。僕のテストの日も同じく天気は良く、燃料も同じ量を積み、同じタイヤを履いていた。「今日走り終えた段階で、一分二八秒のラップを出せていたら、それはとても素晴らしい」クルーが言った。「一分二七・九以下なら最高だ。だけど、ラップタイムはあまり気にしなくていい。車とトラックに慣れることを意識して走ってくれ」

エンジンがかかった。V型一〇気筒のエンジンサウンドが鳴り響く。魂に突き刺さるような、たまらない低音だ。インスタレーションラップを開始した。

「どうだ？　問題はないか？」ピットに戻ると、クルーに尋ねられた。

心のなかではこう思っていた（急いでこの最高の車をチェックしてくれ！　早くトラックに戻りたいんだ！）。

だが口ではこう喋った。「ありがとう。すべてが完璧だよ」

トラックに戻った。車は絶品だった。マクラーレンのマシンに乗ったときと比べてどうだったかと言われれば、答えるのは難しい。何事も初体験のことは、忘れられないものだからだ。だけど、同じくらい良かったとは断言できる。しかも、場所はバルセロナのサーキットだった。

カタロニア・サーキットの最後の二つのコーナーは高速の右コーナーだ。最後から二番目のコーナーもほぼ全速だし、最後のコーナーはパワー全開になる。一周目、僕は最終コーナーの出口で縁石を踏んだ。トラックの全幅を使い、縁石の端まで行った。あと数センチ外側だったら、コースから外れていただろう。でも、躊躇はしなかった。車を信頼できた。望むことは何でもできると思えるだけのグリップの感触があったからだ。

その日は他のドライバーもテストをしていた。チーム・プロストのレースエンジニア、ハンフリー・コーベットがガレージにいて、僕の車が通り過ぎる音を聞いていた。「あの車は、トラックの幅とエンジンの回転数を使い切って走っている」コーベットは後でそう言った。「ピットウォールに行き、クルーにジェンソンはいつ走るのかと尋ねた。そうしたら、今さっき走っていたのがジェンソンだと言われたんだ。私は思った。そんなのはありえない。あのドライバーは縁石を使って走っていた。初めてF1マシンを運転するときは、もっと慎重になるものだ。だが彼はコーナーの出口でも完璧だったし、ストレートのスピードも前日のアレジのタイムの一〇km以内だった。彼は本当に車をうまく操っていた」

嬉しい言葉だ。クルーは「あの若者は飲み込みが早い」と思ってくれていたようだった。だけど、実際に僕がしていたのは、走りを楽しんでいたことだった。父がいつも言っていたことをしていただけだった。プロストのアドバイスに従っただけだった。

テストはとても楽しかったし、チームともとてもうまく連携できた。だが唯一、問題があった。それはその後、僕がテスト走行をする度に感じることになる問題だった（マクラーレンのケースは例外だ）。つまり、チームが何を考えているかが、ドライバーにはわかりづらいということだ。みんな、ロシア人のチェス・チャンピオンみたいにポーカーフェイスを保っている。ドライバーとしては反応がほしい。だから「どうだった？」と尋ねる。だけど、クルーの平然とした表情からは、本心を読み取れない。こんなときのクルーは、うまく走っているよ、ということを示すウインクすらもしてくれないものなのだ。

とにかく、僕は走った。そして三三周目、高速の右コーナーを走っていたときに、エンジンが停止した。ホイールがロックされ、突然、車はスケートボードみたいになった。トラックに太いゴム跡をつけながら横滑りしていく、へんてこなスケートボードだ。これでセッションは終わり。

ベストラップは一分二四・四秒。予想よりも三・五秒も速かった。しかも、前日にジャン・アレジが叩き出したタイムより〇・五秒も速かった。

このレベルのテストには二つの問題がある。一番目の問題は、チームがそのとき何を求めているかによって、〝テスト〟には複数の意味合いが混在していることだ。「車をテストし、フィードバックを得たい」「ドライバーをテストしたい」や「このチームに相応しいドライバーかどうか、オーディションをしたい」「レース前に、ドライバーの状態を確認しておきたい」などだ。「ともかく、テストはしておこう」なんていうケースもあり得る。

二番目の問題は、チームがテストの目的を教えてくれないことだ。チーム自身が目的が何かをはっきりと決めていなかったり、曖昧なままにしていることも多い。ドライバーからすれば、「で、自分はどうすればいいの?」という状況に放り出されたような気持ちになる。その日、三二周と途中までを走った僕の心境もそれだった。マシンを運転するのは最高に楽しかった。クルーも素晴らしかった。プロストもコーベットも、チームの誰もがだ。だけどみんな、手持ちのカードを僕に見えないようにしてプレイしていた。

「タイムは良かった」父にそう話しながらサーキットを出た。そのときにチームから聞かされていたのは、二週間以内に〝話をする〟ということだけ。その話の中身が何を指しているのかすらもよくわからなかった。

「たしかにそうだ。だけど今日チームが見ていたのはタイムだけじゃないぞ。ジェンス」父が言った。「お前がチームにどんなふうに溶け込んでいたか、どうフィードバックするのか、あらゆることがチェックされてたんだ」

僕たちはホテルに向かうタクシーを待っていた。テストで味わった高揚感が次第に薄れ、やるせなさや戸惑いといった感情がこみ上げてきた。

「僕は今日、うまくやれたと思うよ」

「だけどプロストのチームには、すでにドライバーが二人いる」

「その通り。でも、じゃあ僕はどうすればいいいんだ？」

「わからない」父は言った。

そのときようやく、僕はバルセロナがカンクンと比べて涼しいことに気づいた。僕は考えていた。――どうすればいいいんだ？　自分の力を証明するには何をすればいい？

それから一週間、あるいはそれよりもっと短かったかもしれない。パリにいるプロストに会うようにという招待があった。宙ぶらりんの状態を終わらせてほしいと思いながら、父と一緒にプロストの前に座った。望んでいたのは、オファーをもらうことだった。

そのときの気持ちを言葉にすれば、「望み続ければ、願いは叶う」だ。プロストはオファーをくれた。まず二年間はフォーミュラ３０００のドライバーとしてプロストのチームで走り、次は一年間テストドライバーを務める。その後で、Ｆ１ドライバーになるかどうかを判断する。

でも、それはあまり魅力的なオファーではなかった。すぐにＦ１の舞台に飛び込みたいと思っていたわけではない。三年間をかけて、段階を踏みながらレーサーとして必要な能力や技術を磨いていくという考えには納得できた。だが、釈然としなかったのは、その後でF1ドライバーになると確約されていなかったことだ。契約書には、そのことが明記されていなかった。つまり僕は、うまくいけばF1ドライバーになれるかもしれない、という口約束のようなもののために、レーサーとしての三年間のキャリアをふいにしてしまうかもしれないのだ。

それでも、僕たちはノーとは言わなかった。そして、クリスマスを祝うためにフルームに帰った。クリスマスイブ、僕は数人の友達と地元の〈ヴァイン・ツリー〉でランチタイムのビールを飲んでいた。この店は床がベタついているような昔ながらのパブで、僕たちのなかでは食べ放題のランチがあることで知られていた。僕はこの店で、仲間のブラッドと大食い競争をしたこともある。馬鹿げた行為だが、これは僕がキャバリエを乗り回し、崖すれすれで走らせたり、高速道路を猛スピードで突っ走ったりしていた時代だった。こんなことは日常茶飯事だった。

ともかく、僕たちは〈ヴァイン・ツリー〉にいた。夕方になれば騒々しくなるが、まだ昼間だった。まだ店に入ったばかりで、一パイントのビールグラスも半分くらいしか減っていなかった。僕の携帯電話が鳴った。

「もしもし、ジェンソンかな?」

品のある声だった。聞き覚えのない声に、僕は身構えた。

「そうだけど、誰?」

「フランク・ウィリアムズだ」

僕にはまだ早い

突然、モーターレース界の伝説的人物から電話がかかってきたら、どうすればいいか？　僕からのアドバイスは、このときの僕みたいな答え方をしないことだ。

「誰？」

「フランク・ウィリアムズだ」

「おい、冗談はやめてくれよ。誰だ？　ああ、わかった。父さんだろ？　父さんなんだろ？」

誰かにからかわれていると思った僕は、隣にいたブラッドの肩を強く叩いて目をギョロリとさせ、（お前が仕組んだのか？）と無言で語りかけた。だけどブラッドは、（何のことだ？　さっぱりわからないよ）とキョトンとした顔をしている。どうやら、しらばっくれているわけではないらしい。

「ジェンソン、冗談じゃない。私だ。フランク・ウィリアムズだ」

嘘だろ？　にわかには信じられないと思いながら、店内の喧騒を避けるために慌てて外に飛び出した。

「こんにちは、フランク」

駐車場は寒かったが、静かだった。吐く息が白い。

「聞こえるかな？　ジェンソン？」その声は、間違いなくウィリアムズだった。矍鑠《かくしゃく》としているが、繊細さを感じる、あの特徴的な声。

「はい、聞こえます。お電話ありがとうございます……」

（〝フランク〟と呼ぶべきだろうか？　それとも〝ミスター・ウィリアムズ〟か？）

「……フランク」

「良かった。クリスマスイブに電話して申し訳ない。これまで電話をしていなかったことで、私が君のキャリアに興味を持っていないと思われたくなかったんだ」

「とんでもありません。そんなことはないです」

フランク・ウィリアムズが連絡をくれないからといって、僕が腹を立てたりするわけはなかった。例のスペインGP観戦時、パドックで大勢の大物と引き合わせてもらったとき、フランクとも挨拶をしていた。彼に初めてあう人が誰でもそうなるように、僕も畏敬の念に打たれた。フランクは名門チームのオーナーであり、この業界のレジェンドだ。周知のように、一九八六年に交通事故で下半身不随となり、車椅子生活を余儀なくされていた。そのような大きな困難に直面しながらも前向きに生きているその姿勢を見るだけでも、大きな尊敬の念を抱かずにはいられない。加えて、そのモータースポーツ界での実績は並外れていた。右腕ともいうべき存在のパトリック・ヘッドと共にウィリアムズ・チームを率い、ナイジェル・マンセルやデイモン・ヒル、アラン・プロストをはじめとする大勢のF1チャンピオンを輩出。フランクはモータースポーツの礎を築いた、比類のない大巨人だった。そのフランクが、この僕にこれまで電話をしなかったことを詫びているのだ。

「テストはうまくいったようだね。プロストでのテストのことさ」

プロストでのテストの件をフランクが知っていることに驚いた。通常、チームはライバルにこうした細かな情報を漏らしたりはしない。いまだに謎なのだが、ともかくそのときフランクは僕のテストのことを知っていた。

「ありがとうございます」

「ジェンソン、F1でシーズンを戦う準備はできているか？」フランクが尋ねた。

もちろん、僕はこう答えた……。

「……いいえ、フランク。正直、まだF1では戦う準備はできていません」

しばしの沈黙。

「そうか。それは残念だ。では将来、また話をしよう。メリークリスマス、ジェンソン」

「メリークリスマス、フランク」

通話は終わった。

ああ、神様。

なぜあんな答えをしたんだ？

父の携帯電話に連絡をする指が震えていたのは、寒かったからだけではなかった。

「父さん、たった今フランク・ウィリアムズと電話で話したんだ。まだF1の準備ができていないと答えてしまった」

深く息を吸い込む音がした。少し間を置いて、父が言った。「なんだって？　ジェンス、なぜそんなことを言ったんだ？」

「だってそれが事実だからさ」

「そんなことはない」

「あるさ」

「違う。もう少しテストすれば、お前はF1マシンを乗りこなせる。プロストでのテストでどんな走りをしたか、もう忘れたのか？　とにかく、とにかく今大事なのはそこじゃない。お前はF1で走る準備ができていないと言った。しかも、よりによってあのフランク・ウィリアムズにだ。彼の番号はわかるか？」

　番号はわかった。あのフランク・ウィリアムズの番号の履歴は、僕のカラフルな二つ折り式のソニーエリクソンの携帯電話に残っていた。

「うん」

「すぐにかけ直すんだ。今すぐにだ」

　僕は「リダイヤル」ボタンを押した。すぐにつながった。

「やあ、ジェンソン」

「こんにちは、フランク。僕は、僕は準備ができています。F1で戦う準備ができています。さっきは、気が動転して準備ができていないと答えてしまいました。あなたからの突然の電話にびっくりしてしまって」

「そうか、それは良かった」フランクは僕がかけ直してくるのをわかっていたかのように言った。

「では、近いうちに会って話をしよう」

　僕はこんなふうにして、クリスマスイブにフルームのパブ〈ヴァイン・ツリー〉の駐車場で、フランク・ウィリアムズと話をした。

　なぜ僕は、準備ができていないと答えてしまったのか？　いい質問だ。実際のところ、本当のところは僕にもよくわからない。なんといっても、僕はシルバーストーンとカタロニア・サーキットでF1マシンに乗り、最高の気分を味わった。父の言う通り、もう少しテストをすれば、F1マシンを十分に乗りこなせるはずだという手応えをつかんでいた。

おそらく、電話をしていた状況も影響していたのかもしれない。クリスマスイブのフルームで、冷たいパブの駐車場に立っていた僕の心には、不安が入り込む隙があったのだろう。あるいは、原因はフランクだったのかもしれない。なにせ、あのフランク・ウィリアムズから電話が突然かかってきたのだ。うろたえないほうがおかしい。あるいは、僕はフランクに父と同じように、「君にはもうF1で戦う準備ができている」と言ってほしかったのかもしれない。

はたまた、そのときの僕は単に頭がどうかしていたのかもしれない。

ともかく、電話を終えた僕は、携帯電話を手にしてしばらく駐車場に立っていた。興奮は次第に薄れ、不安が芽生え始めた。フランクと話し合いをする。当然、もう一度テストがある。そのテストを終えても、結局はうまく行かないかもしれない。

それでも——。

今はお祝いをしよう。僕はそう思い直し、パブに戻った。

選ばれるのは誰だ

母親に至れり尽くせりのもてなしを受けたクリスマスを終えると、僕はマネージャーのデイヴ・ロバートソンと一緒にオックスフォードシャー州グローブにあるウィリアムズ・ファクトリーを訪問した。まず、施設をざっと案内してもらった（面白いことに、F1マシンは見かけなかった）。その後で、フランクのオフィスに案内された。なかから社員の働きぶりが見えるように、壁はすべてガラス張りになっていた。

　オフィスにいたのは、僕、デイヴ、フランク、フランクのアシスタントのハミッシュ。フランクはこういうときに握手はしないのだと、僕たちはそのとき気づいた。フランクはほとんど身体を動かさなかった。椅子に腰掛け、いよいよ本題が始まった。

「ジェンソン、ようこそ。今日はよく来てくれた」。フランクはいつも、こんなふうに感謝の言葉を口にする。厳しさで知られているが、実に礼儀正しい人間でもあるのだ。

　僕は興奮して浮き足立っていた。クリスマスイブの電話。ファクトリーの見学。そして今、聖なるフランクのオフィスに足を踏み入れることを許されている。これは、オファーがあってもおかしくはないぞ――。テストドライバー、ひょっとしたらレースドライバーかもしれない。

「我々のチームには、来年のレースドライバーとテストドライバーの候補者のリストがある」フランクが言い、間を置いた。

　僕は息を呑み、次の言葉を待った。

「現状、君の名前はどちらのリストにもない」

　そうなんだ――。僕は思わずマネージャーのデイヴのほうを見た。

「だが、私は君をテストしたい」フランクが言った。「我々の車で」

　僕はうなずいた。オーケー。いいだろう。何をすればいい？

「テストはヘレスで行う」ハミッシュが現地風の〝ヘレス《Jerez》〟という発音で言った。

「いや、そうじゃない。ジェレズだ」フランクが訂正した。イギリス人は休暇でよく訪れるスペインのこの都市を、そう発音する。「我々はスペイン人ではなくイギリス人だ。イギリス式でいこうじゃないか。テストの場所はジェレズだ」

一月、僕たちはヘレスに行った。それはウィリアムズのプライベートなテストだった。ドライバーは二人。僕と、フォーミュラ３０００のチャンピオンになったばかりで、一九九九年にウィリアムズのテストドライバーを務めていたブルーノ・ジュンケイラだ。

ここ数年、チームがテストを実施することに対してさまざまな制約が課されるようになっている。テストの実施期間が定められていたり、ドライバーが装着すべき器具が指定されていたり。だがこの頃はまだ規制も緩やかで、サーキットとドライバーさえ押さえれば、チームは気軽にテストを行えた。

僕たちがテストをする車は、一九九九年のモデルに新たにBMWのエンジンを積んだものだった。理論上は素晴らしく思えたが、実際に走らせるとひどいものだった。僕の一週目、四コーナーに差し掛かったところでエンジンが故障し、白煙を上げた。ガレージに戻ると、その車のエンジンが取り替えられていた。だがまだガレージにいる段階なのに、エンジンをかけると火を噴いていた。

テスト初日はこれで終わり。二日目、僕が一週目の六コーナーを走っているとき、再びエンジンが故障した。ブルーノも同じような有様だった。こんなとき、ドライバーには自分の置かれている状況を冷静に考える余裕が生まれる。ご多分に漏れず、ウィリアムズのスタッフからはチームの意図は読み取りにくかった。父とは、これは〝一対一の決戦《シュートアウト》〟なのではないかという話をしていた。翌年のウィリアムズのレギュラーシートの一席は、すでにラルフ・シューマッハで決まっている。

だがアレッサンドロ・ザナルディが抜けた穴を誰が埋めるのかは、少なくとも僕たちが知る限りまだ決まってはいなかった。そのもう一席の座を決めるために、このテストで僕とブルーノを競わせているのではないのか？

いずれにせよ、僕たちはヘレス（どう発音するかはともかく）ではまともに走行ができなかった。一週間後、ウィリアムズのキャラバンはバルセロナに移動した。クルーの努力によってマシンの信頼性も高まり、ようやく本格的なテスト走行ができた。

この時点で、父と僕はほぼ確信していた。二〇〇〇シーズン向けのマシンの発表が迫っていた。にもかかわらず、第二ドライバーは発表されていない。これは単にテストドライバーを選ぶ以上のテストに違いない。チームは第二ドライバーを選ぼうとしているんだ――。

テストでは、それほど多くの距離を走ったわけではなかった。ウェットとドライのコンディションでそれぞれ三〇周から四〇周。僕のタイムはブルーノを若干上回っていた。わずか〇・二秒だが、僕の方が速かった。それは重要なことだった。

「よし」クルーが言った。「これでドライビングは終わりだ。エンジニアに感想を伝えてくれ」

僕は車を操縦した感覚や、改善すべき点についての自分の考えを述べた。

「では――」クルーが言った。「今度は筆記テストだ」。僕は鉛筆と四ページのテスト用紙を渡され、静かな場所を探してそこで回答を記入するように指示された。嘘だろ？　ここに来たのは車を走らせてテストするためじゃないのか？

集中したかったので、僕は父が借りていたレンタカーの車内で試験を受けることにした。学校では受けなかった筆記試験を、カタロニア・サーキットでやることになるなんて。奇妙な気分だった。

質問は主にモーターレース理論に関するものだった。「もしこのような問題が発生したら、何をすべきか?」「この部分を変更したら、車のバランスにどう影響するか?」といった類いの問題だ。最善を尽くしたが、手応えはなかった(実際、僕はうまく回答できていなかった。なぜそれがわかるかというと、後日チーム関係者に出来が悪かったと教えてもらったからだ)。ともかく、この筆記試験は(僕が筆記試験を得意ではないということ以外に)ある事実をはっきりと証明していた。ブルーノと僕がチームのセカンドドライバーの座を争っているということだ。

もう疑問はなかった。間違いなく、いま僕はF1ドライバーの座に手をかけようとしている。そう意識したとたん、鉛筆を持つ手が震え始めた。質問の一つひとつが、登るべき高い山のように感じられた。回答を記入しながら、この試験の結果が、F1ドライバーになれるかどうかにかかっているんだ、と自分に言い聞かせた。

用紙を提出し、サーキットを出てホテルに戻った。夜になり、ホテルのベッドにぐったりと横たわった。筆記試験にはうまく答えられなかった。僕はせっかくF1ドライバーになれるチャンスを逃してしまった——。

翌日は、ウィリアムズの来年のマシンの正式な発表日だった。この時点でもまだ、翌年にラルフ・シューマッハと一緒に誰が走ることになるのかは明らかになっていなかった。フランク・ウィリアムズとパトリック・ヘッド以外、誰もそれを知らなかった。ラルフでさえもだ。

周りを見回すと、みんなが首をかしげ、不思議そうに顔を見合わせていた。可哀想なのは、広報担当者のナブ・シドゥだった。フランクとパトリックの意図が読み切れず、「彼らが何をしたいのかわからないよ。こんなの初めてさ」と頭を抱えていた。

そうこうしているうちに、ブルーノがラルフと一緒に写真撮影するために前方に呼ばれた。僕は思った。――ああ、これで決まりだ。尻尾を巻いて逃げ出したくなるような気持ちになっていたら、今度は僕が呼ばれて同じようにラルフと写真撮影をした。まるで僕がセカンドドライバーの座を射止めたみたいな扱いだ。

ナブの言うように、とにかくこの発表は風変わりだった。僕はたいした用事があるわけでもないのにあちこちから呼ばれ、会場内を移動しなければならなかった。ブルーノも同じだった。すれ違うとき、僕たちは気まずい表情で視線を交わした。状況が飲み込めず、どう振る舞えばいいかもわからない。まるで、テレビのリアリティーショーみたいだ。「今夜の勝者は……」視聴者の投票結果の発表を、番組の最後まで延々と引き延ばす。「……タニア！」

「ジェンソン、ちょっと来てくれ」ナブが言った。

まるで歯科医の待合室だ。隣にいた父に目をやると、カート時代からお馴染みの笑顔がそこにあった。父は頭を傾け、「行くんだ」と言った。僕は父の側を離れたくないとでもいうように少し間を置いてから、ナブと一緒に歩き始めた。

ガレージの上に続く階段を上ると、メディアルームにはF1ジャーナリストやカメラを構えたテレビクルーでいっぱいになっていた。まずはメディアルームで来シーズンのドライバーを発表し、その後でガレージに降り、マシンが発表されるという段取りになっているとのことだった。メディアルームの隣には、フランクのオフィスがあった。フランクはこの週末、ここでパトリックと二人だけの密室会議を重ねてきたのだ。僕はオフィスの前の待合スペースで座って待機するようにナブに指示された。ナブがオフィスのなかに消えた。僕は一人、足をそわそわさせながら待ち続けた。

隣のメディアルームでは、記者会見を待つジャーナリストたちの熱気が伝わってくる。オフィスのドアが開き、ブルーノが出てきた。もし僕がブルーノの表情から手がかりを得たいと思っていたとしたら、それは希望を打ち砕くものかもしれなかった。ブルーノは謎めいたモナリザのような笑顔で僕を見て、何も言わずに去っていたのだ。

僕は混乱した。あれは勝者の笑顔なのか？　でも、もしドライバーに選ばれたとしたら、もっと大きな笑顔を浮かべているのでは？　だけど、ブルーノは落胆しているようにも見えなかった。もしかしたら、フランクから表情で結果を悟られないようにと頼まれていたのかもしれない。もしそうだとしたら、ブルーノは完璧な仕事をしている――。

ナブに手招きされ、オフィスに入った。ナブが席を外し、僕はフランクと二人きりで椅子に腰掛けた。フランクは、得体の知れない笑みを浮かべていた。僕が今日、蛇の生殺しのような気分で過ごしてきたことを、よくわかっていたのだ。

フランクが口を開いた。

「我々は決めた。来年は、君でいく」

第二部
栄光に向かって

「レースは厳しい。結果には失望した。
愛犬は死に、妻は逃げ、ピックアップ
トラックのエンジンはかからない」

　F1ドライバーになったと告げられてから最初の一〇秒間、僕は言葉に詰まり、涙を堪えながら、「ありがとう、フランク。ありがとう」と呟くことしかできなかった。母と父にこの喜びを伝えなきゃ。早く伝えなきゃ——。そのとき突然、すごい勢いでラルフ・シューマッハがオフィスに入ってきた。ラルフはフランクの向かい側に立つと、歌姫みたいな顔をして息巻いた。「明日、ホテルの前に送迎車を用意していなかったら、僕はサーキットに行かないからな」

　僕は思った。（駄目だ。フランクにそんな失礼な口の利き方をしちゃ駄目だ）。

　フランクは平然としていたが、ラルフは容赦なく、マライア・キャリーみたいな口調でまくしたてた。「僕は真剣だ。本気だぞ、フランク。もし明日、ホテルの前に車が待っていなかったら、僕は出かけない。テストはしない」

「そうか。では明日、送迎車をホテルに手配することを確認しておくよ」フランクは冷静に答えた。「ラルフ、それより大事なことがある。私はセカンドドライバーに、ジェンソンを選んだ」

　ラルフはまずフランクを見て、次に僕を見ると、「ああ、知っているさ」とぶっきらぼうに答えた。

　ラルフが本当に知っていたのか、それとも強がって知っている振りをしただけなのかはわからない。ともかく、それはチームメイトとの関係の始まりとしては普通ではなかった。ただし、僕はすぐに気づくことになる。F1では、〝チームメイト〟という言葉が持つ意味は、ごく表面的なものでしかないのだと。

　予期せぬ状況には置かれていたが、ともかく大きな喜びがこみ上げてきた。僕はウィリアムズのドライバーに選ばれた喜びを噛みしめた。フランクはラルフに他にも何か伝えたいことがありそうだった。僕は一足早くオフィスから失敬した。狭い待合エリアで、父が待っていた。ナブが連れてきてくれていたのだ。父は立ち上がり、期待を込めた目で僕を見た。どうだった？　と言うように。「父さん、あなたの息子がＦ１ドライバーになったんだ」僕は言った。次の瞬間、僕たちはお互いの腕のなかにいた。「やったな、ジェンス」父の瞳から涙が溢れた。「すごいぞ、本当にすごい」「母さんに電話しなきゃ」僕は言った。だが、母は電話に出なかった。そんなの初めてだった。留守番電話にメッセージを吹き込んだ。もしそのとき何か一つを変えられるとしたら、世界に向けて記者会見をする前に母に直接喜びを伝えたかった。でも、留守番電話に目頭を熱くしながらメッセージを残せただけでも満足すべきなのかもしれない。後で聞いたところ、母はあいにくちょっとした買い物で家を空けていたらしい。僕のメッセージを聞いて、嬉し涙を流したそうだ。

　フランク、ラルフ、ブルーノと共に記者会見に臨んだ。夢を見ているみたいだった。僕はＦ１史上屈指の若さでドライバーになった、ウィリアムズの新しいドライバーとして紹介された。メディアが質問を始めた。僕はドライバーに選ばれた喜びを語り、フランクの期待に応えたいと語った。次に記者たちはラルフに質問をした。ラルフは、「これからは〝若いほうのドライバー〟と言われたとき、それが自分ではないことに慣れなければならないな」と言った。僕がこの記者会見で覚えているのは、それくらいだ。頭のなかで、「俺はＦ１のドライバーになったんだ！　やったぜ！　Ｆ１ドライバーだ！」という声が繰り返し鳴り響いていたからだ。

開幕までに、やっかいな仕事が一つあった。プロ選手としてF1のレースに出場するには、スーパーライセンスという資格を得ていなければならない。そのためには、一定以上のキロ数をテスト走行する必要がある。

だけど問題があった。チームのマシンのエンジンの調子が悪く、おまけにバルセロナは雪で覆われていた。ちょうどその頃、僕は二〇歳の誕生日を迎えた。ケーキでお祝いされ、ダサいタートルネックのセーターを着て父と一緒に笑顔を浮かべている写真が残っている。

僕はまだ、地に足が着いていなかった。エンジンの調子が悪く、サーキットが雪で覆われ、センスの悪いセーターを着て誕生日を祝っているあいだに、開幕戦がやってきた。スーパーライセンスに必要なキロ数の一五パーセントしかテスト走行をしていなかった。

会議が開かれ、FIAの上役が腕組みして、しぶしぶ僕の出場を認めた。当然ながら、他チームから手厳しい批判が続出した。これは、僕がF1の世界に足を踏み入れてすぐに気づいたことだった。あるチームが何かをやらかせば、他のチームから容赦ないバッシングを浴びる。僕が年端もいかない若者だったこと、スーパーライセンスを取得していなかったこと、ほとんど経験もないのに飛び級でF1に参戦してきたこと、これらが積み重なって、F1で長く戦ってきた選手の神経を逆撫でした。その筆頭が、「幼稚園から大学に進学するなんて不可能だ」と僕を批判したジャッキー・スチュワートだった。

一方、新聞は僕のことを「セナ以来、もっとも期待できるドライバー」と書き立てた。ザウバーのドライバーだったミカ・サロは「僕はジェンソンがうまく状況に対処することを願っている」と言った。「もし対処できなければ、彼自身や他の誰かを破滅させるだろうからね」

それは先輩たちからの、とんだ歓迎だった。

F1初レース

Ｆ１での最初のレースは、メルボルンでのオーストラリアＧＰ。母と姉は自宅でテレビ観戦することになったが、父は現地に来る。僕がウィリアムズのドライバーになると発表されて以来、父のカートショップの電話は鳴りっぱなしだった。父親たちは、自分の息子を第二のジェンソン・バトンにさせると意気込んでいた。僕は戸惑った。自分自身、新しいジェンソン・バトンにこれから生まれ変わろうとしていたところだったからだ。

これからは、父が僕のレース現場に頻繁に顔を出しながら、カートショップを切り盛りしていくのは難しくなる。僕は、父にずっと側にいてほしかった。単に近くで様子を見守るのではなく、積極的に身の回りの世話をしてほしかった。僕の説得もあって、父は店を売って〝チーム・バトン〟の設立メンバーになり、その後はメルボルンを皮切りに全レースに同行してくれるようになった。

世間からの注目は増していた。新聞や雑誌で、僕の名前の近くに「ゴールデンボーイ」や「アイルトン・セナ」といった文字を見かけるのも珍しくはなかった。オーストラリアでも熱狂的なメディアに追いかけられ、僕の近辺は騒々しくなっていた。ナブ率いるウィリアムズの広報チームはメディアの問い合わせに奔走し、フランクとパトリックは僕がレースに集中できるように最善を尽くしてくれた。金曜日は、Ｆ１での初めてのフリー走行だった。ガレージの入り口付近では大勢のカメラマンが陣取り、こちらにレンズを向け、フラッシュを焚いていた。だけど車に乗り込むと、雑念がすうっと消えていき、マシンを操縦することだけに意識が集中していくのがわかった。手を伸ばしてバイザーを閉じると、まるでミュートボタンを押したみたいに心が澄みきった。V型一〇気筒エンジンの爆音がガレージに響く。ピットクルーが脇にどかしてくれたカメラマンたちを横目にピットレーンに出ると、エンジンの回転数が上がっていくのを感じながらトラックに向かった。心が静寂と平穏に包まれた。

目の前にはミハエル・シューマッハがいた。そのまま後ろにつき、インスタレーションラップを走った。F1マシンのフロア（車体の床）は、設計上、路面上にある小さくて軽いものを吸い込み、後ろから吐き出して走るような構造になっている。その日のトラックの路面には落ち葉がたくさん散らばっていた。ストレートに差し掛かると、ミハエルのフェラーリから落ち葉が鶏の尾みたいな形で噴き出していた。

それが、僕が覚えている光景だ。コックピット内部の神聖な感覚、鶏の尾、落ち葉の匂い――。これは夢じゃない。現実なんだ――。そんなことを考えながら走っていた。そのとき味わった気分は、オーストラリアGPで体験したすべてのことのなかで一番印象に残っている。僕のF1キャリア全体をみても、あれほど素晴らしい気分を味わったことはそうはない。

最後から二番目のコーナーでは、危うくトラックから外れそうになった。事前にサーキットは徒歩で回って確認していたが、このコーナーがこれほどタイトだとは自覚していなかった。それを除けば、フリー走行はうまくいった。

土曜の朝、予選の開始前に一時間のフリー走行があった。今回は運が悪かった。七コーナーで張り切りすぎ、ウォールにぶつかってしまったのだ。ミカ・サロとジャッキー・スチュワートは僕の失態を鼻で笑っていたに違いない(公正を期すために言えば、ミカは後に、僕を批判したことを謝ってくれた)。よりによって、このタイミングでミスをしたことが悔やまれた。僕は数回のタイムアウト走行をして、その時点で一〇番目のタイムを出していたからだ。

クルーはマシンを急いで整備し、予選に間に合わせてくれた。だがいかんせん、バタバタと慌ただしいなかでの走行になった。結果は二一位。一一位だったチームメイトのラルフ・シューマッハにはずいぶんと水をあけられた。それでも、走りは楽しめた。「楽しんで走れ」とクルーにも言われていた。

迎えた決勝。スタートラインで周りを見渡しながら、心のなかで叫んだ。すごいぞ、僕はF1にいる——。マクラーレンとフェラーリのマシンははるか遠くにあったが、目の前にはジャガーのマシンに乗るジョニー・ハーバートがいた。カート時代、テレビ中継のゲスト解説者としてクレイピジョンにやって来た、あのジョニー・ハーバートと、僕はいま同じトラックでレースをしているのだ。

レースが始まった。僕は衝突したペドロ・ディニスとニック・ハイドフェルドを交わし、ミナルディのマルク・ジェネを二コーナーで追い抜いた。クラッチが壊れたジョニー・ハーバートも置き去りにした。だが三週目、アレクサンダー・ヴルツの後ろでミスをし、スリップしてコースアウト。それでもトラックに復帰し、もつれ合っていたエディ・アーバインとペドロ・デ・ラ・ロサを抜いた。

この時点で一一位。八位のラルフとほぼ同じタイムでラップを刻んでいた。先行車がピットストップをして七位に、ハインツ＝ハラルド・フレンツェンがリタイヤして六位に順位を上げた。栄光の瞬間が近づいていた。このままならF1初レースで六位以内に入賞し、ポイントを獲得できる。だが三コーナーを走行中にエンジンがストール。後輪がロックし、コースアウトして砂利《グラベル》の上で停止した。ラルフは三位でフィニッシュ。

結果は残念だったが、悪くないスタートだった。リタイヤした原因は車の故障であり、僕のせいではない。あと少しでポイントに手が届くところを走っていた。何より、F1の世界に紛れ込んできた運のいいアマチュアではないと証明できた。フランクとパトリックの信頼にも応えられた。グリッド上で存在価値を示せた。

次のブラジルGP、予選は一一位のラルフを上回る九位。だが決勝ではラルフの六位に一歩及ばず七位に終わった。ヘアピンカーブでアロウズのヨス・ヴェルスタッペンをインから抜いて八位から七位に順位を上げたが、ポイント獲得にはあと一歩足りなかった。

だが、意外な展開が待っていた。ホテルに戻ってシャワーを浴び、空港に向かうバスの車内で喉をビールで潤していたときだ。チーム関係者に「お前は六位になったぞ。デビッド・クルサードは車に不正があったらしく、失格になったんだ」

僕たちは祝杯を挙げた。帰りのフライトは喜びに満ちたものになった。僕は歴史に名を刻んだ。二〇歳の僕は、F1の最年少入賞記録を塗り替えたのだ。

だが、イモラ・サーキットで開催されたサンマリノGPの予選では精彩を欠いた。縁石に悩まされて思うように走れず、ラルフの五位に対して一八位と低迷した。レース本番で挽回を期したが、五周目を過ぎた時点でエンジントラブルに見舞われた。結果はDNF《Did not finish》、途中棄権だ。

次の開催地はイギリス、シルバーストーン。そのときの僕の心境は、ネクタイを結び直し、腕を軽く降って上着の袖の下からシャツの袖口を出すといったところだった。そう、僕は故郷の大観衆の前で、良いところを見せたかった。

凱旋レース

シルバーストーンでの予選はうまくいった。決勝のスタート前、僕は六番目のグリッドに位置していた。横を見ると、ミハエル・シューマッハがいる――頬をつねりたくなった。すぐ後ろにいるのは、ラルフとヨス・フェルスタッペン。レースが始まり、信じられないことに、僕は一コーナーでミハエルの前に出た。これで五位。前にいるのは、ルーベンス・バリチェロ、フレンツェン、クルサード、ハッキネン。錚々たる顔触れだ。

レース途中でエンジンに問題が生じ、一〇気筒のうち一気筒を欠く状態で走った。それでも、五番手でフィニッシュ。これは僕にとって特別なレースになった。地元イギリス出身の〝DC〟ことデビッド・クルサードが優勝したので、観客は大喜びだった。僕は初めてのF1で四戦を戦い、経験あるチームメイトを二度上回り、二度入賞した。わずかではあるがミハエル・シューマッハの前も走った。

地元の友達もレースを観戦しに来てくれた。学校時代に友達があまりいなかった僕にとって、数は少ないけどその分仲の良かった旧友たちだ。だからとても嬉しかった。レース直後、僕は仲間をウィリアムズのモーターハウスに招待した。パトリック・ヘッドのオフィスとして使われていたスペースを占拠し、ケータリングで大量のビールを注文した。当然のように、最後にはみんなかなり酔っ払ってしまった。

そのすぐ後で、DCがサーキットでパーティーを催した。気がついたら、僕はDC、ジャック・ヴィルヌーヴ、ノルベルト・ハウグ（当時のDCの所属チーム、マクラーレン・メルセデスの中心人物だ）と一緒に舞台に立ち、四百人もの参加者の前で、黒いかつらをかぶり、へべれけになって全員でカラオケを歌っていた。とんでもない夜だった。

DCと親しくしたのはそのときが初めてだったが、その後で急速に仲良くなった。それには、僕たちが同じ言葉を話していたという単純な理由もあったのだと思う。イギリス人のF1ドライバーは少ない。だから、生まれ故郷の言葉を話せるのは、それだけで素晴らしいことだった。DCは年下の僕を可愛がってくれた。それぞれのガールフレンドと一緒に休暇を過ごしたりもした。一度、ボートでモナコからシチリア、サルデーニャを回ったことがある。僕たちはボートの先に座り、ウォッカをトマトジュースで割ったカクテル、ブラッディメアリーを飲み続け、シチリアに着く頃にはロブスターみたいに真っ赤になっていた。シチリアの街でも飲み続け、かなり人の注目を集めていたようだった。埠頭に戻ると、パパラッチが一五人ほど待ち構えていた。ボートに乗り込み、酒盛りを続けた。完全に出来上がったDCが、「よし、あのカメラマンたちにショーを見せてやる」と言って着ていた服を脱ぎ捨て、パパラッチがいる側のカーテンを思い切り開けようとした。「生まれたままの姿を見ろ！」その寸前、僕がラグビータックルをして引き止めた。

そんな馬鹿げたことをするのがDCであり、後でこの一件を思い出し、世間の笑い者になるのを防いでくれた僕に感謝するのも、まさにDCだった。

経験豊富なDC（ボートに乗っているときを除く）やフランク、パトリックといった人たちの手引きのおかげで、僕はF1にすぐに馴染めた。チームと過ごす時間を自分の家にいるときのように感じた。実際のところ、本当の自分の家にはあまりいられなかったのではあるけれど。

当時は、今よりもレース間の日程がタイトだった。レースが終わると、まず火曜日か水曜日から三日間のテストを行う。その後はホームに戻るかスポンサーイベントに参加する（会場は通常、ポール・リカール、バルセロナ、ヘレス、バレンシア、シルバーストーンなどのヨーロッパのサーキットだった）。それから二日間の休みを挟んで、次のレースが始まる。

これはそのレースがヨーロッパで開催される場合だ。他の大陸で開催されるときは、前のレースが終わったらすぐに現地に向かう。その土地や時差に早めに慣れておくためだ。

だから、たとえばオーストラリアでレースが終わると、すぐに次の開催地であるブラジルに飛ぶ、といった具合だ。

宿泊施設はホテルだった。僕の契約書にはいつも、ホテルを自由に選べることと、支払いは自分ですることが明記されていた。僕は習慣を好むタイプなので（少なくともホテルに関しては）、好きなホテルはごくわずかしかない。その名前を挙げろと言われれば、真っ先に浮かぶのがグランドハイアット東京だ。日本でレースがあるときも、プライベートの旅行で訪れたときでも、僕は東京で過ごす時間がとても好きだ。

F1開催都市で気に入っている他のホテルには、メルボルンのクラウンがある。このホテルはいつも僕の部屋を巨大なスイートルームにアップグレードしてくれる。最後には、この部屋に泊まるといいことが起こるような気がするようになった。マレーシアのサイバービューロッジでは、執事がレストランやベッドルームに案内してくれる。珍しいサービスだが、気分がいい。

とはいっても、僕はキャンピングカーに寝泊まりするのも好きで、全長一四メートル弱もあるニューウェル社の大型車を大枚はたいて購入し、ヨーロッパでレースがあるときはサーキットの内部や近辺に停めて、そこを拠点にしていた。F1を引退したとき、クリッシー・バンコムにこの車を売った。バンコムはこれをホイール付きのボートのようなものだと見なしていたが、それは正しい。このキャンピングカーは怪物だ。何より、馬鹿でかい。あまりに大きいので、イギリスでは登録ができず、アイルランドで手続きをしなければならなかったくらいだ。搭載しているのは、五〇〇馬力もあるエンジン。その気になれば時速一六〇キロでぶっ飛ばせる。もしそんな馬鹿げたことをする勇気があるのなら、の話だが。

とはいえ、僕はずっと高級なホテルや豪華なキャンピングカーのなかで快適に過ごしていたわけではない。表に出れば、嫌なことだってあった。レースのことではない。レースをするのは大好きだ。嫌だと感じたのは、人の注目を浴びることだった。

最初は、有名人になったことが嬉しかった。なんといっても、僕は二〇歳だった。その年頃の若者というものは、有名になりたがっているし、人の目を集めることが無条件で格好いいことだと思っている。

でも、街で他人に気づかれることで味わっていたスリルは、すぐに色あせた。人に注目されるのが、ウィリアムズと契約し、アイルトン・セナの再来だと称賛されているときならまだいい。だけど、愚かな行動をして、なるべく目立たないようにしているときに見つかるのは最悪だ。

たとえばスピード違反を起こしたときだ。あるとき、フランスでＦ１マシンをテストして、グランプリのためにル・マンからモナコに移動することになった。ウィリアムズのエンジンサプライヤーであるＢＭＷが、同社のディーゼルターボ車、３３０を貸してくれた。この車はディーゼル車であるにもかかわらず、音のように速かった。僕はアクセルを踏み、時速二三〇キロ近くのスピードで走った。

馬鹿な運転をしていたものだ。今でこそ年齢を重ね分別もついた僕は、公道を走っているときはレーサーとしての衝動を抑えられるようになった。せいぜい、ラウンドアバウトでの最適なライン取りにこだわっているくらいだ。だが、若きＦ１レーサーだったときに、ＢＭＷ３３０ディーゼルターボを清く正しく運転していたと言えば、それは嘘になる。実際のところ、スピード狂みたいに運転していた。

だから、僕を捕まえた警察もかなりお冠のご様子だった。スピード違反の走行中の写真も撮影されていて、現行犯で逮捕もできるとのことだったが、警官の一人が、ここで罰金を払えばそれで逃してやると言ってくれた。

願ってもない幸運だったが、現場に合流した別の警官が、「そんなことは許されない、警察署に来なきゃ駄目だ」と主張。最悪の展開だ。警察署に連れて行かれ、留置所を指差されて、「一時間以内に支払いができなければ、ここで過ごすことになるぞ」と言われた。

警官はコーヒーを淹れ、僕の名前を尋ねた。

「よし《Oui》。ではシャンソン・バーターン、何をして生活してる？」

僕は自分の職業を答えた。

「なんだって？　フォーミュラ・アンのドライバーか？　お前はウィリアムズのジェンソン・バトンなのか？」

（学校でフランス語のGCSEを受けていたことが役に立つときが来た）

そしてもちろん、雰囲気は変わった。しばしF1の話で盛り上がったあと、勇気を出して父に電話した。

「ジェンス、どうした？」

「父さん、前に、クレジットカードを渡してくれたよね。何か問題があったときのために使え、と。実は今、問題が起こったんだ。暗証番号を入力して、このカードで支払いをしてもいいかな？　スピード違反で警察に捕まったんだ」

「なんだって？　いくら必要なんだ？」

「四〇〇〇フラン」

しばしの沈黙。

「スピード違反にしては多すぎないか？　何キロオーバーだったんだ？」

僕は正直に伝えた。

「聞いてあきれるぞ、ジェンス。でもしょうがない。支払いをして警察署から出してもらうんだ。だけど困ったことになったぞ。この件はたぶん新聞に出てしまう」

そうか、やばいな——。これが記事になるなんて考えていなかった。ともかく罰金を払い、モナコに行った。二日後、この件は本当に新聞記事になった。BMWに事の次第を伝えた。

「実は、フランスでスピード違反をしてしまったんです。会社のイメージを悪くしてしまってごめんなさい……」

「心配しなくていい」ＢＭＷの人間は言った。むしろ、あのとき警察から電話をしてくれたら、罰金を肩代わりしたのに、とまで言ってくれた。当時のディーゼル車には、時速二三〇キロでぶっ飛ばす車というイメージはなかった。だからこの一件は、おそらくその時点で市販のディーゼル車として最速だったその車の、一種の宣伝のような意味合いとして受け止められる、と。

そんなわけで、この一件はなんとか丸く収まった。だけどこれは始まりだった。有名人になった僕は、メディアにあることないことを好き放題に書かれるようになる。なかには、ひどいものもあった。そのことは、その後の僕をずっと悩ますことになる。

波乱に満ちた戦い

モナコは最悪だった——。もちろん、そこは美しい場所だ。数あるＦ１の開催地のなかでも、ひときわ宝石のようにきらめいている。僕と同じようにこの街をいたく気に入った父が、結局ここに居を構えてしまったくらいだ。だけど二〇〇〇年のモナコＧＰは、僕にとって最悪だった。予選は一四位。決勝ではいい走りができるはずだった。トラブル後の再スタート直後に迎えたグランドホテルのヘアピンカーブ。僕は外側から割り込んできたペドロ・デ・ラ・ロサと接触。ペドロはスピンし、ペドロ・ディニスとニック・ハイドフェルドも前を塞がれた。

赤旗が振られたが、当時は予備車があればそれに乗り換えられた。僕たちは急いでサーキット内を走り、今度はピットから、三度目のスタートを切った。

厄介なことに、僕の車はラルフ向けにセットアップされていた。一七ラップ後、遠隔測定機能《テレメトリー》にマシンの油圧システムに問題があると指摘され、リタイヤ。僕は初めてのモナコを完走できなかった。

その後のカナダGPでは一一位、フランスGPでは八位。オーストリアGPでは、ヴィルヌーヴとミカ・サロの追撃をかわして五位でフィニッシュ。再びドライバーズポイントを獲得した。だがホッケンハイムで開催されたドイツGPでは、フリー走行中、ピットへの侵入でウォールにぶつかるという、してはいけないミスをしてしまった。

僕はメルボルンでウォールにぶつけて以来、少し慎重になりすぎてしまっていた。「ジェンソン、もっと頑張れ、もっとスピードを上げるんだ」とフランクは言った。「君はラルフに負けている。サーキットだけじゃなく、ピットエントリーでも一秒半も遅い。もっと急ぐんだ。クラッシュしたら、そのときはそのときだ」

ドライバーは「もっと速く走れ」と促されるのが好きだ。だから僕は躊躇せずにスピードを上げた。そしてその金曜日のフリー走行中、クラッシュしてしまったのだ。ピットレーンへの入り口で、ウォールに車のフロントをぶつけた。ヘルメットを脇に抱え、自分に歯がゆさを覚えながらピットに歩いて戻った。ウィリアムズのボスがいた。パトリックだ。相当に頭にきているようだった。「ジェンソン、何をしてるんだ？　お前が初心者なのはわかってる。だけどピットの入り口でクラッシュするなんて、どうかしてるぞ」

まさに雷を落とすといった口調だった。そんなふうに叱られるのが好きではない僕は、弁解した。

「でもパトリック、フランクに〝もっとスピードを上げろ〟と言われたんだ」

運良く、傍にいてこの会話を遠巻きに聞いていたフランクが、腕を上げて僕たちを呼び寄せた。

「ジェンソン、君は正しいことをした。私は君にもっとスピードを出せと言った。そして君はその通りのことをした。ミスはしたが、それは勉強になるだろう」

パトリックの話し方には上流階級っぽさがあった。クルーの前で話をするときも、車の説明でいかにも古臭い言葉使いをするので、よくエンジニアたちは苦笑いしていた。上辺の言葉で話を濁したりせず、言うべきことは包み隠さずに言う。そんなところもあった。二〇〇〇年シーズンの中頃に、こんなことを言われたのを覚えている。

「ジェンソン、もっと体重を減らせるな」

「そうだね、パトリック」

「君は太った子供みたいな体型をしてる。その脂肪を落とすことだ」

パトリックは立ち去った。こんな調子だ。僕がいつまでも忘れないようなキツい一言を口にしたことを、たぶん本人は思い返したりもしないんだろう。

それでも、僕はそんなところも含めてパトリックが好きだった。フランクのことも好きだった。二人は僕を公正に扱ってくれた。何かをごまかそうとしたり、裏で駆け引きをしようとしたりはしなかった。二人とも、人の話を聞ける器のある人間だった。ドライバーの言葉にも積極的に耳を傾けてくれた。現場の仕事を多く抱えていたのはパトリックのほうだった。だが最終的な権限はフランクが握っていて、パトリックはその判断に従っていた。ときには、二人の意見が衝突することもあったのだと思う。だけど僕には微塵もわからなかった。チームの雰囲気はいつも素晴らしかった。

ドイツGP本番が始まった。僕は予選で一六位に終わったが、決勝では挽回できるという手応えがあった。だがパレードラップで、大きなトラブルに見舞われてしまった。

知っている人も多いと思うが、F1マシンにはイグニッションがない。スターターモーターすらない。車がピットガレージにあるときに、エンジンを温めた後で、外部のスターターモーターを使ってエンジンをスタートさせる。

その後、ドライバーはブレーキやスロットル、ステアリングなどのさまざまな機能をテストし、サーキットの感触を確かめるためにインスタレーションラップを走行し、予選順位通りにグリッドに整列する。この時点でエンジンはいったん切られ、クルーはフォーメーションラップ（パレードラップやウォームアップラップとも呼ばれる）に向けて再びエンジンを始動させる準備をする。フォーメーションラップでは、ドライバーは隊列を保ったまま蛇行走行して（タイヤを温めるためだ）サーキットを一周する。

このときに一番したくないことは、フォーメーションラップのスタート時に車をストールさせてしまうことだ。レギュレーションの説明に従えば、予選最下位の車が通過するまでにグリッドを離れられないと、グリッドの最後方からスタートしなければならなくなるからだ。

そして、それがまさに僕がホッケンハイムでしてしまったことだった。ストールした車をクルーが取り囲み、なんとか再スタートさせようとしているなか、為す術なくコックピットに座っていることしかできなかった。

それでも——。最後尾からスタートするのなら、失う物は何もない。あとは相手を一人でも多く抜くだけだ。シグナルが消え、僕は猛スピードで前の車を追いかけ始めた。

フォーメーションラップのときには振り向いてはくれなかった勝利の女神が、レース中盤にはにっこりと微笑んでくれた。ビニール製のレインコートを着た不審者が、コースに侵入してトラックを横切るという事件が起こったのだ。元メルセデスの従業員だというその男は、会社を不当に解雇されたと抗議し、このような行為に走ったということらしい。その結果セーフティーカーが出動する事態となり、各車の差は縮まった。その間にピットストップをした車も多かった。だが僕はこのチャンスを利用し、渋滞を避けて遅れ気味にピットインした。

レインコートの男の行動は常軌を逸していた。だが、彼の天気の見込みは正しかった。小雨が降り始め、僕はどの車よりも早くレインタイヤに履き替えられた。戦術がぴたりと的中だ。他車も遅れてタイヤを替え始めたが、それは僕にとって順位をさらに上げるチャンスになった。僕は飛ぶように走った。スリックタイヤで苦しんでいたミカ・サロを抜き去り、四位に浮上したときは爽快な気分だった。結局、僕はこの順位を保ち、その時点での自己最高位となる四位でフィニッシュした。

試合後、ニキ・ラウダがこんなコメントをした。「僕には、なぜウィリアムズが彼を取り替えようとしているのかがわからないよ」。それはちょっとした物議を醸すことになった。ラウダは僕のことを喋っていた。「バトンは今年、いい仕事をしている。ウィリアムズは手間暇をかけて彼を育てている。来年、バトンを捨ててモントーヤを取るのは大きな賭けになると思う」

これが、その年の僕が直面していた、〝ファン・パブロ・モントーヤ問題〟だった。

パパラッチとの戦い

一九九九年、フランク・ウィリアムズはアメリカのCARTチームのオーナー、チップ・ガナッシとドライバーをトレードした。ファン・パブロ・モントーヤを放出し、代わりにアレッサンドロ・ザナルディを得たのだ。

この年、ザナルディはF1で低迷したが、モントーヤはCARTでセンセーショナルな活躍を見せた。当然、フランクはモントーヤを呼び戻したいと思ったが、モントーヤはもう一年CARTで走ってからF1に復帰することを希望した。そのためフランクは二〇〇〇年にザナルディを外し、その穴を埋めるために候補者を二人に絞り込み、最終的に僕を選んだ。

フランクは翌シーズンでのモントーヤの獲得意思を、二〇〇〇シーズン当初からメディアに語っていた。「ファン・パブロ・モントーヤは素晴らしい能力を持っている。そして来年ウィリアムズに復帰したいという希望を持っている。我々には今年、ジェンソン・バトンとラルフ・シューマッハという優れたドライバーがいる。だから今後の選択肢は豊富だ。ジェンソンがモントーヤにその座を奪われないようにするには、自らの能力を示す必要がある。それが我々の現在の考えだ」

僕は、フランクの構想通りに事が進む可能性はあると考えていた。そうなる確率はかなり高いだろうという気もした。実際、僕は一年契約しかしていなかった。それでも、この状況を特に不安に感じていたわけではなかった。たしかにそれは問題だ。だが、頭を悩ませるような大問題としてはとらえていなかった。

とはいえ少なくとも当時の僕には、メディアに本音など語れなかった。だからメディアは、勝手に物語を紡ぎ始めた。僕がお粗末とは言えないまでも、期待していたほど輝かしい成績を残せていないのは、ファン・パブロ・モントーヤ問題が気になっているからだ、と。信憑性など何もない。ともかく僕がF1に参戦できたのも、ペドロ・デ・ラ・ロサにへアピンで追い抜かれようとしたのも、何であれモントーヤと結びつけて語ろうとするのだ。

もちろん、それは事実ではなかった。同時に、周りの雑音もうるさくなってきた。僕の秘密を暴こうとするような雰囲気があった。それは事実ではなく、憶測や偏見に基づいていた。シーズン序盤にメディアに書き立てられたある記事も、この嫌な空気をさらに助長した。スピード違反の件ではない（これも僕への印象を良くする効果はなかったけれど）。それは、元恋人のキムことキンバリーとの関係についての記事だった。

キムとはすでに別れていた。僕たちの人生には、もう接点はなかった。彼女は僕の初めてのガールフレンドだった。僕が初めて愛した女性であり、初体験の相手でもあった。でもF1ドライバーになった僕は、もう同じ場所に長くは滞在できなくなっていた。そしてキムはまだフルームにいた。だから、別の惑星に住んでいるみたいなものだった。つきあい始めた頃から、彼女は僕が情熱を捧げているモーターレースに興味を持とうとも理解を示そうともしなかった。そして、今後もそれが変わるとは思えなかった。そんな状況のなか、僕は別れを切り出した。とても悲しかったし、簡単な決断ではなかった。だけど、人生では前に進まなければならないときもある。

そうしたら、しばらくして新聞にこんな見出しの記事が掲載された。「私はF1のゴールデンボーイのすべてを諦めた。生まれてこなかった赤ちゃんのことも」

フォーミュラ3のドライバーとして遠征していたとき、キムから電話で妊娠を告げられた。僕たちは話し合った。彼女は一八歳で、僕は一九歳。子供を持つにはまだ若すぎるという結論に達し、お互いの合意のもとで中絶という選択をした。キムが母親に付き添われて病院で手術をしたとき、僕はイギリスにいなかった。僕たちの関係は翌年も続き、そして終わった。

この記事を見たとき、僕は有名人としてメディアにプライベートを晒されることの意味がわかったような気がした。スピード違反の件は、自業自得でもあるし、記事の内容も事実に基づいていた。だけど今回は違った。たしかに、そのなかには事実も含まれていた。だけど真実は捻じ曲げられ、書き手がつくったストーリーを読者に押し付けるようなものになっていた。この記事では、僕がドライバーとしてのキャリアを優先させる、血も涙もないような冷酷な人間として描かれていた。

それに、僕にはキムがそんな言葉を選ぶ人間ではないこともわかっていた。キムはインタビューを受けることで二六〇〇ポンドの報酬を得ていた。それは彼女の間違いだったと思う。だけど後で話をしたときには、涙ながらに謝罪をしてくれた。キムは僕たちが交際していたことを美しい思い出として話したつもりだった。中絶の件は、話の流れで口にしたほろ苦い出来事であり、決してそのインタビューの主題ではなかった。

でも、これがメディアのやり方だった。記者たちは、プライベートを暴こうとするのは、僕が世の中の規範となるべき立場にいる人間だからだと言う。笑顔の下でどれほどひどいことをしているかを、世間に知らしめなければならない、と。だけど、僕はそもそもそんな非情極まりない人間などではないし、それに僕の職業は、ポップスターのように世間からの人気がなければ成り立たないようなものでもない。僕はスポーツ選手であり、芸能人ではない。僕が世間に注目されるのは、みんなのお手本になるような人間だからではない。レーシングドライバーとして活躍するから注目されているだけなのだ。だけどメディアからすれば、そんな違いなどおかまいなしだった。

記事の内容は妥当な場合でも、見出しは扇情的で、誤解を招くような書き方をされることも多かった。記者に連絡して、不満をぶつけたこともあった。

「この前はインタビューをありがとう。でもあの見出しは何だ？　僕はあんなことはしゃべってないぞ」

「ああ、見出しは自分の担当じゃないんだ。でも、記事を読めば君が何を言ったかはわかるだろ？」

「記事は読んだよ。内容は問題ない」

「じゃあそれでいいじゃないか」

「でも大半の人は、見出ししか読まない。いくら記事に本当のことが書かれていても、見出しだけを読んで誤解する人がたくさん出てくる。そこが問題なんだ」

「だから、見出しは私の担当じゃないんだよ」

「誰が書いたんだ？」

「はっきりとはわからないな。デスクの誰かだと思う。確認して、わかったら折り返し連絡するよ」

そして、これ以上話は進展しない。これが、メディアの責任の取り方だ。その結果、僕がそうだったように、ドライバーの多くは、傷つき、メディアに心を閉ざしてしまう。そしてファンは、メディアのインタビューに口を開かない、ロボットみたいなレーシングドライバーのレースを見なければならなくなる。人はドライバーの人となりや人間性がわからないと不満を言う。だがもちろん、僕たちドライバーだって生身の人間だ。一人ひとり個性があり、人間性を持っている。だけどそれをメディアに対しては隠しているだけなのだ。

最近では、当時の僕と同じような立場にある人は、新聞や雑誌といったフィルターを使わずに、ツイッターで自分の言葉を直接ファンに届けられるようになった。それは、文脈から切り離され、一部を強調されて真実とは違うイメージを伝えられることに対しての防衛策になる。とはいえツイッターの登場は、当時ほどメディアのターゲットにはなっていない現在の僕にとっては、少しばかり遅すぎた。僕はもう昔みたいに自分の周りに壁を築いてはいないし、最悪のケースに陥らないようにメディアと付き合うコツも身につけている。それでも、ＳＮＳで誰もが情報を発信できるようになったのは良いことだと思う。

ただし、ファンとの記念写真については、当時と何も変わっていない。むしろ誰もがカメラ付きの携帯電話を持ち歩いている現在では、状況は悪化している。もちろん、僕はファンとセルフィーを撮るのは嫌ではない。ファンは大好きだし、僕にとって大切な人たちだ。だけど、街に出れば一緒に写真を撮ろうとする人が百人もいる。九九人と写真を撮って、残りの一人に「ごめんなさい、今は急いでいるので」と言って断ると、その一人がツイッターに、「ジェンソン・バトンは高慢な人間で、ファンサービスが悪い」と書かれてしまうのだ。

話は少しずれるが、僕はイギリスのファンが大好きだ。彼らはモータースポーツを崇拝していて、他国のファンとは違い、母国の選手をやたらと贔屓にしたりはしない。そこが、僕には心地いい。

日本のファンも最高だ。日本は、サーキットの大画面でレースのリプレイが放映される。だからファンは、夜の八時や九時になっても客席に居残って、大型ビジョンで映像を繰り返し見ている。それは僕たちドライバーにとって素晴らしいことだ。勝利の後、数時間かけてメディアインタビューをこなし、一時間ほどエンジニアにデブリーフィングを行うと、もう真っ暗になっている。パドックをさまよいながら、（本当はもっとファンと一緒に勝利を祝いたいのに）と寂しく思っている。

でも鈴鹿では、レースが終わって数時間が経過しても、大画面でリプレイを見ているファンがいる。トロフィーを持って外に出れば、アンコールでスターが登場したときのような熱狂的な扱いをしてくれる。トロフィーを掲げてピットウォールに立つと、大歓声が上がる。それは本当に素晴らしい気分だ。

フランクとパトリックはＦ１一年目の僕に基本的には寛容だった。「ルーキーだから、失敗するのは当然だ」と言うのが、どんな状況であれ口癖だった。僕は次第に、インタビュー記事とはどんなものなのかもわかり始めた。最後を前向きに締めくくる限り、ネガティブな出来事や気持ちを語るほど、読者の興味を引く記事になるのだ。極端に言えば、「今日のレースは厳しかった。結果には失望している。飼い犬が亡くなり、妻に逃げられ、愛車のピックアップトラックのエンジンがかからなかった。でも次のレースには期待しているし、本当に楽しみにしている」というふうに話せば、読者の関心は高まるのだ。

メディアとの関わりのなかで最悪だったのは、なんと言ってもパパラッチだ。初めてパパラッチに写真を撮られたのがいつなのかははっきりとは覚えていないが、それは間違いなくＦ１一年目だった。あっという間に、奴らに追いかけられることが僕の生活の一部になった。虫やイボみたいに、気がついたらパパラッチはそこにいた。僕は今LAに住んでいるが、そこにもパパラッチはたくさんいる。有名人が狙われやすい定番のスポットはレストランの出入口だが、僕の場合はそれが当てはまらない。LAのレストランを縄張りにしているパパラッチは、F1のことをあまり知らないからだ。でも、LAにたくさんいる南アフリカ人のパパラッチは、僕のことをよく知っている。僕は住宅街のブレントウッドでよくランニングをしている。こんなところにパパラッチなどいないと思うかもしれない。だけど彼らは僕の走る姿を盗撮している。僕がどこにいるのかがなぜわかるのか、本当に不思議だ。

ロンドンのパパラッチは、もっとひどかった。今でこそしつこく追い回されたりはしなくなったが、F1ドライバーになってからの数年間は、行く先々でカメラを向けられた。どこかに仕掛けられた盗聴器で、行動を監視されているのではないかとすら怪しんでいたくらいだ。そんなふうに考えなければ、説明がつかなかった。

ロンドンとLAとではパパラッチは違う。LAでは、パパラッチを見つけて親指を立て、にっこり笑って「これでどうだ?」と言えば、蜘蛛の子を散らすように逃げていく。だけどイギリスのパパラッチは、簡単には引き下がらない。「ジェンソン、ケチケチ言わずに一枚撮らせてくれよ。そうしたら帰るからさ」とでも言うように。

だから同じように親指を立ててにっこりと笑い、写真を撮らせてやる。もちろん、彼らが望んでいるのは、余裕綽々の僕ではなく、慌てふためいているような表情の僕だ。そうすれば、どんなストーリーでも捏造できる。やましい行為をしていたとか、レースのプレッシャーで不安にかられているとか。

車で自宅まで後をつけられることもしょっちゅうだった。逃げ場がないみたいで、とても息苦しかった。

写真の説明文を書くのは、撮られた本人ではなくメディアの側だ。難しそうな顔をしていたら、勝手にＦ１のプレッシャーで苦しんでいるだの、恋人との関係がうまくいっていないだの、好き放題に書かれてしまう。ある日車に乗っていたとき、パパラッチがいるのに気づいた助手席の友人が、写真を撮られないようにと僕の顔の前に手を出して守ってくれた。だけどメディアはその写真に、僕がわざと友人に目の前に手を出させて、危険な運転を楽しんでいると書いて記事にした。とんだでっち上げだ。

そして、こうした写真や記事のすべては、ファン・パブロ・モントーヤ問題と結びつけられた。でも、メディアが報道するほど僕はこの件のことで不安になってはいなかった。もちろん、フランクに対して自分の価値を示したいとは思っていた。だけど、来季のドライバーにラルフとファン・パブロと僕の誰を選ぶかはフランクが決めることであり、僕がいくら考えてもある意味どうしようもない問題だった。僕はただ、ドライビングに集中し、Ｆ１を楽しむことだけを考えていた。それに、少なくともレースに集中しているあいだは、この問題があまり現実味のあるものだとは思えなかった。現時点でウィリアムズのドライバーとして走っているのは僕であり、モントーヤは遠くアメリカで別のカテゴリーで戦っていた。

だがシーズンの途中で、フランクから電話があった。「ジェンソン、来年はファン・パブロが戻ってくる。今の君のシートは、彼のものになる。この一年、君がチームのためにしてくれたことに感謝する」

こうして、モントーヤ問題は現実のものになった。

それでも、僕は地に足の着いたアプローチをとった。パニックにもならなかったし、腹を立てたりもしなかった。自分の契約は一年間だということは最初から自覚していた。そして当然、フランクには自分が望む判断をする権利があった。チームが家だとすれば、表札に書いてあるのはフランクの名前だった。そして、フランクは、経験豊富で即座にチームに勝利をもたらしてくれるドライバーを求めていた。そして、フランクにとってそれは僕ではなかった。フランクはファン・パブロと以前から復帰の取り決めをしていたので、その約束を反故にしたくなかったのだとも思う。

真相がどうであれ、ウィリアムズに残留したいという僕の願いは叶わなかった。だけど、それが現実だ。そのときの僕にできることは、マネージャーに次のシーズンのチームを探してもらうこと、そして自分の実力を示すために残りのレースでできる限りの走りをすることだった。

初シーズンの終わり

ハンガリーGPでは不完全燃焼に終わった。僕は六位のラルフの真後ろに迫りながら、九位でフィニッシュ。だが次戦のサーキット・スパ・フランコルシャンで開催されたベルギーGPの直前、ベネトンとの二年契約を結んだことで、将来への不安は和らいだ。新しいチームメイトは、ジャンカルロ・フィジケラだ。

俄然、ベルギーの予選では力が入った。結果は、マクラーレンのミカ・ハッキネン、ジョーダン・無限ホンダのヤルノ・トゥルーリに継ぐ三位。

「スクールボーイにしては悪くないな」フランクがガレージで笑い、予選上位三名による記者会見に初めて参加する僕に言った。フランクは、僕の放出が正しい判断だったのか疑問に感じていたのかもしれない。僕としては、そうであってほしかった。だがともかく、フランクはフランクだった。自分がしたことの理由は、わかっている人間だった。

決勝は路面がウェットだったため、セーフティーカーに続いて一列でスタート。得意なウェットコンディションをうまく利用しようと目論んでいた僕にとっては不利な展開だった。前を走るトゥルーリが、僕をホールドする。後続のミハエル・シューマッハにこのチャンスを活かされ、三周目のバスストップシケインで抜かれてしまった。小競り合いを続けていた僕と接触したトゥルーリはスピンしてリタイヤ。その間に僕はDCとラルフに先を越された。このレースでは表彰台に立てるチャンスは十分にあった。それでも、五位という結果には満足しなければならなかった。

アウトドローモ・ナツィオナーレ・ディ・モンツァで開催されたイタリアGP。予選ではラルフは七位、僕は一二位。二人とも、もっと速く走れた。

モンツァの第一シケインは難しく、勢いよくスタートを切った各車が侵入のためにブレーキを強く踏まなければならないので、車間距離がつまりやすくなる。案の定、ザウバーの二台とジャガーのエディ・アーバインが接触し、コースアウト。第二シケインではもっとひどい事故が起こった。ジョーダンのフレンツェンとトゥルーリが接触、DCのマクラーレンとバリチェロのフェラーリも巻き込んだ。さらに、ペドロ・デ・ラ・ロサのアロウズがゾンタのBARとぶつかり、ハーバートのジャガーの後部に激突して、回転しながら宙を舞ってグラベルを突き進んだ。

衝突の破片《デブリ》が片付けられ、トラックがクリアになったとき、僕はシューマッハ、ハッキネン、ヴィルヌーヴ、ラルフ、フィジケラに続く六位。リスタート直前、セーフティーカーの後ろでペースをつくっていたトップのシューマッハがアスカリのコーナーで減速した。ここまでは予想通りだったが、その後でなかなか加速せずに再びブレーキを踏んだ。そのため後続車は詰まってしまった。僕はヴィルヌーヴとの衝突を避けようとして急ハンドルを切って芝生に出てしまい、ガードレールにぶつかって左の後輪を傷つけた。これでレースオーバーだった。

しかも、セーフティーカーの走行中にオーバーテイクをしようとしたと非難されてしまった。踏んだり蹴ったりだ。僕はジャックを避けようとしてハンドルを切っただけだ。行き場所がなく、芝生にコースアウトするしかなかった。

だが、その後に知った悲しい知らせで、自分のことなどどうでもよくなった。レース開始直後の玉突き事故の際、破片が当たったコースマーシャルのパオロ・ギスリムベルティが、その怪我がもとで命を落としたのだ。

インディアナポリスでのアメリカGPも残念な結果に終わった。予選では六位。決勝では八位を走行中に電気系統のトラブルでリタイヤとなった。

シーズン最後から二つ目のレースは、日本GP。僕にとってもウィリアムズのドライバーとして走るのはあと二回だ。世界中のファンの目は、シューマッハとハッキネンのタイトル争いに注がれていた。僕は自分にスポットライトが当たらないことにほっとしていた。そして、鈴鹿でレースができることに興奮していた。日本のファンが素晴らしいだけでなく、トラックも挑戦的だからだ。

このサーキットに慣れるには何年もかかることがある。マスターするためにはさらに時間が必要だ。マクラーレンとフェラーリとラルフには勝てなかったものの、僕は予選を五位で終えた。針を通すように難しい、鈴鹿の伝説的なS字カーブでも最速だった。

決勝。僕はスタートで躓いた。クラッチがオーバーヒートし、ラルフら数台に抜かれて七位に転落。それでも、その日の僕はノっていた。シューマッハとハッキネンの対決に注目が集まるというレースの雰囲気をうまく利用し、プレッシャーが少ない状況を楽しみながら走った。六位に浮上し、ラルフの後ろにつけた。三〇週目、ラルフを抜いて五位に上がったとき、ヘルメットのなかで思わず笑みがこぼれた。先にフィニッシュしたミハエル・シューマッハが世界タイトルを獲得していたが、五位になれて心底嬉しかった。

最後のレース、マレーシアGPは――駄目だった。エンジントラブルでリタイヤ。F1での初シーズンに別れを告げるには相応しくはなかった。でも、これが現実だ。

僕にとって大きな意味のある初めてのF1シーズンを振り返ってみると、複雑な気持ちになる。僕はドライバーズポイントでは八位（ラルフは五位）になり、ルーキー・オブ・ザ・イヤーにも選ばれた。でもその一方で、十分に経験を積めなかったとも感じていた。ウィリアムズでは、車も、チームも、サポートも、すべてが恵まれすぎていたからだ。

つまり、僕は翌年にベネトンで体験することへの、準備ができていなかった。

ベネトンでの悔しい経験

最悪のスタートだった。新しいベネトンのラインナップは、チームの新たな車、B201がサン・マルコ広場でヴェールを脱ぐ前に、ヴェネツィアのチプリアーニホテルで発表された。でも僕は腹痛に苦しんでいた。怪しげなエビのサラダで食あたりを起こしたのだ。なんとか立ち上がってインタビューをこなすと、ホテルの部屋に戻ってベッドに倒れ込み、トイレに入り浸りになった。僕は、自分がこれから忘れてしまいたいような一年を迎えようとしていることを、知っていたのかもしれない。

問題は――主な問題は――車だった。専門的な説明になってしまうが、とにかくどうしようもなくひどい車だった。まず、パワーステアリングがなかった。ブレーキとギアボックスの問題もあった。電気系統の問題も、オイル漏れの問題もあった。だけど、最大の問題は二つ。スピードが遅いということと、チームメイトの〝フィジー〟ことジャンカルロ・フィジケラが、この車を僕よりうまく操れたことだった。

これは紛れもない事実だった。フィジーはベネトンで実績を積み、チームから愛されていただけでなく、戦闘力の低い車から最大限の力を引き出すスペシャリストだった。実際、フィジーはこの年にそれを証明してみせた。

そして、フラビオ・ブリアトーレがいた。フラビオはベネトンレーシングチームのマネージングディレクターで、ベネトンを実力のあるF1チームに引き上げ、一九九四年と一九九五年にミハエル・シューマッハをドライバー部門の、一九九五年にチームをコンストラクター（製造者）部門のチャンピオンに導いた男だった。フランク・ウィリアムズと同じ、業界の生きる伝説だ。鮮やかな白髪とサングラス、そしてチームシャツの襟を立てて着こなすのがトレードマークの、〝派手な〟人間だった。フラビオとはフォーミュラ・フォードにいた頃に出会い、F1入りを目指して僕のマネジメントを任せるという話をしたことがある。実現の可能性は高かったのだが、フラビオが要求する取り分が五割だと聞いて、その話は流れた。

最初のうちは、フラビオと一緒にいるのは楽しかった。だけどすぐに、レースに勝つことを期待されているのがわかるようになった。だけどこの車では、勝つことなんてできない。そして、レースに勝てないと、露骨に不機嫌な態度をとられるようになった。フランクとパトリックも、言葉を濁したりはしなかった。厳しいことも言われた。だけど二人からは、新人の力を最大限に引き出してやろう、僕を育ててやろうという思いを感じた。でもフラビオはそうではなかった。特に、レースが散々な結果で終わったときには、メディアに遠慮なく不満をぶちまけた。〝前向きな言葉で終わらせる〟というインタビューの秘訣も、フランクには無意味だった。フランクは否定的な言葉でインタビューを始め、悲観的な態度を取り続け、辛辣な捨て台詞で締めくくった。

僕のシーズンはひどい始まり方をした。カナダGPでは電気系統のトラブルでDNF。それ以降も目覚ましい結果は出せなかった。マレーシアで一一位、ブラジルで一〇位、サンマリノで一二位。それは、まだ世界チャンピオンになった記憶も新しいチームにとって、満足できる順位ではなかった。フィジーは表彰台に乗ることこそ苦しんでいたものの、僕より良い結果を出していた。

フィジーと僕は、スペインでミナルディの新人、フェルナンド・アロンソにオーバーテイクされた。屈辱的だった。オーストリアはもっと悲惨だった。予選ではフィジーの後塵を拝し、本番ではエンジントラブルでスピンしてリタイヤ。もともとあまり僕に対しては温かくはなかったベネトンチームからは、ガレージで白い目で見られるようになった。フラビオからも助けてはもらえなかった。モナコGPの直前、フラビオはメディアに向かって、僕が〝怠け者のプレイボーイ〟だと言った。

かき乱された僕の心

手元の辞書では、「プレイボーイ」は「裕福で人生を楽しんでいる男。無責任な行動をし、性的にだらしない人」と定義されている。

これが、フラビオが僕を形容するために使った言葉だった。しかも、僕は怠け者扱いされた。「裕福な」という点では、それは当たっていた。振り返ると恥ずかしくもあるのだが、僕はマネージャーからF1でこれからずっと活躍できるはずだから、モナコにアパートを借りておくべきだと言われ、実際にその通りにした。高級ヨットも購入し、〝ミッシー〟と名づけた。そして、これもまた振り返ると恥ずかしいのだけど、そのヨットをモナコ港に停泊させていた。たしかに、贅沢なことをしていたと思う。

だけど、僕は怠け者などではなかったし、人生を楽しんでなんていなかった。誰がどう見ても、ベネトンで悲惨な一年を過ごしていた。性的にだらしないかどうかについては、まあそれも真実ではない。

僕はキンバリーと別れたあと、何人かのガールフレンドと付き合った。真剣な交際とは呼べなかったかもしれないが、一夜限りの恋といったものだったわけでもない。

二〇〇〇年のある日、僕は新作映画のプレミア上映会で映画館を訪れていた。入口で無料で配られていたポップコーンを（素晴らしいサービスだ）手に入れようとしていたところ、階段で女性とすれ違った。彼女は僕の視線に気がついて振り返った。上映後のパーティーで、電話番号を交換した。

彼女の名はルイーズ。オーキッドというバンドのシンガーだった。僕は当時オックスフォード近郊に住んでいたが、モナコでアパートを探していた。一緒に二、三日モナコに行かないかと誘ったが、断られた。だけど、それがきっかけで僕たちはつき合うようになった。

二〇〇三年、ルイーズはテレビのタレント発掘番組『フェイム・アカデミー』に出演した。この番組では、時折カメラが切り替わり、観客にいる出演者の友人や家族の表情が画面に映し出される。僕もそのとき、ルイーズの「ボーイフレンド」という形で画面に映っている。この年に、僕たちはバルバドスで婚約し、二〇〇五年に結婚する計画を立てた。だけど結婚の三カ月前になって、別れることになった。

このときも、別れたのは僕のせいだ。僕はルイーズに、まだ結婚をする心の準備ができていないと言った。彼女は結婚式をキャンセルし、僕たちはそのまま付き合い続けた。でも僕は結婚に踏み切れなかったのには何か理由があるはずだと考えるようになり、結局は別れを切り出した。

僕はベネトンに所属していた時期、ずっとルイーズと一緒にいた。つまり僕の計算では、僕はキンバリーと初めてつき合ってからの一〇年間で、二人の女性と真剣に交際し、何人かのガールフレンドとつき合っただけだった。決して、ウォーレン・ベイティのようなプレイボーイではない。むしろ逆だ。僕は女性とつき合ったら、その人一筋で長く交際することを好むタイプの男なのだ。つき合った女性のなかに、何人かモデルがいたことは事実だ。だけど、〝レーシングドライバーはモデル好き〟という古くからある世間の風評がある意味でその通りなのには理由がある。ガールフレンドが九時から五時までの仕事をしていたら、レーシングドライバーにはデートをする時間がない。レーシングドライバーの仕事はハードだ。炭坑で働くのと同じくらいハードだと言うわけではないが、家でゆっくりと過ごすのが好きな人には向いていない職業だ。F1を引退してLAで生活し始めたとき、僕は一五年ぶりに家で三週間以上、連続して過ごした。

レーシングドライバーと付き合う人は、そのことを理解していなければならない。モデルは時間的に自由度の高い働き方をしている。それがドライバーのライフスタイルと合っているのだ。プレイボーイ風のライフスタイルにぴったりの、周りに自慢できるような美人だからつき合うのだという見方をするのは、モデルにもドライバーにも失礼だ。

ではここで、もう一度フラビオの皮肉に満ちた言葉を見てみよう。僕の手元にある辞書で、「フラビオ・ブリアトーレがジェンソン・バトンをプレイボーイと呼ぶ」と同じ意味のことわざを探すとすれば、それは「鍋がやかんを黒いと呼ぶ」になるだろう。自分のことを棚に上げて、人を批判するという意味だ。

フラビオは、たいした意味もなく僕をプレイボーイ呼ばわりしたのだと思う。ただ、不作法な言葉で僕を揶揄したかっただけだ。言ってみれば、それは愛のムチとも呼べるのかもしれない。だけど、僕はフラビオのこの発言は、短気で、幼稚で、不要なものだと思った。そして何より、その言葉で神経を思い切り逆撫でされた。

その後に行われたモナコGP、僕は七位に終わったが、シーズンの状況を考えればまったく悪い結果ではなかった。だけどフラビオはレース後、お得意の反応を見せた。僕には何も話しかけず、苦虫を噛み潰したような顔をしていたのだ。これから記者会見で恨み節を爆発させようとしているときの、典型的なパターンだ。それは嵐の前の静けさだった。

「今日のジェンソンは、モナコで買うアパートを物色しながらドライビングをしているように見えた」フラビオは記者会見で僕を嘲笑うかのように言った。他にもあれこれ言われたが、覚えていない。この一言を耳にしたあと、僕の脳がフラビオの言葉を記憶することを拒んだからだ。

僕はパワーステアリングすらない非力な車で走り、七位でフィニッシュした。ポイントにあと一歩のところまで行った。F1マシンのパワーステアリングは、〝あったら好ましいオプション〟のようなものではない。勝つためには不可欠な装置だ。僕の手のひらには、このレース後に大量の豆ができていた。

フラビオの敵意で、僕の心はかき乱された。フラビオは、怒りの矛先を僕だけに向けていた。ジャンカルロはモナコではDNFだった。だけど彼はいつも三つの理由でフラビオの怒りを逃れていた。一つ目は、フラビオと同じイタリア人だったこと。二つ目は、シーズンを通して僕より良い成績をあげていたこと。三つ目は、フラビオがジャンカルロと、テストドライバーだったマーク・ウェバーのマネジメントをしていたこと。

トラック上では、僕には怖いものは何もない。だけど、フラビオの態度は僕に恐怖心を植えつけた。こんなふうに汚い言葉を使う人間とは、それまでに会ったことがなかった。僕のことをこんなふうに罵る人間と会ったこともなかった。僕はこの状況に慣れることに苦しんだ。そのことで、僕は暗い場所へと追いやられていった。

このモナコの一件以来、僕は良いパフォーマンスができないことへの恐れを感じるようになった。そのために萎縮し、パフォーマンスに悪影響が生じ始めた。そのことが、さらに恐怖を募らせていった……。

そして、僕には大きな問題があった。ベネトンとの契約が、もう一年残っていたということだ。僕は、このまま二度とスランプから抜け出せないのではないかと考え始めた。あんな馬鹿高いヨットなんて、買うべきではなかった、と思った。

新境地と新天地

僕は、オックスフォードシャー州エンストンにあるベネトンの拠点で、フラビオと重苦しい雰囲気のなかで今後についての話をしていた。年間のドライバーズランキングでは僕は一七位、ジャンカルロは一一位だった。この一年はベネトンにとってF1チームとしての最終年となったが、成績は過去最低だった。新チームはルノーに買収され、フラビオが引き続き率いることになる。

「すべてお前次第さ」フラビオが肩をすくめ、両手の掌を上に向けた。

「もっと頑張るか、引退するかだ。だけどお前には、いま引退できるだけの金はない。さあ、どうする？」

どうしよう――。僕はそう思った。でも、フラビオは判断を完全に僕に委ねたわけではなかった。冬の休暇のあいだに、カーデザイナーのマイク・ガスコインと一緒に過ごすべきだという提案をしてくれたのだ。「いいとも」マイクは言った。「来年のマシンを学んでおくべきだ」

そして僕はその冬、ガスコインと多くの時間を過ごした。そして、〝どれだけいい車でも、ドライバーがその車のことを深く知らなければ速く走ることなどできない〟という考えを強く抱くようになった。前に述べたように、僕は車を感じることは大切にしてきた。実際、その感触を持って走っていた。だけど僕には、車を理解するためのツールが必要だった。それはつまり、マシンのセッティングのパラメータを理解することだった。

パラメータは、車をドライバーに合わせて調整するために用いられる。たとえば、二台のまったく同じメルセデスがあるとする。シャシーもエンジンも共通だが、セッティング次第で、ドライバーにとってはまったく別物の車になってしまう。

調整できるところはたくさんある。まず、前後のスプリングレート。これはサスペンションの剛性に関連していて、サーキットの路面状況を考慮して調整する。次に、ロールバー剛性。これは車のバランスを制御し、車がバンプ上でどのくらい〝ロール〟するかを決定する。硬いと空気力学的には良いが、縁石を乗り越えるのに苦労する。柔らかいとその逆になる。それは個々のドライバーの好みによって変わるし、ドライバーがその車をサーキットでどう走らせたいかによっても異なる。縁石を使うのが好きで、トラックをできる限り幅広く走りたいタイプの僕にとって、これは重要な設定だ。

スプリング振動を制御するダンパー設定もある。簡単に言えば、車をどれくらい弾みやすくするかということだ。ダウンフォースの効き具合と直結するウイングの設定もある。また、地表と車体の距離、すなわち車高の設定もある。これもダウンフォースに大きく影響しているので、とても重要だ。ホイールのキャンバー角、キャスター角、トーイン、トーアウトもある。これらはすべてホイールの角度で、ドライバーのステアリングの好みに合わせて設定できる。

僕は、セッティングの違いがドライバーにどれほど大きな影響をもたらすかを学んだ。思っていた以上に、マシンを自分好みのスタイルやサーキットに合った設定にできることも学んだ。エンジニアに自分が求めているものをうまく伝える方法も学んだ。エンジニアからは、マシンからどんな可能性を引き出せるかを教えてもらった。端的に言えば、この冬を通して、エンジニアと僕はついにわかり合い、同じ絵を描けるようになったのだった。

僕は、フラビオと彼のお気に入りの場所であるケニアで時間を過ごした。それはフラビオとゆっくり腰を据えて話をするいい機会だった。それ以来、僕たちの距離感は縮まった。とはいえ、まだ彼の言葉が理解できないこともあった。

「フラビオ、僕はあなたがこれまで何をしてきて、何を求めているのかがわかったよ。これまでの僕は、すべきことに集中できていなかったのかもしれない。これからはそれを変えるつもりだ」僕は言った。

そして、実際に僕はその通りのことをした。以前僕は、ドライバーとしての純粋な本能に頼って走っていた。才能があれば成功できると思っていた。それが、レースのエンジニアリング的な側面にも意識を向けるようになった。マシンのメカニズムを理解できるようになった。目から鱗が落ちたような心境だった。フィジーが僕より良い成績を残せたのは、彼がマシンを良く理解し、細かなセッティングができていたからだった。それに、性能の落ちる車にも乗り慣れていた。

二〇〇二年の新しいチームメイトはヤルノ・トゥルーリ、新しいテストドライバーはフェルナンド・アロンソだった。僕のカート時代からのアイドルで、F1の舞台で対戦するのがとても楽しかったヤルノとチームメイトになれるのは、とても嬉しかった。

フェルナンドとも馬が合った。僕たちは一緒にケニアのフラビオのところに来て、サイクリングやランニングも一緒にした。ある夜、フェルナンドが飲んだ抗マラリア薬がヘンな効き方をし、笑いが止まらなくなった。一晩中笑い続けるその姿を見て、僕たちも笑った。もちろん、普段のフェルナンドはそんなキャラクターの人間ではない。ともかく、そんなふうにして僕たちは楽しい時間を過ごした。

チームにも大きな改善が見られた。このオフのあいだに、僕もレースに取り組む姿勢を変えたが、車も前年に比べてずっと良くなっていた。格段に速くなり、ハンドリング性能も向上した。パワーステアリングもついた。高性能の〝ローンチコントロールシステム〟まで搭載されていた。スピンを避けることでスタンディングスタートを補助するソフトウェアだ（この技術は二〇〇四年に禁止された）。

そう、これは本当の意味でのゲームの始まりだった。開幕二戦目のマレーシアGP、僕は残り二周の時点で三番手を走っていた。心のなかで叫んだ。すごいぞ、ついに来た、初めての表彰台だ——。四位のミハエル・シューマッハとは六、七秒差をつけていた。まずオーバーテイクされることはない差だ。だが、最終ラップに入ろうとしたとき、リヤサスペンションが故障。速度を出せないまま走行を続け、僕を追い越していくミハエルを黙って見ているしかなかった。今でもそのときの気持ちは、今朝飲んだコーヒーの味のようにはっきりと覚えている。嫌だ、抜かないでくれ。僕の表彰台を返してくれ――。僕は痛切な心の叫びと共に、四位でフィニッシュした。

前年との違いを一番大きく物語るのは、このレースだった。僕は四位になったのに、がっかりしていた。前年には、四位は夢だった。四位になれたら、嬉しくて側転でもしていたはずだ。

ドライバーは、それぞれの目標に向かって走っている。誰よりも速く走っているときは、勝つこと以外は意味が無いと感じる。二位でも三位でも悔しいし、表彰台に上れなければどれだけ慰められても立ち上がれないくらいに落ち込む。だけど、チームが低迷していたら、八位でも満足できる。チームメイトに勝っただけでも嬉しいこともある。

これは、モータースポーツが他のスポーツと違うところだと思う。ドライバーはそれぞれ、〝勝利〟を独自の意味でとらえている。グリッド上に整列するドライバーのほとんどは、フェラーリやメルセデス、レッドブルのマシンがトラブルや事故にでも見舞われない限り、表彰台に上がるチャンスはないことを知っている。だけど、それぞれの目標を持っている。「九位以上」「ドライバーズポイントの初獲得」「チームメイトに勝つ」などだ。だがなんといっても優先されるのは、ドライバーズポイントを獲得することだ。チームはこのポイントに応じて分配金を手にできるからだ。

F1には放映権やスポンサーシップなどの複数の収入源がある。たとえば二〇一六年では合計一八億ポンド。そのうち半分はF1の運営会社であるフォーミュラワン・グループと株主に渡り、残りの半分が各チームに分配される。細かな分配方法の仕組みは複雑で、完全に理解している人間はわずかしかいない。それはチーム間の個別の合意によって決まることも多い。二〇一六年の場合、フェラーリの獲得額（二億九四〇〇万ポンド）はメルセデス（二億二七〇〇万ポンド）よりも多い。だがコンストラクターズ部門で勝ったのはメルセデスだ。フェラーリは特別な〝フェラーリ・ペイメント〟、メルセデスとウィリアムズはそれよりも低い〝ヒストリック・ペイメント〟に従っているからだ。僕はこれが一種のポイントカードシステムみたいなものだと思っている。

ただしはっきりしているのは、成績が良いほど、配当も増えるということ。まず、過去三年間のうち二年間の成績が上位一〇チームは多くの分配金を手にできる。二〇一六年、一一位のマルシャが獲得した分配金は一〇〇〇万ポンド。トップテンの全チームが手にした四二七〇万ポンドとは大きな差があった。ただしこれとは別に、その年のパフォーマンスの順位に応じて分配金は増やせる。好調なチームは「コンストラクターズ・チャンピオンシップ・ボーナス・ファンド」の獲得も目指せる。だからドライバーには、常に何らかの目標がある。

そしてこの二〇〇二年シーズン、僕はチームのためにポイントを稼いだ。表彰台にあと一歩というレースもあった。フラビオはそのことに気づいていた。チームも気づいていた。僕は来シーズンへのさらなる飛躍を期待し、その土台を着々と築いていた。僕は上昇気流に乗っていた。スーパーヒーローものの映画の序盤、主人公が新しく獲得した力の使い方を学ぶのに似ていた。これからは、悪者を蹴散らすことができる。そんな気分だった。僕はドライバーとして、新たな地平に辿り着こうとしていた。

そんなある夜、僕がイギリス、ウェイブリッジで滞在していた家（大統領が住んでいるような趣のある豪邸だったので、〝ホワイトハウス〟と呼ばれていた）に戻ると、電話が鳴った。

フラビオだった。

「ジェンソン」フラビオがつぶやいた。「二〇〇三年は契約を更新できない。チームはヤルノ・トゥルーリと、テストドライバーのフェルナンド・アロンソと契約を結んだ」

ショックだった。「ウィリアムズのシートを失ったのはショックだったか」とよく尋ねられるが、それはショックではなかった。落ち込んだのはたしかだし、翌年の苦しいシーズンを思えばなおさら嬉しい出来事ではなかった。でも、ショックではなかった。

だけど、フラビオに電話で来季は契約しないと告げられたときは、ショックだった。ヤルノとフェルナンドが契約を結んでいることなんて知らなかったから、余計にショックだった。もちろん、僕の二年契約が今年で切れることは知っていた。でも、この二年目のシーズン、翌年以降のシートを確保できるだけの活躍は十分にしたという思いはあった。実際、このフラビオからの電話があったフランスGPの直前、僕はヤルノよりも良い成績を上げていた。

シーズン終了時点、ポイント獲得回数はヤルノの四回に対して僕は七回、獲得ポイント数もヤルノの九に対して僕は一四だった。シーズン開始前にフラビオからアドバイスされたように、必死で頑張った。カーデザイナーのマイク・ガスコインの望み通り、マシンについても学んだ。僕はチームメイトより優れているのにルノーを去ることになる。納得できなかった。チームは二〇〇五年までにタイトルに挑戦するという意思を明確にしていた。僕もその一員でありたいと思っていた。

でも、僕の成績は重要ではなかった。マスコミから僕の放出について尋ねられると、フラビオは肩をすくめて「私が間違っているかどうかは、時間が教えてくれるだろう」と答えた。ヤルノとフェルナンドがどちらもフラビオにマネジメントされていたことは、ほとんどメディアでも語られなかった。

でも、まあいいだろう。僕は思った。良い側面について考えよう。そもそも、僕はベネトン／ルノーではあまり居心地がよくなかった。余所者のような感覚にもつきまとわれていた。それに、もうフラビオの言葉に我慢する必要もなくなる。

でも同時に、不安も感じた。F1でのキャリアは終わったのかもしれない。僕は心のなかで、フラビオとチームを罵った。もうベネトンのセーターなんか買うもんかと誓った。ルノーという名を見るだけで嫌な気持ちになった。フラビオにもてあそばれたような気持ちになった。暗闇に突き落とされ、這い上がるのを手伝われ、そしてまた暗闇に突き落とされた。

でも、幸運が巡ってきた。BAR（ブリティッシュ・アメリカン・レーシング）が、声をかけてくれたのだ。ホンダと手を組んだ同チームは、伝説的な元ドライバーであり後にチームオーナーとなったケン・ティレルがつくったチームを前身としていた。このチームを引き継いだ人物のなかには、ジャック・ヴィルヌーヴのマネージャー、クレイグ・ポロックがいた。ジャックはチームのドライバーとなり、浮き沈みはあったものの、何度か表彰台も獲得した。だが二〇〇一年と二〇〇二年には低迷し、チームには改革の大鉈が振るわれた。その結果、ポロックと、ジャックのチームメイトだったオリビエ・パニスが切られた。そして、新生チームのメンバーとして、僕とマネージャーのデイヴ・リチャードが加わったのだった。

カリフォルニア州バークレーのチーム事務所に入ると、新鮮な空気を吸い込んだような気持ちになった。僕たちを歓迎する、フレンドリーな雰囲気。この雰囲気は、どれほど強調してもしすぎることがないくらいドライバーにとって大切なものだ。ドライバーには自信が生まれ、仕事に集中できるようになる。僕はデイヴと、デザイナーのジェフ・ウィリスという、息の合った二人と一緒に仕事をすることになった。

だけど、僕にこのチームにいてほしくないと考えている人物が一人だけいた。ジャック・ヴィルヌーヴだった。

冷酷なチームメイト

最初に敵意に気づいたのは、記者会見のときだ。

僕たちはステージ上でマシンの隣に立ち、何度も笑顔を浮かべながら、カメラマンにシャッターを切られた。その後、それぞれが記者に取り囲まれた。デイヴも、僕も、ジャックも、質問に答えていた。ジャックは新しいチームメイトについて尋ねられ、こう答えた。

「そうだな、彼は経験が足りない。ボーイバンドのメンバーみたいに見える」

さっそく記者たちは近くにいた僕に、たったいまジャックがこんなことを言ったけど、どう思う？　と堪え性のない子供みたいな顔をして尋ねてきた。

「そうだな……」僕は、未知の展開にどう対処すべきか戸惑った。これまでは、チームメイトと健全な関係を保っていた。それは、友好的なライバル関係というべきものだった。こんなふうに敵意をむき出しにされるのは初めてだった。結局、「このチームに参加したのはジャックから称賛を得るためではなく、レースに勝つためだから」という答えでお茶を濁した。この一件の後、チームはすぐに僕に謝罪してくれた。ジャックの発言は、彼個人の意見であり、チームの見解ではないとも言ってくれた。実際、僕もそう感じていた。だから、この件については特に気にしないでおこうと思っていた。

だけど、その後もジャックは僕に話しかけなかった。視線を合わせようともしない。パドックですれ違うときは、わざと逆方向に何か面白いものがあるみたいな振りをした。僕のほうから近づいていって、「ジャック、ボーイバンドってどういう意味だ？　どのバンドのことかな？」とでも言えばよかったのかもしれない。でも、僕はそうしなかった。俺に近づくんじゃない、という空気をジャックが全身から発していたからだ。

オーストラリア、メルボルンでの開幕戦。予選では僕が上回ったが、決勝のスタートでジャックに追い越された。

チーム最初のピットストップは、ジャックがすることになっていた。当時、マシンは予選用に燃料を補給し、残ったガソリンで決勝に臨むことになっていた。つまり、決勝ではガソリンが足りなくなるので、給油のためにピットインする必要があった。エンジニアは、その時点の燃料の量から何週目にピットインするのが最適かを計算し、ドライバーに指示を出す。「ジャック、〇〇週目で燃料補給のためにピットインしてくれ。ジェンソンは〇〇週目だ」という具合だ。

メルボルンでは、ジャックは三〇周目、僕は三一周目にピットインすることになっていた。でも、ジャックはレース前半で燃料を節約気味に走っていたので、クルーに指示されていたにもかかわらず、わざと三〇週目もそのまま走り続け、三一週目でピットインしてきた。僕にもう一周ピットインを遅らせる余裕がないことを知っていて、だ。僕はジャックの後ろからピットインしなければならなくなった。

案の定、僕はピットで一〇秒から一二秒を失った。後ろで待たなければならなかったからだ。もしジャックが指示通りにピットインしていたら、僕は彼をオーバーテイクできていたはずだった。ジャックはなぜそんなことをしたのか？　心理戦を仕掛けてもいたのだろうし、僕に勝ちたいという思いもあったのだと思う。恋愛とF1ではどんな手を使っても許される――と言う人もいるかもしれない。でも、それはチームメイトへの配慮を欠いた、理解し難い行為だった。ボーカルバンドのウエストライフのメンバーのような若造に負けるのは癪だと感じていたのかもしれないが、元世界チャンピオンならチームを味方につけておくことの重要性を知っておくべきだった。ジャックはこの傍若無人な振る舞いによって、チームの信頼を失ってしまった。

最後にはとんだオチも待っていた。ピットで一二秒をロスした僕が、ジャックの真後ろで僅差でフィニッシュしたのだ。

チームメイトは仲間かライバルか――昔からF1につきまとう問題だ。

その答えは、チームメイトとチームによる。たとえばメルセデスやフェラーリなら、チャンピオンシップのポイントを得ようとしているチームメイトに、勝負を譲らなければならないこともある。おかしなことだと思う。どんなスポーツであれ、競技者は誰かから〝勝たないように〟と指示されるべきではない。

F1では、これは「チームオーダー」と呼ばれている。二〇〇二年のオーストリアGPで、ルーベンス・バリチェロがミハエル・シューマッハに勝利を譲るために減速して批判されたことがきっかけになり、その後約一〇年間、チームオーダーは禁止された。だがその後で禁止ルールは廃止され、チームはポイントのためにどちらのドライバーを勝たせるかを自由に指示できるようになった。とても残念なことだ。本当は優勝できたはずのドライバーが二位になり、表彰台のてっぺんで人生最高のレースをしたかのように喜ぶ、本来なら勝てなかったはずの選手を見上げなければならないのだ。

これはF1に限った話ではない。先日、ル・マン24時間レースを見ていたら、ポルシェのドライバーが、チームメイトを勝たせるためにピットで二〇秒間余計に待たされていた。見ていてとても悲しかった。ドライバーはチームのためにすべてを捧げて頑張っている。なのに、突然そのチームから勝利を取り上げられてしまうのだ。

ジャックの話に戻ろう。マレーシアでは、僕は予選でジャックに勝ち、決勝は七位でフィニッシュ。ジャックは序盤にリタイヤした。ブラジルでは、予選では僕のほうが速かったが、決勝ではスピンオフしてしまった。イモラではジャックはリタイヤで、僕は八位。この年からポイントシステムが変更され、八位までにポイントが与えられることになった。このためシーズン終了時点で、僕のポイント獲得回数は四回、ジャックは一回だけだった。

すると、なんとジャックは態度を和らげ始めた。突然、いい人になったみたいに。僕と視線を合わせ、話をするようになった。あろうことか、冗談まで口にするようになった。大親友になったわけではなかったが、たまに一緒にビールを飲むようにもなった。ジャックのトレーラーでワイングラスを片手にくつろぐこともあった。僕たちの関係は、突如として友好的なものになったのだ。

その理由は、ジャックが僕を認めるようになったことだった。未熟に見えていたかもしれないが、僕は自分の力を証明した。親しくなるにつれて、ジャックは僕に冷たくしていた理由を説明してくれた。曰く、僕にではなく、チームに対して腹を立てていた、と。自分のマネージャーだったクレイグが解雇され、僕とそのマネージャーのデイヴがチームに乗り込んできた。ジャックにはクレイグと共にチームの礎を築いたという自負があった。なのに、クレイグはチームから軽んじられた。それが気に食わなかったのだという。

ジャックは、僕への態度が個人的なものではなかったと言った。だが、ボーイバンドのメンバーみたいだとチームメイトを揶揄することは、口が臭いとか鼻くそが鼻の穴から出ているとか言うのと同じくらい悪意に満ちた、個人的な発言ではないかとも思える。いずれにしても、ジャックとは仲直りしたし、それ以降は好意的に接してくれた。だから僕はそれを水に流すことにした。

それに、このシーズン、僕を悩ませたのはチームメイトだけではなかった。僕は危うく死にかける体験をしたのだった。

モンテカルロでクラッシュ

モナコでの予選は木曜午後と土曜日の二セッションに分かれていた。木曜日はうまくいった。会心の出来だった。ミカエル・シューマッハとルーベンス・バリチェロのフェラーリ勢に続く三位。デビッド・クルサードとキミ・ライコネンのマクラーレンの二人、そして僕を追い出したあのルノーのトゥルーリとアロンソも上回った。

オーバーテイクが難しいことで知られるモナコでは、予選がカギを握っている。それだけにこの結果は嬉しかった。

土曜日は快晴に恵まれた。モナコではいつもそうだ。この恵まれた気候は、僕がこの街でアパートを借り、他にも大勢のF1関係者が住んでいる大きな理由だ（他にも税金が安いこと、パパラッチがいないこと、モータースコミュニティが身近にあることなど、モナコで暮らすメリットは無数にある）。

その日の空は、とりわけ青く澄み切っていた。客席には熱気が溢れ、港にはボートがぎっしりと並んでいた。僕は絶好調で、活力に満ちていた。人生は上り調子だった。ルノーを追われ、マネージャーに新しいチームを探してもらいながら不安な気持ちで将来を案じていたあの辛い時期から、まだ一年も経っていない。それが今日は、最高の気分で予選を走っている。イギリスの片田舎出身の若者が、モナコで心にVサインを掲げながらマシンを駆ってるのだ。この午後もこの調子を維持できれば、自ずと表彰台も見えてくる。

フリー走行を終え、最初のタイムアタックを敢行した。その前に、マシンのセッティングを変更していた。アンダーステアが強すぎたので、リアのロールバー剛性を調整して車のバランスを変えたのだ。リアのグリップが弱くなり、フロントが強くなる。それをドライビングで補う。

でも、僕はそれに失敗した。あるいは、十分にできなかった。トンネルから出て、シケインに入る前にブレーキを踏んだ。そのとき、後輪がロックした。

最悪だ。

その後で起きたことを、細かく描写するとこうなる。ブレーキがロックされた感覚がしたのと同時に、僕は咄嗟にブレーキをリリースした。リアがふらついて急激に揺れ、浮き上がるようにしながら、僕のいる世界が回り出した。もはやコントロールできなくなったマシンは、トンネル出口のすぐ外側の左側バリアにぶつかり、港に停泊したボートにいる人にまで聞こえるほどの甲高い音を響かせた。僕はもはやドライバーではなく、為す術のない乗客になっていた。なんとかスリップの向きをコントロールできないかというかすかな望みも空しく、マシンは後ろ向きのスケートボードのように進んでいった。強烈なGで身体から皮膚や心臓が引きはがされそうになる。見えない巨人の手で骨を抜き取られているような、小さなチューブのなかに吸い込まれていくような感覚にもがきながら、想像もできないほど大きな衝撃が待ち構えているのを予感した。身体が傷つけられる、とんでもないくらいに傷つけられる――。そして、もう一度バリアにしたたかに激突した。

　僕は失神した。

　目に飛び込んできたのは、マーシャルの顔だった。何かを喋っていたが、聞こえない。目はぼんやりと見えているが、音が聞こえない。いくつもの顔がこっちを見ている。ぐちゃぐちゃになったマシンの周りを、何人ものマーシャルたちが取り囲んでいる。路上には破片があちこちに飛び散っている。

「聞こえないんだ」と言おうとしたが、ヘルメットを被ったままだった。何が起こったのかを思い出そうとするが、記憶が飛んでいる。自分が無事なのかどうかもわからない。怪我はしていないのか？　五体満足なのか？

　国際自動車連盟《FIA》のチーフメディカルオフィサー、シド・ワトキンスの顔が見えた。残念ながらその後に他界したが、偉大なF1ドクターとして知られていたシドは、クラッシュしたドライバーに対処する術を世界中の誰よりも知っていた。

「大丈夫か？　痛いところは？」

「全部」僕は言った。自分の声を聞いて驚いた。嬉しかった。少なくとも僕は死んではいない。

「リラックスするんだ。ジェンソン」シドが言った。医療班のスタッフが僕のレーシングスーツを切り裂き始めた。なぜそんなことをするんだ？　僕は茫然とそう考えていた。注射針が身体に打たれた。僕は思った。たぶんアドレナリンだ。『パルプ・フィクション』にも、そんなシーンがあったな――。

「足の感覚はあるか？」

なぜかその質問が面白く感じられ、僕はくすくすと笑い始めた。

「どこが痛い？」

（その質問は、注射を打つ前にしてくれよ）

シドは、怪我を悪化させないために、ドライバーの身体を動かさずに車から救出する方法を開発した医師だった。このときもその方法が採用された。僕はシートごと車から外された。担架に仰向けになると、太陽が見えた。このとき見た美しいモナコの空は、今でもよく覚えている。

「僕は大丈夫なのか？」救急車に同乗していた看護師に尋ねた。自分の身体に何が起こったのか、さっぱりわからなかった。

「知らないわ」彼女は答えた。

（嘘でもいいから、大丈夫だって言ってくれないの？）

気がついたら、病院に着いていた。病室に運ばれた。ルイーズがいた。父もいた。チーム代表で僕のマネージャーであるデイヴ・リチャードもいた。デイヴは心配してはいたが、それほど深刻な顔はしていなかった。でもルイーズと父は青ざめていた。打ちひしがれたようなふたりの顔を見て、僕は事の重大さに気づいた。それでも、僕は茫然自失とした意識のなかで言った。「僕は大丈夫だ。何が起こったとしても、問題ない。車に乗せてくれ。予選を続けさせてくれ」

「駄目だ。いいか、ジェンスーーー」父がしゃべり始めたが、僕は遮った。

「予選を最後まで走らせてよ。終わったら病院に戻ってくるから、その後で検査をすればいい」

まともな思考ができていなかった。クラッシュの後、レッドフラッグが振られた。ノーズとリアが潰れ、タイヤがボロ雑巾みたいになったパンケーキのようなマシンは、クレーンでトラックの外に出された。僕は自分が起こした事の重大さに気づいていなかった。頭のなかは、前日の予選で三位だったという事実でいっぱいだった。このままなら表彰台を狙えるという思いだけだった。

「無理だ」父が言い、口元を閉じた。瞳には不安の色が浮かんでいた。

「お前は気絶したんだ。病院から出してはもらえないだろうし、たとえ出られたとしてもレースに出るなんて論外だ」

フランス人の医者が病室に入ってきた。それまで僕たちがどんな会話をしていたかを察したようだった。

「外出はできないぞ。脳波の検査をしなきゃいけない。それに、病院の周りは野次馬でいっぱいだ」

「野次馬が多いのはいつものことさ」僕の冗談に、ルイーズも父もデイヴも笑わなかった。医者はため息をついた。「そうかもしれないが、ともかく外出は許さない」

その後、CAT、CT、MRIといった定番の検査があり、翌朝、ようやく退院が許された。もちろん、今回のレースにはそれ以上参加できなかったが、メディアからはたっぷりとインタビューされた。グリッドには入らせてもらった。僕はジャックに励ましの言葉をかけた。

人は、高いところから落ちるだけでは死なない。地面と激突した衝撃で死ぬのだ。クラッシュもこれに似ている。マシンが何かと激突して停止するときに、ドライバーは衝撃を受ける。この意味で、僕のクラッシュも悪い部類のものだった。トラブルやミスによってマシンがコースアウトしても、グラベルを突き進んで自然に停止するのなら、ドライバーは怪我はしない。自力で車を降りられる。でも、時速三〇〇キロメートルで走っていた状態でブレーキをかけたマシンがバリアのような固定物に激突すると、ドライバーにはとてつもなく大きなGがかかる。僕は次のカナダGPが始まる前に、病院でもう一度精密検査を受けなければならなかった。

僕はできるだけ早くレースに復帰した。そのことにためらいはなかった。信じてくれないかもしれないけど、このようなクラッシュを体験することには、次にマシンに乗り込むときの恐怖心を和らげてくれるという効果があるのだ。

理由は簡単。大クラッシュに遭っても死ななかったからだ。僕はあのとき、時速一〇〇マイルをはるかに上回る速度でバリアに激突した。公道なら即死していたはずだ。だけど実質的に、かすり傷一つ負わなかった(失神し、救急車で病院に搬送されはしたけれど)。

つまり、ドライバーはF1マシンでは保護されている。あるいは、保護されていると感じている。それは一種の錯覚と言えるかもしれない。カーボンファイバーのセーフティセルは、たしかに衝突物とドライバーの身体を隔ててくれる。だが、衝撃によって生じる巨大なGや、ドライバーの脳の振動を防いでくれるわけではない。

ともかく僕に言えることは、クラッシュを体験したことで意気消沈するのではなく、むしろ以前よりも安心感を深めて次のレースに向かったということだ。クラッシュが起きたとき、すべてのシステムが正常に機能して僕を守ってくれた。だからたとえ次にまた同じようなクラッシュに遭ってしまったとしても、大丈夫だという感覚を持てるようになったのだ。

でも、母にクラッシュの件を報告したときは辛かった。テレビで予選を観戦していた母は、クラッシュの映像を見てから僕の容態が確認できるまでの数時間、生きた心地もしないで涙ながらに過ごしたという。心配させないでと言われ、僕は申し訳ない思いでいっぱいだった。

ドライビングで大切なこと

ブレーキングは奥深い。正確なブレーキングほど、レースにとって重要なこともない。

でももちろん、そのときは細心の注意が必要になる。さもなければ、モナコでの僕と同じように、急ブレーキを踏んだためにブレーキディスクが強く抑えつけられ、タイヤが一時的に動きを止めるロックアップが起きてしまう。動きが止まったタイヤは摩擦で煙を出し、グリップが効かなくなる。スライドし、過熱し、フラットスポットと呼ばれる平坦に削り取られた部分ができる。しかも、これはロックされた状態でも車がまっすぐに走れた場合だ。リアが大きくふらついたり、横滑りする危険もある。

公道用の自動車では、ご存じの通りＡＢＳ（アンチロック・ブレーキ・システム）のおかげでロックアップは過去の遺物になった。このシステムが装備されていれば、ドライバーがどれだけ激しくブレーキを踏んでも車がロックをしないような処理をしてくれる。それでも、ブレーキの仕組みを理解し、車を感じることのできる腕の良いドライバーは、おそらくABSよりもブレーキングがうまい。僕自身も、普段乗る車でも外せるものならABSを外したい。ABSがなくても、もっとうまく車を止める自信があるし、それにあの介入される感覚が嫌いだからだ（これも、車を感じることの一つだ）。

レーシングカーでは、ブレーキングは難しい。常にギリギリの走行をしているからだ。できるだけ早くマシンを減速させたくとも、グリップには限界がある。そして、レースではこのグリップの限界の瀬戸際で、ロックを防ぎながら走らなければならない。ブレーキを強くかけすぎたり、サーキットのバンプを乗り越えるときにタイヤが路面から浮いたりすると、タイヤがロックアップしてしまうことがある。ロックしてしまうと、車の制御は極めて難しくなる。

ブレーキングで最初にマスターしなければならないのは、〝いつ〟ブレーキをかけるかだ。最適なタイミングは、ドライバーによって違う。他のドライビング技術と同じく、そのドライバーのスタイルに適したものを見つけることが大切だ。僕がベネトンの二年目で大幅にパフォーマンスを改善できたのも、これが大きな理由だ。一年目のシーズン後にエンジニアにセッティングについて詳しく教わったとき、僕がチームメイトのフィジケラよりも強くブレーキペダルを踏んでいることがわかった。これはマシンの最低地上高が同じなら（実際そうだった）、僕のほうがフィジケラよりもロックアップしやすくなることを意味する。

僕は、早めのブレーキを心がけていた。エンジニアに、臆病だと言われたこともある。でも、これはアラン・プロストのスタイルから学んだものだ。早めにブレーキをかければ、すぐにスロットルに戻れる。

スロットル全開にした状態からブレーキペダルを強く踏むと、一三〇バールもの圧力が生じる。コーナーによっては一四〇バールもの圧力になるが、それはエネルギーの無駄遣いだ。システムは一三〇バール以上の圧力を受け取れない。二〇一〇年のヨーロッパGPのマーク・ウェバーのように、強く踏みすぎてブレーキペダルが折れるリスクも生じる。

スロットルを緩めてブレーキを踏むと、すぐにGが生じる。一般の自動車なら、できるだけ強くブレーキをかけても、発生するのはせいぜい〇・八Gで、まず一Gにも届かない。だがF1マシンでは、スロットルペダルを離すだけで同じくらいのGが生じる。ブレーキを踏むと、五Gにもなる。

それでも、僕たちドライバーはスロットルを離し、ブレーキを踏む。このとき、タイヤがロックしないようにブレーキペダルを踏む足を繊細に動かさなければならない。そして、ここで意識しなければならないのがダウンフォースだ。簡単におさらいしておこう。車の速度が上がるほどダウンフォースは強まり、車体は下に押しつけられる。だがスロットルを離してブレーキを踏むと、速度が落ちてダウンフォースは弱まり、空力グリップも効きにくくなる。

これは、ブレーキペダルとスロットルペダルを踏む左右の足で踊る、ジグのようなダンスだ。コーナーを確認し、ブレーキをかけ、コーナーに回り始めながらブレーキペダルをそっと離していく。回転数を高く保ったまま、再びスロットルペダルを強く踏む。

長いコーナーでは、ブレーキのオン／オフを繰り返して車のバランスをとる。スロットルはオーバーステアを引き起こすが、ブレーキはマシンをまっすぐに保つ作用がある。スロットルペダルとブレーキペダルは同時に踏むべきではない。公道では絶対にやらないことだが、F1マシンではこれらを温めるために場合によって行うこともある。だが通常はこのような操作はしない。これはオーバーラップと呼ばれ、大量の燃料を消費してしまう。

ブレーキングをマスターしなければならない重要な局面は他にもある。そう、オーバーテイクだ。コーナリングがスロットルとブレーキの会話なら、オーバーテイクはダウンフォースとレーシングラインの交渉だ。レースの最中、一つでも順位を上げたいドライバーは、常にオーバーテイクができるポジションを狙っている。このとき、ダウンフォースを弱めないように気をつけなければならない。だが前の車を追い越そうとして横に出ると、完璧なラインが取れなくなってしまうことが多い。

前にも書いたように、基本的にストレートではオーバーテイクは難しい。スリップストリームを大きく利用するか、DRSを使わなければ簡単には相手を抜くことはできない。コーナーをうまく抜けられれば可能性は広がるが、相手の力量が高ければ、当然最適なレーシングラインを先にとられていることが考えられる。しかもその場合には、先行車がつくりだした乱気流によってダウンフォースが弱められ、後続車はドライビングが難しくなる。

たとえば、前の車にぴったりとついて高速コーナーに入ると、フロントのダウンフォースが弱まってしまう。そのため、少しラインを変えてフロントウイングにダウンフォースを効かせようとするが、先行車と同じレベルのダウンフォースを得ることは難しい。

一方、低速コーナーではチャンスが広がる。オーバーテイクのために相手の横に出ても、同じダウンフォースを得やすい。しかも、その前にスリップストリームに入っているので空気抵抗が少なく、一気にスピードを上げられる。先行車の横に並べばダウンフォースが発生するので、グリップを失う心配をする必要はない。

ここで、再びブレーキングが重要になる。ポイントは、相手よりもごくわずかだけ遅れてブレーキを踏むこと。瞬きするくらいの短い時間でもいい。そうすれば、減速した相手よりも速く走りながら、先にコーナーに侵入できる。最速のラインでなくても構わない。先にコーナーに飛び込んで、相手をブロックできればいい。

これがオーバーテイクに必要な要素だ。レースを読む力、巧みなスロットルコントロールとブレーキング、ダウンフォースとレースダイナミクスの理解。

なぜ僕がオーバーテイクできるかと言えば、ブレーキをかける術を知っているからだ。僕は車のメカニズムや、車を極限まで速く走らせる方法を理解している。スポンジのように物事を吸収できる幼い頃からカートを始め、父やデーブ、ポール・レメンスから技術を学んだ。自分のスタイルに合ったものを取り入れていったが、常にアドバイスには耳を傾けていたし、自分の考えこそが正しいという態度はとらなかった。

もちろん、僕にはドライバーとしての才能はあったと思う。とはいえ、それでも下のカテゴリーから這い上がっていく過程で、多くを学んできた（ベネトンの一年目のシーズンでも、苦しみながら多くを学んだ）。つまり、才能があるだけでは不十分だ。それを磨かなければならない。

F1には、他のドライバーよりも才能に恵まれたドライバーがいる。たとえばルイス・ハミルトンだ。だけど、彼らが天賦の才能だけで最速のドライバーになれるかといえば、そうではない。他の人よりも少ない労力で高いレベルに到達できるかもしれないが、努力が必要なことにかわりはない。しかも、ライバルは世界トップクラスのドライバーたちだ。自分の能力を最大限に発揮できるように努力をしなければならないし、車のチューニングも最適にしなければならない。自分と車のコンビネーションも最適にしなければならない。

そして、ドライバーには車を限界の速さで走らせようとする理屈抜きの欲求と、恐怖に打ち勝つ精神力が求められる。何度も繰り返すように、僕は〝感じる〟ことを大切にしてドライビングをしている。僕はとてもリアクティブなドライバーだ。コーナーの手前一〇〇メートルでブレーキをかけるとき、フロントがロックアップしないかどうか、リアがロックアップしないかどうかの感触を確かめる。その感触に反応しながら、車体とスピードをコントロールしていく。

ある意味で、モーターレースでは目よりも耳が重要だ。僕はエンジン音を聞き、回転数を高く保ち、スピードを上げていく。この音に従っている限り、ラインがワイドになったとしても速く走れる。車を正しい位置に置くのはレースの鉄則だ。『スーパーマリオカート』でクッパを操縦するときと同じだ。

初めてのポールポジション

このシーズンの終わりに、ジャック・ヴィルヌーヴがBARを去った。僕とはうまくいっていたが、チームとの関係が悪化したようだった。ジャックには自分なりの考えがあったのだろう。ともかく、最終戦の出場を放棄した。代役で出場したのはリザーブドライバーの日本人、佐藤琢磨。以前はジョーダンにいた、積極的なスタイルが特徴の新進気鋭のドライバーだ。

僕は通算一七ポイント、ランキング九位というこのシーズンの結果に満足していた。確かな自信が芽生えていた。ドライバーとして上り調子だっただけではなく、チームをリードできる存在になれるという確信を得たからだ。僕は今やエースだった。経験が浅いのは琢磨のほうだった。

二〇〇四年シーズン、新マシンのテスト走行はうまくいった。チームのカーデザイナー、ジェフ・ウィリスは、ダウンフォースを大きく改善することに成功していた。さらに、評価の高いミシュランタイヤを使っていた。

実際、僕はマレーシアで自身F1初となる表彰台を獲得。バーレーンでも表彰台に乗った。サンマリノでは予選に弱いという評判を覆して一位。これは僕にとって初めての表彰台よりも重要なことだった。

僕は予選よりも決勝が得意なタイプだ。だから初めての予選一位をとったこのラップのことは、はっきりと覚えている。当時、予選は一度に一台のみが走った。まずミハエル・シューマッハが走り、その次に僕が走った。タイムはミハエルを〇・二五秒上回った。サーキットはフェラーリの聖地イモラ。〝ティフォシ〟と呼ばれる熱狂的なフェラーリファンが見守るなかでの勝利だ。そこでの〇・二五秒差には、大きな意味がある。

マシンは絶好調だった。ハンドリングも良かった。あとでこのラップの映像を見たとき、その音に驚いた。美しく流れるようなラップのあいだじゅう、高回転のエンジンサウンドが唸りを上げていた。このサーキットの最後にはタフなシケインがある。僕は縁石を乗り越え、フィニッシュラインを通り抜けた。車体がバウンスし、その直後にフィニッシュラインを越えた瞬間、ポールを獲ったという手応えを感じた。

その直後、無線からクルーの声が聞こえた。「ポールを獲ったぞ！　ポールだ！」。これは世界一のポールだった。僕は、世界トップレベルのドライバーたちを相手にレースをしていた。そして、フェラーリに乗るミハエルよりも速く走ったのだ。このときのポールラップは、僕のキャリア全体のなかでも特に印象深い。僕はファステストラップを走るようなドライバーではなく、レース全体を通して戦略的に勝負できることが強みだったからだ。一ラップを高速で走ることではなく、燃料を節約し、タイヤを三セット用意し、最初のラップから最初のピットストップにどれだけ早く到着できるかを考えながら走る。そんな僕が、ポールポジションを獲ったのだ。

だが決勝では、フェラーリが速かった。僕は好スタートを切り、ミハエルがウィリアムズのファン・パブロ・モントーヤとせめぎ合うなかでリードを広げた。これはポールスタートをしたドライバーのセオリーだ。予選のように全力で駆け抜け、序盤で後続に大きな差をつける。

僕は一〇周目にピットイン。ミハエルはその二周後でピットインし、僕の前に出た。その後は、最後までミハエルを追いかける展開になった。

ミハエルは僕にとってあまりにも速すぎた。それでも、僕は素晴らしいレースをして、二位で表彰台に立った。

振り返ると、その年は面白いくらい簡単に表彰台を獲得できた。その理由は、チームの状態が良かったからだ。マシンの信頼性は高く、ミスで自滅する他のチームを尻目に快走を重ねることができた。これもF１の特徴だ。マシンが良ければ、何もかもが簡単になる。ミスをしても、良いレースを戦える。速いマシンなら大きなミスも取り返せる。だが、マシンが並のレベルだと一つの失敗が致命的になる。

一二月、僕たちはオートスポーツ・アワードの授賞式に出席した。これはＦＩＡアワードに継ぐ、モーターレース界の大きな授賞式だ。最大の賞は、インターナショナル・レーシング・ドライバー・オブ・ザ・イヤー。一般投票で選出され、通常はＦ１のワールド・チャンピオンが受賞する。でもこの年はミハエル・シューマッハではなく、僕が受賞した。

最高の気分だった。オートスポーツはイギリスの雑誌なので、僕がイギリス人であることは有利に働いたと思う。それでもこの賞は、僕の将来を明るく照らすものに思えた。

でも、そううまく行かなかった……。

ウィリアムズへの移籍騒動

僕は二〇〇四年、コンストラクターズポイントで二位を獲得したＢＡＲで、ドライバーズポイントで三位になった。それは良いシーズン、いや素晴らしいシーズンだった。そして二〇〇五年、ＢＡＲを離れてウィリアムズに移ることにした。

なぜか？　いい質問だ。ＢＡＲは、ホンダのエンジンを使ってはいたものの、自動車メーカーが母体となるワークスチームではない、プライベートチームだった。僕は、Ｆ１で勝つにはワークスチームに所属しなければならないと考えるようになっていた。ウィリアムズは実質的にはＢＭＷウィリアムズであり、チーム力が高かった。モントーヤとラルフ・シューマッハを擁し、レースで勝利を重ねていた。僕は、ウィリアムズに移籍することが自分の将来にとって良い賭けになると感じていた。ナンバーワンになりたかった。キャリアアップをし、世界チャンピオンになれるチームに移りたかった。

ところがＢＭＷは、ちょうどこのタイミングでＦ１を撤退しようとしていた。その結果、ウィリアムズはコスワースのエンジンを使うことになる。これまでよりもマシンは遅くなるだろう。僕のプランは大きく崩れた。

その結果、僕の移籍を巡ってウィリアムズとＢＡＲで泥沼の争いが起こることになった。長くなるので細かい話はしないが、簡単に言えば、ＢＡＲが激怒した、ということだ。僕にとって、エンジンの問題は現実世界の問題になった。裁判沙汰になり、僕がＢＡＲにあと一年滞在しなければならないという判決が下された。

二〇〇四年一〇月、ウィリアムズと契約を結んだもののエンジンのせいで移籍を渋り、ＢＡＲに慰留されていた僕は、それまでのマネージャーと袂を分かち、友人のリチャード・ゴダードにマネジメントを依頼した。

リチャードに交渉を任せた結果、ＢＡＲに留まるためにフランク・ウィリアムズに違約金を支払うことになった。

二年以上も続いたゴタゴタに、ようやく終止符が打たれた。メディアから「フランクとの関係は？」と尋ねられ、心のなかでこうつぶやいた。（金が入ったんだから、少なくともビジネスとしては良かったんじゃないかな）。でも、出戻りという形になったＢＡＲでは、辛い現実も待っていた。チーム内で白い目で見られるようになったのだ。

ＢＡＲの人間は、「あいつはこのチームにいたくなかったんだろ？　自分はこんなチームにいるドライバーじゃない、もっと強いチームが相応しいとお高くとまってるのさ」と思っていたはずだ。もちろん、僕はそんなふうには思っていなかった。まったく違うと言えば嘘になるが、ＢＡＲを取るに足らないチームとはみなしていなかった。ウィリアムズのほうが、自分にとって良い選択肢になるかもしれないと思っただけだ（そして、それは間違いだった）。僕は二〇〇〇年からＦ１に挑んできた。化石みたいなベテランではなかったが、もうルーキーでもなかった。上の舞台で戦う準備はできていた。もっと表彰台に立ちたかったし、チャンピオンになりたかった。

シーズンが始まった。僕はイモラで表彰台を獲得したが、チームは燃料タンクの不正で失格になった。ペナルティは、罰金と三レースの出場停止。ショックだったが、僕にとってはチーム内での風向きを変えるいい効果があった。まず、契約の問題でもめたとはいえ、僕は自分がまだＢＡＲの力になれることを示せた。それに〝ジェンソンの裏切り〟問題は、〝畜生、失格を食らった！〟問題でかすんでくれた。

僕たちはこの三つのレースの期間、とても楽しく過ごした。日中はサーキットにいなければならなかったが、夜は自由だった。翌日のレースの心配も不要だったので、パーティー三昧で過ごした。カンヌではファッションモデルのナオミ・キャンベルのパーティーにも行ったし、ファッションブランドのドルチェ＆ガッバーナの主催だというパーティーにも参加した。僕は酔っ払って誰かのヨットのソファで二、三時間仮眠し、モナコにタクシーで戻って朝食をとり、ブラッディ・メアリーを一杯ひっかけると、レースの解説をするためにテレビの放送席に着いた（自分では、かなりうまく解説ができたと思っている）。ロックミュージシャンのキッド・ロックが観戦に来ていて、父と仲良くなった。このことはちょっとしたサーキットの話題になった。二人はシンガーソングライターのボブ・シーガーのファンで、特に『ライク・ア・ロック』という曲が好きだったことで意気投合したらしい。この曲は父の大のお気に入りで、カート時代、サーキットへの行き来の車中でもいつもかかっていた。僕がレースに勝った帰り道に、父の愛車のトランジットの車内でこの曲を聴きながら帰ったのをよく覚えている。

土曜日の夜、パーティーの席で酔った父が転んでしまった。

父は酔うとよくふらつく。バランスを崩してテーブルにもたれ、その勢いでグラスやボトルを落として割ってしまうことも珍しくない。父には糖尿病という持病があるので、僕はいつも不安になる。父はたいてい何事もなかったかのように立ち上がるのだが、このときは切り傷を負ってしまった。人のいいキッド・ロックは、自分の帽子を父の傷口を押さえるために使ってくれた。そして二人は、もちろん『ライク・ア・ロック』を一緒に熱唱したのだった。

不満の残るシーズンが続く

二〇〇五年のアメリカGPは大失敗に終わった。当時、F1はアメリカ以外の世界各地で大人気だった（現在も同じような状況だけど）。F1はアメリカという市場を開拓すべく、インディ500マイルの開催地として知られる有名なオーバルトラック、インディアナポリス・モーター・スピードウェイでレースを開催した。

オーバルは一部しか使われなかったが、それでもF1マシンのタイヤはこのトラックのバンクに耐えられず、フリー走行ではバーストが続出。ブリヂストンのタイヤでは走行可能だったが、僕たちBARが採用していたミシュランのタイヤではこのトラックを走れなかった。このままではレースを開催するのは危険だと、夜を徹して喧々囂々の議論が続いた。安全性確保のためにシケインを設定するといった案も出されたが却下され、結局レースはチームの反対を押し切って予定通り開催されることになった。このため、ミシュランタイヤを履くチームのマシンがスタート直後にピットインし、そのままレースを棄権するという前代未聞の事態に発展した。片手に余るほどの数のマシンしかレースを走らなかった。

サーキットを訪れた大観衆はショックを受けていた。ファンの怒りを物語るように、トラックには大量のホットドッグが投げ込まれた。この一件の影響もあって、アメリカではその二年後以降F1は開催されず、復活は二〇一二年のテキサス州オースティンでのGPを待たなければならなかった。

僕はこのときのアメリカで、雑誌『プレイボーイ』の発刊者で伝説の大富豪、ヒュー・ヘフナーの豪邸〝プレイボーイ・マンション〟をF1レーサーが訪れるという趣旨のCBSのドキュメンタリー番組に出演した。チームの広報担当者ジェームズが企画したものらしいが、完成した番組がどんな内容だったのかは知らない。僕がよく覚えているのは、カナダGPを終えてLAに向かったときのことだ。前夜のパーティーで、マネージャーのリチャードが地面の穴につまずいて足首を捻挫した（僕が参加するパーティーでは必ず誰かが転んで怪我をすることになっているらしい）。明け方までパーティーを楽しみ、ホテルに戻ってシャワーを浴び、荷物をまとめて空港に向かった。

一緒に移動する予定だったのは、マネージャーのリチャード（痛めた足首を引きずっていた）と、カート時代の仲間のリッチー・ウィリアムズ（できる限り僕のレースを観に来てくれていた）。僕が車を待たせたので、空港に着いたときには予定より大幅に時間が遅れていた。僕は手荷物がなかったのですぐにチェックインし、入国審査を終えると急いでゲートに向かった。

ふと、様子がおかしいことに気づいた。リチャードとリッチーの姿が見えない。いくら待ってもやってこない。先に機内に乗り込み座席についた。目の前にある二人の座席は空のままだ。他の座席が埋まり始めた。

「すみません」空席に気づいたスチュワーデスに尋ねられた。「お連れ様は予定通りいらっしゃいますでしょうか？」

僕は思った。（どうしよう？　待ってやるべきか？　いや、もうしらないや）。

言い訳させてほしい。そのときの僕は、まだ前夜のパーティーの酒が残っていた。それにこのときの僕たちは、いつもふざけて無茶なことばかりやっていて、どんな冗談でも許されるような空気があった。だから僕はスチュワーデスを見てにっこりと笑い、何食わぬ顔をして言った。「ごめんなさい。二人はこの飛行機には乗りません」

「ああ、そうなのですか」綺麗に化粧をした彼女が言った。「ではこちらのお客様の荷物を下ろさなければなりませんね」

「すみません」僕は嘘の化粧をした顔でそう答えた。「スタッフのみなさんに迷惑をかけたことを、二人には後できちんと伝えておきます」

リチャードはビジネスクラスだったが、リッチーはそうではなかった。リチャードは一緒に搭乗しようとリッチーを待っていた。でも二人はもちろん、リチャードが足を怪我していて、早く歩けないことを忘れていた。

結局二人は間に合わず、飛行機はそのまま離陸した。二人は次の便が出発するまで、六時間もラウンジに座って待たなければならなかった。眠りに落ちたリチャードは、目覚めた瞬間に足首が痛いのを忘れて勢いよく立ち上がろうとした。その場面がどれほど面白いものだったかは、容易に想像がつく。一足早くＬＡにいた僕はこのシーンを見逃した。

マリブでの滞在先は、テレビアニメの『ガジェット警部』を考案したという人物が所有していた美しい家だった。僕はコロナビールの瓶をつかんでバルコニーに出ると、足を高く上げて椅子に深く腰掛け、リチャードに電話をした。電話の向こうの声は、当然ながらご機嫌斜めだった。

翌日、ジェームズ、リッチー、リチャードたちと、ドキュメンタリー番組の撮影のためにプレイボーイ・マンションに出向くと、そこには赤いスモーキングジャケットを羽織ったヒュー・ヘフナーがいた。ヘフナーは今が何時かもわからないくらい耄碌《もうろく》していた。サイン入りのシャツを渡したが、ヘフナーは僕が誰なのかを知らないようだった。僕もなぜ自分がヘフナーにサインをしているのかがさっぱりわからなかった。ヘフナーを見ていると、（ひょっとしたら今日は、ヒュー・ヘフナーが死ぬ日になるかもしれない）という想像が頭に浮かんだ。

僕はヘフナーが死なないことを願いつつ、自分はいったいここで何をしているのだろうという思いにかられながら、プレイボーイ・マンションのなかを歩き回り、彼の三人の妻を含む何人かと対談をした。その後は別のパーティーに行き、さらにメルローズダイナーで食事をとった。疲れていたアメリカ人の連れがテーブルで眠りこけ、食べかけのハンバーガーをすべて落としてしまった。

これが、僕たちがLAで体験したことだった。

二〇〇五年のシーズン、僕の調子は今一つだった。ドイツとベルギーでは三位、年間ランキングでは九位だったが、二〇〇四年の華々しい成績に比べれば芳しくなかった。不満が募った。自分の時代が来たという手応えはあるのに、培ってきた経験や自信をタイトルへの挑戦に結びつけられない。モーターレースでは勝たなければ駄目だ。レースに勝ち続け、世界チャンピオンにならなければ、誰も名前を覚えてくれない。

これを実現するためには、チームとマシンが必要だった。だから二〇〇六年にホンダがBARと組んでくれたことはとても嬉しかった。ホンダには素晴らしいパワーユニットをつくり出す際立った技術力があった。さらに、チームに資金をもたらしてくれた。だからBARはシャシーを強化したり、優秀な人材を集めたりするといった、そのときのチームが必要としていたあらゆることを実行できた。

僕は成功に飢えていた。ポイントは獲得できるようになっていたし、表彰台にも何度も乗った。でも欲しいのは優勝だった。僕は一番大きなものを手に入れたかった。優勝したことがないと非難されていたわけではなかった。チームメイトも誰も優勝はしていなかったし、僕は彼らに負けない成績を上げてきた。それでも、〝自分は惜しいところまではいけても、このままずっと優勝には手の届かないドライバーなのだろうか〟という疑念はぬぐいきれなかった。

チームメイトは新しくなった。目覚ましいパフォーマンスを見せていたが、安定した成績を出すことには苦しんでいた佐藤琢磨に変わって、フェラーリで何年もミハエル・シューマッハのチームメイトだったルーベンス・バリチェロが加入したのだ。ミハエルに勝ちを譲らなければならなかったために優勝のチャンスにほとんど恵まれなかったルーベンスも、僕と同じように勝利に飢え、勝つためにホンダにやってきていた。俄然、僕には競争力があり、とても速く、経験豊富で、自分の思い通りにマシンをデザインできるチームメイトが現れた。やりがいのある面白い状況になった。挑戦が嫌いなレーシングドライバーなどいない。

迎えた二〇〇六年の第一三戦ハンガリーGP、僕は予選で四位。だがフリー走行でエンジンが故障し、一〇グリッド降格のペナルティを受けてしまった。ミハエル・シューマッハとフェルナンド・アロンソも僕と同じくフリー走行でのつまらないミスによってペナルティを受け、グリッド後方からのスタート。濡れた路面のこの日、グリッドの後ろでスタートを待つ僕たちは、いたずら好きの男の子みたいだった。

失うものは何もない。あとはやるだけだ。しかも、得意なウェットコンディション。

僕が輝く時がきた。

ようやくつかんだ勝利

静寂の瞬間。それはガレージでバイザーを降ろした瞬間の後にも訪れる。グリッドで再びマシンに乗り込み、クルーが離れ、他のドライバーと一緒に運命の瞬間を待っているときだ。

一九台のF１カーがエンジン音を唸らせていても、その静寂は訪れる。

集中が深まり、世界が狭くなっていく。完璧なスタートをすることしか考えられなくなる。自分と、狙い通りのスタート――それ以外のものは存在しない。僕はよく、カートの世界に戻りたくはないかと尋ねられる。カートはドライビングスキルだけを試される、純粋なレースの世界だからだ。だけど、答えはノーだ。Ｆ１には、Ｆ１でしか味わえないものがあるからだ。

ライトが消灯し、各マシンがスタートする直前、エンジンの回転数が一瞬だけ鎮まる。最近ではスタート時にドライバーが確認しなければならないことが増えたが、当時は簡単だった。何をすべきかを告げるビープ音に従えばよかった。興奮が高まり、必然的にホイールはスピンする。アクセルペダルの踏み加減を微調整してホイールスピンが収まるのを待ち、再びペダルを踏み込んでスタートさせる。エンジンの回転数を示すインジケーターを見れば、いつシフトチェンジすべきかはわかる。だけどスタート時にはそこに目はやらず、耳と感覚に従う。前方に意識を集中し、一コーナーでの侵入経路を見定めるためだ。

一コーナーはいつも大混乱する。後方から迫る車をミラーで確認しつつ、前の車を追い抜くためのベストな進路を探す。すぐには飛び込まず、まずは目の前の車にうまく追走して、タイミングを見て勝負をかける。

ハンガリーＧＰの一コーナー、僕はあのミハエル・シューマッハに対して仕掛けた。ミハエルも僕と同じくペナルティでグリッド降格させられていたので、少しでも順位を上げようと躍起になっていたが、濡れた路面に合わないブリヂストンタイヤのせいで走りに躊躇が見られた。僕はその隙を突いてブレーキを遅らせ、インから抜き去った。

このレース最初の獲物。しかも大物だ。ミハエルとはこれまで何度も熾烈な争いを繰り広げてきた。強敵だが、いつも正々堂々と勝負してくれる。レースの場では姑息な真似をされたことは一度もない。限界ギリギリのバトルを仕掛けてくるが、無謀で危険な手は使ってこない。たしかにミハエルは論争の的になることが多い。それはジャック・ヴィルヌーヴとデイモン・ヒルに聞けばよくわかるだろう。でも、ミハエルとの戦いはいつも楽しかった。

特に、リアビューミラーに追いやったときには——。

ファーストラップは何よりも重要だ。ハンガリーでは、僕は一番の激戦区である集団の真ん中にいた。前車を見て、ラインを変えないでくれと祈る。隣に出たタイミングで幅寄せされれば、身動きが取れずに外側に押し込まれてしまう。必死でスペースを探し、ポジションを守り、一つでも順位を上げようとする。誰にもぶつけず、ぶつけられないことに全神経を集中する。最初のラップでフロントウイングを壊してしまえば、ゲームオーバーだ。

しかも、これは全員がまともなスタートをしたときの場合だ。出遅れた車がいて、後続車がそれを交わそうとしているときは、さらに状況は厳しくなる。ポジションを守ろうとして左右に車体を振るその車をなんとか交わし、かつ自分も後ろから抜かれないようにし、さらにポジションを上げ、ウイングをぶつけないようにしなければならない。

だからファーストラップは怖い。F1のルールでは、ストレートでは後続車をブロックするための車線変更は一度だけ、と定められている。たとえば、僕が目の前のドライバーを追い抜こうとして左に車線を変えたとき、相手も僕をブロックするために左に車線を変えることがある。このとき前のドライバーは、これ以上の車線変更はできない。

このルールの目的は、危険な運転を防ぎ、オーバーテイクの機会を増やすことだ。このルールがなければ、前の車が絶えず左右に車線変更して後ろをブロックするという光景が、トラックじゅうで展開されることになってしまう。

他にも、コーナーでブレーキをかけているあいだは車線変更できないというルールもある。もしそれが許されれば、後続車はたまらず激突して宙を飛んでいくことになる。

一周目がやっかいなのは、こうしたルールが厳密には守れない、一種の治外法権のような混乱した状況がつくり出されてしまうからだ。大混乱のなかでの争いでは、他の局面ではルール違反になるようなドライビングもやむないという展開になり得る。加えて、ドライバーのアドレナリンは全開になっていて、心拍数も天井をぶち抜くほどに上がっている。誰もが本能的にドライビングをしている。だけど、それはとてつもなく楽しい。

ファーストラップの終了時点、僕は一四位から一二位に浮上した。

セカンドラップで、九位にポジションを上げた。

三周目からは安定したリズムに乗れた。これは毎回同じだ。三周目は、レースが少し落ち着くポイントだ。といっても、僕たちは残りの数十周を一列になって走り続けるわけではない。タイヤに気を配り、ライバルのレースプランを予測しながら走る。予選から決勝を通じて、僕たちは何種類ものタイヤを使い分けながら走る。柔らかいタイヤは何周かを最高速で走るのには適しているが、消耗も激しい。逆に硬いタイヤはスピードは出ないが長持ちする。だから他のドライバーが使っているタイヤをチェックし、いつタイヤ交換でピットインするかを予測する。僕は絶えずエンジニアと無線で連絡をとり、他のドライバーのタイヤ交換のタイミングがいつかを探っている。二台前の車はソフトタイヤを履いているから、早くピットするはずだ。それを利用して相手を抜き去ろう――

――というふうに。でも逆に、二台後ろの車が早めにピットを済ませていたことを忘れて、自分がピットインしたタイミングで抜かれてしまうこともある。レース前に起こり得るあらゆるシナリオを想定していても、本番では必ず予想外の展開が起こる。一枚上手の戦略をとってくるライバルも必ず出てくる。

僕たちは周回を重ねた。トップのフェルナンド・アロンソと二番手の僕は、ファステストラップを交互に連発。差は四秒から五秒のあいだを行き来していた。

全七〇周中の四六周目、僕が二回目のピットストップ。リードを保っていたフェルナンドだが、五〇周目でドライブシャフトを折り、万事休す。僕は三回目のピットストップでスリックタイヤに交換。最善のタイミングだった。無線から、残り一〇周で三五秒のリードだと伝えられた。まず安全圏と呼べる大差だ。

あとは、このリードをいかに保つかだ。無線でクルーに尋ねる。「マシンは大丈夫？　何に気をつければいい？」

こういうとき、たいていは「大丈夫だ。そのままゴール目指して走り続けろ」と返される。だが燃料には注意しなければならない。

スタート前、クルーと一緒に、レース中に使う燃料の量をシミュレーションする。ダッシュボードには、ラップあたりの燃費と、使った燃料の量、使うべき燃料の量がパーセンテージで表示される。必要以上に燃料を使っていたら赤色で、節約できていたら緑色で表示される。たとえば、六〇周中の四〇周目で燃料がマイナス五パーセントなら、レースの残りで五パーセントの燃料を節約しなければならないという意味だ。レギュレーションで定められた燃料量が一〇〇キロなら、五キロ分だ。

燃料を節約するには、巡航する必要がある。つまり、コーナーの手前で早めにアクセルを緩める操作《リフトオフ》をしなければならない。これは〝リフティングコースト〟とも呼ばれる。通常は一〇〇メートル手前でブレーキをかけるところを、燃料節約のために二〇〇メートル手間でアクセルを緩め、減速する。エンジンの回転数をあまり上げずにシフトアップする「ショートシフト」も燃料の節約方法だ。たとえば普段なら一三〇〇〇rpmで次のギアにシフトアップするところを、一〇〇〇〇rpmでシフトアップする。

だが当然、タイヤの温度は保たなければならない。温度が下がり過ぎるとタイヤは機能しなくなる。クルーから「ジェンソン、燃料を節約して、タイヤの温度は上げろ」と言われるときがある。「燃料を節約しながら、どうやってタイヤの温度を上げられるっていうんだ?」と返しても、「ベストを尽くせ」という答えが返ってくるだけだ。

同時に、トラック自体も変化している。レースが進むにつれ、熱で溶けたタイヤが路面にくっついていく。レーシングラインでグリップが効くようになるので悪いことではないが、次第にトラック上に「マーブル」と呼ばれるタイヤのカスが散らばっていくと問題が生じやすくなる。このときの僕のように先頭を走っていればいいのだが、オーバーテイクは難しくなる。遅れてブレーキを効かせ、ワイドなライン取りをしてコーナーに侵入すると、マーブルがタイヤに乗っているためにグリップが効きにくくなる。タイヤをきれいにして適切なグリップを取り戻すには、二、三コーナーを走らなければならない。

面白いのは、こんなふうに他に気になることがあると、ドライビングそのものが頭の片隅に追いやられることだ。ドライビングは身体で覚えているので、燃料やタイヤの問題で頭をいっぱいにしながらでも、走り続けられる。

そのときの僕がそうだった。僕は無線に叫び続けていた。大声を出し過ぎて、レース後のインタビューのときに喉が嗄れて声が出せなかったくらいだ。最初にフィニッシュラインを越えたのがわかった。パルクフェルメでストラップを外してもらい、両手両脚を大きく広げてジャンプするみたいに車から飛び出す。チームの代表者、ニック・フライが最初に僕を祝福してくれた。大きな感動がこみ上げ、自分でも気がつかないうちに頬は涙で濡れていた。車を離れ、パルクフェルメにいるチームのみんなと喜びを分かち合った。目を潤ませた父に引き寄せられ、抱きしめ合った。慣れ親しんだ抱擁だった。誇らしい気持ちで全身が満たされた。ひょっとしたら、一生実現できないのかもしれないと思ったときもあった。でも僕たちは到達した。

初めてのグランプリ勝利に。

歓喜と暗雲

その午後、僕は大の大人が泣くのをたくさん見た。日本人のスタッフは特に感極まっていた。それだけ、チームのために懸命に努力をしてきたからだ。しかも、この日はホンダの社長、福井威夫がレースを見に来ていた。モータースポーツ部門のトップではなく、世界のホンダ全体、つまり本田技研工業の社長だ。サーキットに足を運べる機会はめったにないのに、運良くこのレースを観戦していたのだ。福井はチーム代表として表彰台にも上がった。

それまでに二位を四回、三位を九回獲得していながら優勝を逃し続けてきた僕に対し、「ジェンソン・バトンはこのままグランプリを獲れないのではないか」という疑問の声が聞こえるようになっていた。でも、ついに勝利を手に入れた。僕は普段から表彰台を楽しむほうだが（シャンパンかけでは周りの迷惑も顧みず好き放題にはしゃいでしまう）、このときの楽しさは格別だった。

勝利の余韻に浸っていたら、スポンサーイベントのために中国に直行しなければならないと言われた。嘘だろ？　初めてグランプリを獲った直後に中国に行く？

チームは真剣だった。どうしても行かなければならないという。僕は深呼吸をした。わかった、行くよ。車に飛び込み、ヘリコプターに乗り換え、ハンガリーからイギリスに戻ってシャンパンでつかの間のお祝いをし、ロンドンから上海に飛んだ。

中国では、レースの疲れで抜け殻になったような気がしたが、イベントに出席した。当時のガールフレンド、フローレンスも中国に来てくれた。ホテルでも祝賀会は続いた。

いよいよイギリスに戻ってゆっくりしようと思ったら、チームに言われた。

「次は日本に行くぞ」

もう十分に務めは果たしてきた。早く家に帰ってお祝いをしたかった。でも気持ちを切り替えて日本に行くことにした。中国から日本に飛び、栃木県にあるホンダのオフィスに向かった。

スタッフからは、「きっと感動するぞ」と事前に言われていた。それは冗談ではなかった。到着すると、僕たちはオープンオフィスの中央にある長い通路の端に案内された。オフィスの長さは五〇〇メートルほどもあった。両側に机があったが、誰も座ってはいない。全員が立ち、通路に並んでいた。みんな興奮し、熱くこみ上げてくるものを抑えきれないような表情をしていた。これは本当の話だ。オフィスにいる千人もの社員が整列し、ホンダに一九八〇年代以来となるF1の勝利をもたらしたことに感謝し、通路を進む僕たちを温かい言葉と拍手で出迎えてくれたのだ。

夢のような光景だった。強引に日本に連れて来られて良かった。このとき体験したことを、僕は死ぬまで忘れない。

この勝利には特別な意味があった。モータースポーツにあまり詳しく知らない人からは、よく「いつ勝つの？」と尋ねられていた。「マシンが速くなければ、勝つことはできない。F1を見ればそれがわかるさ」と何度も説明しても、このスポーツに興味がない人には伝わらなかった。僕のことを、〝かつてはゴールデンボーイともてはやされながら、期待通りの活躍ができていない評判倒れのドライバー〟としか見てくれなかった。

実際、初勝利を得るまでには僕自身、そして周りが思っていたよりも長い時間がかかった。正確には、僕にとってF1一三三回目のレースだった。もちろん、チームの総合力やマシンの性能が問われるF1では、勝てないことがすべて自分の責任だとは思っていなかったし、勝たなければならないというプレッシャーも特に感じていなかった。それでも、他のドライバーが栄光を勝ち取り、自分はそこに手が届かない状況が続くのは、フラストレーションが溜まった。フェルナンド・アロンソは、僕が二〇〇二年にベネトンにいたときのテストドライバーだった。そのアロンソが、僕からレギュラーシートを奪い取り、ベネトンのドライバーとして優勝を経験しているのを目の当たりにするのはとても辛かった。

だから初勝利は嬉しくもあったが、それ以上にほっとするものでもあった。ようやく背中の重い荷物を下ろせたという感覚があった。それと同時に、この勝利を心ゆくまで楽しみたいという思いもあった。なぜなら、次の勝利はすぐにはやって来ないとわかっていたからだ。チームは最速のマシンを持っていない。僕たちに勝つチャンスはあるだろう。でも、それはすぐには巡ってこないはずだ。

実際、その通りだった。そのシーズン、もう優勝はできなかった。とはいえトルコでは四位、イタリアで五位、中国と日本で四位、ブラジルでは三位。二〇〇六年シーズンは僕にとって大躍進の一年になった。

だけど僕は知っておくべきだった。二〇〇七年が最低の年になることを。

やりきれない思い

年末、僕はカート時代からの幼馴染み、クリッシー・バンコムと一緒にデンマークのコペンハーゲンに行き、MTVミュージック・アワードの授賞式に参加した。パーティーの席では、007シリーズのジェームズ・ボンド役に新しく選ばれたばかりのダニエル・クレイグにも会い、ショーン・コネリーのボンド役についての僕たちの感想を伝えたりもした。

パーティーをさんざん楽しんだあと、ベルギーに飛び、二日間にわたってカートのヨーロッパ選手権に出場し、優勝した。初日の夜、ベッドに横たわると肋骨に痛みを感じた。特に気にすることなく翌日もカートを楽しんだが、その後で痛みは深刻になった。プロテクターは装着していたが、僕は長身だ。狭いカート内であちこちに身体をぶつけながら走ったせいで、肋骨に二本ヒビが入っていたのだ。

それが判明したのはイギリスに戻ってからだ。その結果、その冬に予定されていた新マシンでのテストをすべて逃してしまった。チームメイトのルーベンス・バリチェロの報告に頼るしかなかった。そしてルーベンスによれば——。

新しいマシンは話にならない、ということだった。

問題は、ホンダがテクニカルディレクターのジェフ・ウィリスを解雇したことだった。それは間違いだった。代わりに責任者になった中本修平は、ジェフほどＦ１に熟練していなかった。マシンは空力的な問題を抱えていて、僕もルーベンスもどうすることもできなかった。結局、シーズンのほとんどをグリッド後方からスタートすることになった。

さらにこの年、ホンダは「アースドリーム」と呼ばれる環境問題への取り組みを始めた。これは趣旨としては素晴らしいものだが、実践方法には問題もあった。まず、ホンダはマシンのカラーリングを変えた。この取り組みの象徴として、マシンに地球の絵を描いたのだ。また、マシンの車体にはスポンサー広告を入れなかった。一九六八年以来、初めての試みだった。代わりにスポンサーはこのマシンを購入して、マーケティング戦略の一環として使うことができた。

二酸化炭素排出量削減のキャンペーンも展開された。僕たちは行く先々で、電球を白熱灯から蛍光灯に変えるという取り組みをアピールする大がかりなイベントに参加した。植林イベントにもサーキットを周回した回数と同じくらい多く参加した。

誤解しないでほしい。これらはとても大きな意義のある取り組みだった。だけどこうしたイベントに頻繁に参加するのは楽なことではないし、それに誤解を恐れずに言えば、それは少しだけピントがずれていた。ホンダやF1、モーターレース界全体の二酸化炭素排出量を考えれば、たとえばバーナード・マシューズ社のような肉製品を多く扱う企業が、菜食主義を推進するキャンペーンをしているような矛盾も感じられなくはなかった。

当然ながら、ジャーナリストも素早くこの点を指摘してきた。ルーベンスと僕は芋虫のように身をよじりながら、嬉々とした顔を隠そうともしないメディアの質問に答えるしかなかった。「地球を救う一番の方法は、ホンダがF1から撤退することでは?」「いっそマシンの製造を中止したら? 今期は成績も良くないことだし」「レースに参加しないほうが、環境に優しい選択になるでしょう?」

記者のこうした質問を論破するのは難しかった。ホンダ側の立場から教科書的な意見を貫き通すのが精一杯だった。

一方、このシーズンはマクラーレン・メルセデスの超新星ルーキー、ルイス・ハミルトンが大きな注目を浴びていた。F1初参戦となったこのシーズン、ルイスは第六戦のカナダGPで優勝(僕はギアボックスのトラブルでグリッドから動けずリタイヤした)。次のアメリカGPも制した(僕は悲惨なレースをした)。このシーズン、ルイスは九回連続表彰台、ドライバーズチャンピオンシップではキミ・ライコネンに継ぐ二位という大活躍を見せた。

ルイスの登場は僕にとって良いニュースでもあり、悪いニュースでもあった。良いニュースは、ルイスへの注目によってホンダの環境キャンペーンについての関心が薄れ、このテーマについての質問が減ったことだ。悪いニュースは、今度はルイスに関する質問を嬉しそうに尋ねられるようになったことだった。「ルイスがチャンピオンになるチャンスはどれくらいあると思う？」「彼についてどう思う？」。僕は優等生的な回答をするしかなかった。でも、もちろん辛かった。僕と同じ立場で、傷つかない人間などいるだろうか？　誰もがイギリス人ドライバーを話題にしている。そしてそれは自分ではないのだ。

ルーベンスと僕は、二〇〇八年のマシンが改善することを願っていたが、実際にはむしろ悪くなった。この年、僕はスペインで六位になり、環境イベントで電球をたくさん交換した。ルーベンスと僕は、空力的に不安定で、信頼性が低く、派手な地球の絵が描かれたマシンでシーズンを戦った。それでもルーベンスは一度、シルバーストーンで表彰台に立った。僕は一度ポイントを獲得しただけで終わった。

チームメイトよりもポイントが少なかったのは二〇〇一年以来であり、プライドが大きく傷ついた。自分はもっと活躍できるし、活躍すべきだという思いがあった。でも、気力が少し削がれていたのも事実だ。二〇〇六年シーズンに絶好調だったこともあって、僕はチャンピオンシップを獲得することへの希望を抱き始めていた。それなのに、その直後に鳴かず飛ばすの二年を過ごすことになってしまった。マシンは運転しづらく、自分のスタイルにも合っていなかった。レースに身が入らない面もあったと思う。そんな状況のなかで、ルイス・ハミルトンが躍動する姿を目にしなければならないのだ。

ルイスは二〇〇七年にあと一歩のところで逃したチャンピオンシップを、二〇〇八年には手に入れた。辛かった。ルイスの成功に単に嫉妬していたわけではない。同じイギリス出身ドライバーであるルイスとは、育ってきた環境や歩んできた道のりがよく似ていた。他ならぬ父が、ルイスのカートエンジンをチューニングしたこともあったくらいだ。僕はルイスの半分のチャンスを与えられれば、自分にも同じくらいの活躍ができるという自信があった。でも僕がトップ一〇に入るのに苦労しているなかで、ルイスは勝つことのできるマシンに乗っていた。ルイスの成功は、どんなに腕のいいドライバーでも乗り越えられないF1の壁を嫌というほど突きつけるものだった。それは、車が良くなければどんなドライバーでも勝てないという事実だ。僕であれ、ルイスであれ、アイルトン・セナであれ。

僕には自分が優れたドライバーだという自負があった。ルーベンスも年間ランキングで何度も二位に入ったことがある、実力が証明されたドライバーだ。その僕たちが、マシンの問題で力を発揮できずにいる。

それでも、トンネルの向こうには一筋の光明が見えていた。ルイスに熱狂するメディアは、もう僕にはあまり興味を示さなくなり、ホンダの環境キャンペーンや新しいイギリスのゴールデンボーイのことを面白そうに尋ねてこなくなっていた。

でも、代わりに新しいトピックが話題になっていた。それはホンダが着々と進めていた、新しい計画に関することだった。

ホンダのF1撤退

ホンダは、チーム全体をノーサンプトンシャー州ブラックリーの工場に集めた。大きな発表があるという。全員参加が義務づけられた。CEOのニック・フライが言った。「みなさん、これからチームの新しい責任者に登場してもらいます。紹介する必要のない人物です。歓迎してください――」

出てきたのは、ロス・ブラウンだった。みんな大興奮した。

ロス・ブラウンはテクニカルディレクターとして、チームに勝利をもたらす男だった。ウィリアムズ、アロウズ、ベネトンとチームを渡り歩き、ベネトンではコンストラクターズタイトルを一度とドライバーズタイトル（ミハエル・シューマッハ）を二度、その後に移籍したフェラーリでは六度のコンストラクターズタイトルと五度のドライバーズタイトル（同じくミハエル）を獲得していた。そのブラウンが、僕たちを救うためにホンダに加入してくれたのだ。

ブラウンがホンダで仕事に着手したのは二〇〇七年一一月から。そのため残念ながら、二〇〇八年のマシンには手をかけられなかった。その代わりに、ブラウンは二〇〇九年に向けたチーム強化に注力した。だから僕たちは二〇〇八年も冴えないシーズンを過ごしながらも、チームが来シーズンに復活の足がかりを手にしたことを心の支えにすることができた。

二〇〇八年のシーズンが終了すると、僕はカナリア諸島にあるランサローテ島に向かった。クリッシーやマイキー、トレーナーのジョン・ブラムも一緒だ。遊びに行ったのではない。来シーズンに向けた自主トレをするためだ。僕は真剣に汗を流した。なぜなら、新しいマシンが相当に期待できそうだったからだ。風洞テストの結果、とてもいい数字が出ているのも知っていた。

二〇〇九年シーズンには、大きなレギュレーション変更があった。デザイナーにとっては、腕の見せ所となる年だ。ロス・ブラウンは優秀なエンジニアを集めてチームをつくり、新しいレギュレーションの抜け穴を見つけると、「ダブルディフューザー」と呼ばれるメカニズムを開発した。ディフューザーとは、車体の側面を通過する空気を拡散して、底面にダウンフォースを発生させるために車の後尾に装着するパーツだ。ロスのチームは、このプロセスの効率を高めるために、〝二階建てバス〟のようなディフューザーを開発した。これは大きな進歩だった。

俄然、チームには活気が漲り始めた。ひょっとしたら、とんでもなく速いマシンを開発できるかもしれない。僕とルーベンスは、そのマシンの力を引き出せるドライバーだった。速いマシンさえあれば、優勝争いをするだけの走りができる。誰もがそのことをわかっていた。チームはずっと待ち望んでいた、その速いマシンを手に入れようとしていた。

だから、二〇〇八年は厳しいシーズンだったが（もちろん他のシーズンと比べれば、という意味だ）、一年が終わったとき、チームには高揚感があった。二〇〇九年は、十分な戦力で、刺激的な戦いができるという期待があった。もうすぐクリスマスが訪れようとしていた。僕は胸を高鳴らせていた。周りには、いい空気が流れていた。

ランサローテ島でのトレーニングキャンプを終え、イギリス、ガトウィック空港に到着したとき、〝ゴッド〟こと、僕のマネージャー、リチャード・ゴダードから留守番電話が入っているのに気づいた。

手荷物受取所のベルトコンベアーの前に立って荷物を待ちながら、メッセージを聞いた。重大な用件があるときの、お決まりのメッセージだった。「ジェンソン、すぐに折り返し電話をしてくれ。大事な話がある」

その場で電話をした。リチャードの口調から、何か一大事が起きたのがわかった。「いい知らせではない」

「オーケー。何が起きた?」

「ホンダが撤退しようとしてる。F1から手を引こうとしているんだ」

僕はリチャードの口調から、その後で〝だけど〟という言葉が出てこないのがわかった。「ホンダは撤退する。だけどフェラーリからオファーが来てる」「ホンダは撤退する、だけどこれは冗談だ。俺を置いてみんなでキャンプに行ったりするから驚かせてやったのさ」――もちろん、そんな台詞はリチャードの口から出てこなかった。

「ホンダは撤退する」話はそれだけだった。

それは世界が経済危機に見舞われていた二〇〇八年のことだった。誰もが財布の紐を固く締めていた。僕はリチャードの話の意味を咄嗟に理解できなかった。茫然とベルトコンベアーから荷物をとり、言葉を探した。

「それは……」僕は言った。「どういう意味だ?」

「チームはもう存在しないということさ、ジェンソン。来年、お前が所属するチームはない」

「つまり、失業ってことか?」

沈黙――。

運命のテスト

アドバイスしよう。〝失業するかもしれない〟という悪い知らせを電話で受けるときは、周りに大勢の人がいる空港の手荷物受取所のベルトコンベアー前は避けたほうがいい。

「最高だな」僕はリチャードに八つ当たりをしていたわけではなかった——いや、やっぱりそれは八つ当たりだった。「トレーニングキャンプから戻ってきて、空港で聞く最初の知らせがこれか」

「いいか。これからどうすべきか、道はあるはずだ。心配するな。きっとどうにかなる」

頭のなかがぐるぐると回っていて、リチャードの言葉が入ってこない。九年間F１で戦って、一レースしか勝っていないという事実が心に浮かんできた。僕はまだたった一度しか優勝していない。そして、それは最初の一勝になるはずだった。僕はスーパーヒーロー映画の第二幕のように、次のステージに上がるはずだった。スーパーパワーを習得して、悪者をなぎ倒していくはずだった。チームにはロス・ブラウンがいて、ダブルディフューザーという武器があったからだ。

だけど僕たちは突然、世界最大級の自動車メーカーの後ろ盾を失った。これから大勢が職を失うことになるだろう。もちろん、僕もだ。今は一一月で、シーズンが始まるまであと四カ月しかない。来季の契約は、普通なら九月に行われる。もう遅すぎる——。リチャードはなんとかなると言ったが、それはたぶん慰めだ。僕はもう来季のチームを見つけられないだろう。まともなチームが見つかるわけがない。

空港からの帰路、みんなずっと黙っていた。誰も、「一年くらい休んだらどうだ？」とは言わなかった。クリッシーもマイキーもジョンも、みんな知っていた。フォーミュラ・ワンのドライバーには、長期休暇のようなものはない。一度離れてしまえば、感覚はすぐに失われてしまう。

それから数日、何度も話し合いをした。一つの選択肢は、レッドブルのジュニアチーム、トロ・ロッソと契約することだった。僕はこのチームが好きだった。当時も今も、レースにかける素晴らしいスピリットと姿勢を持っている。でも、このチームのマシンでは、表彰台には近づけないだろうこともわかっていた。しかも彼らは僕に、ドライバーになるのと引き替えに、スポンサーシップという形でチームに資金援助をしてほしいと要求してきた。それは魅力的な契約条件ではなかった。

もう一つの選択肢は、チームの買収先を見つけることだった。ホンダの撤退決定直後、ロスには自らがチームを買い取るという考えがなかった。そのためチームは、ヴァージン・グループの関心対象になった。リチャード・ブランソンは、F1の救世主になりたがっていた。でも僕たちはあまり乗り気ではなかった。ブランソンに対して、あまりいい印象を持っていなかったからだ。それでも、チームは藁にもすがる思いだった。買収話は続いた。

しばらくしても、ロス・ブラウンとニック・フライはチームの買い取りの話をしようとしなかった。僕たちは歯がゆさを覚えながら、状況を見守っていた。そして、ついに二人は話を始めた。

「私たちはチームを買うつもりだ」それが結論だった。

ホンダは売却に際して、好条件を出してくれた。噂によれば、当面チームのスタッフに十分な給料を払えるだけの金を払ってくれたらしい。実際、この資金はチームがあと一年から二年は大手のスポンサーなしでも運営を続けられるほど多額だった。これはロスとニックの賭けだった。チームをこのまま継続し、新しいマシンで成功を収めよう、と。

僕はホンダとの新しい三年契約にサインしたばかりだった。報酬は高額で、ボーナスも含まれていた。だから契約を反故にしたホンダからはかなりの額の違約金を受けとる権利があった。だがそうすればチームの経営資金に悪影響が出て、レースに出られなくなるかもしれなかった。だから僕は少額しか受けとらなかった。そして、安い金額でブラウンと新しい契約を結んだ。

他にも問題があった。ホンダが大切なものと一緒に去っていったことだった。そう、エンジンだ。チームはマクラーレン代表だったマーティン・ウィットマーシュにメルセデスのパワーユニットの使用許可を求めた。もしブラウンがメルセデス製のエンジンを採用すれば、マクラーレンの競合になってしまうからだ。幸運にも、ウィットマーシュは首を縦に振ってくれた。

初めはエンジンがうまくマシンに合わなかった。応急処置として、タブとエンジンのあいだにスペーサーを入れた。ようやく正しく取りつけられるようになったのは、二〇〇九年に入ってずいぶんと経った頃だ。

他のチームはすでにバルセロナやヘレスでテスト走行を実施していた。僕たちのチームがマシンをトラックに出せるようになる前に、大半のチームは二回のテストセッションを終えていた。ようやく準備が整い、シルバーストーンに向かおうとした。だが何らかの理由でメイントラックはおろかサブトラックも使用が許されなかった。結局、ストーにある学校の小さなトラックでテストを行うことになった。天候は最悪だった。チームは小さなオーニングを設置し、凍てつくような寒さをしのごうとした。僕たちはエンジニアがマシンを準備しているあいだ、立ったまま何度も足踏みして足先を温めようとした。

とても静かだった。僕はそれをよく覚えている。モータースポーツ業界独特の雰囲気と、張り詰めた緊張感。マシンがうまく走るかどうかは誰も知らない。ダブルディフューザーはまだ誰も試したことがない代物で、マシンには当初想定していなかったメルセデスのエンジンが積み込まれていた。風洞テストの結果は良かった。だけどそれは実験室でのデータにすぎなかった。実際に誰かが動かしてみるまでは、それがどんなマシンなのかはわからない。だからこそ、僕たちは凍るような思いをしてまで、シルバーストーンにやって来たのだ。

ルーベンスもそこにいた。彼の契約の詳細は知らないが、僕と同じように再交渉をし、ホンダとの契約より少額でサインしていたのは間違いなかった。

でも、もしそのときの僕たちが寒さで足踏みしながらぶつくさと不満をつぶやき、バルセロナにいる他のチームのことをうらやましがっていたのだと思ったのなら、それは間違いだ。僕たちはマシンが思った通りに走ることを祈っていた。レギュラーシートを得られた幸運に感謝していた。

ついに、すべての準備が整った。後ろに立つエンジニアが言った。

ジェンソン、お前の出番だ――。

真実の瞬間が始まろうとしていた。

最高のマシン

エンジンがスタートし、僕はインスタレーションラップに向かった。一周して戻り、バイザーを上げると、メカニックとクルーがマシンの周りに駆け寄ってきた。彼らはこんなとき、ドライバーの顔色を読みたがる。僕の目を覗き込むようにしながら、質問責めにしてきた。

「みんな、ちょっと待ってくれ」僕はため息をついた。「まだインスタレーションラップだ。この段階では何も言えないよ」

全員、肩を落とした。「それもそうだな」

でも、もちろん僕は言外に仄めかしていた。手応えがあったと、ほんのわずかな表情や口調で表していた。僕はまだ冷静でいたかった。この時点で結論めいたことは言いたくなかった。でも、予感にすぎなかったが、たしかにいい感触はあった。

本格的な走行をするために再びスタートした。最初のラップで、特別なことが起こった。

僕はマシンの問題点を探しながら走っていた。いつもそうだ。おかしな振動はないか、バランスが悪いところはないか、アンテナを張りながらテスト走行をする。でも、何もなかったのだ。ギアは滑らかだった。ブレーキも完璧だった。マシンは快適で、コーナーを流れるように進んだ。エンジンはホンダのエンジンより強力だった。

要するに、このマシンは……正しいと感じられた。車と一体になったような感触があった。

一二周を走り、再びチームが待つ場所に戻った。「サーキットでテスト走行する準備はできてるよ」僕はにっこりと笑った。その瞬間、その午前中にずっと張り詰めていた空気が解け、みんな笑顔に変わった。誰の顔にも、はっきりと安堵の表情が浮かんでいた。

僕たちはテストのためにバルセロナに飛んだ。このテストには来るべきシーズンに向けた、ミニチュアのお披露目会のような意味合いもあった。全チームが参加し、一般人の入場も許可されている。

ここカタルーニャ・サーキットは、僕の人生のターニングポイントとなるシーンがいくつも起こった場所だ。この日は、会う人会う人、誰もが次々に押し寄せる波のように友好的な態度を示してくれるので、まるでその上でサーフィンをしているみたいな気分になった。そう、みんなどこかのチームがF1を去るのを見たくはなかったのだ。そして、僕たちはその悲劇を免れたチームだった。ホンダが去った後の灰燼のなかから立ち上がった、勇気あるプライベートチームだった。

チームにとって、ロス・ブラウンは守護神のような存在だった。ロスはそれまで在籍していたチームとは違い、チーム・ブラウンではエンジニアや空力スペシャリストではなく、チームリーダーという立場だった。それでも、過去の優勝で培った知識や経験をチームに持ち込んでくれた。それに、大きなプレッシャーがかかっていたにもかかわらず、それに縛られていなかった。声を荒げたり、怒鳴ったりもしなかった。僕はそんなふうに大声を出すリーダーが苦手なので、とても助かった。ロスには穏やかな権威があり、だからこそみんな彼の話に耳を傾けた。

これまでロスがつくったマシンは、いくつものトロフィーを獲得してきた。だからブラウンのガレージへの関心は格段に高かった。クルーはガレージの前に仕切りを置いていたが、カメラマンたちはまぐれ当たりの一枚を撮ろうと、上に腕を伸ばして当てずっぽうでシャッターを切った。バルコニー席から身を乗り出し、必死になってガレージを覗き込もうとする者もいた。そのマシンがロス・ブラウンの創造物であるだけでなく、トラブルを抱えていたことも知っていたからだ。マシンのデビューは遅れていた。エンジンの取り付けがうまくいっていないという噂も流れていた。〝魔法のタッチ〟を持つブラウンも、ついに失敗作をつくってしまったのか？　ガレージの仕切りの後ろに隠されているのは、ぽんこつマシンではないのか？

僕は最初のラップを走り始めた。不安は残っていた。シルバーストーンでは好感触を得た。でもあのときはマシンがまともに走ってくれたことの安堵感も加味されていたし、凍るような寒さといった特殊な条件下でのテストだった。だから判断が鈍っていたのかもしれない。

でも、それは杞憂だった。むしろ、マシンは前回より良くなっていた。メカニックはこの間に微調整を行っていたし、気温も高かった。マシンは美しく走った。今回も、車との一体感を覚えた。

ガレージに戻ると、レースエンジニアのアンドリュー・ショブリンがいた。頭脳明晰な男で、ＢＡＲ、ホンダ、ブラウンと合計五年間、僕の所属するチームのレースエンジニアを務めていた。

「ジェンソン、どう思う？」

僕はそのときまだ、興奮を少し抑えようとしていた。

「満足しているよ。バランスがいいね。でも正直言って、テストできるだけで嬉しいんだ。いろいろあったけど、サーキットでこうして周回ができるようになったんだからさ」

ショブリンはきょとんとした表情をした。まるで、僕がピント外れの答えをしたみたいに。

「そうじゃない。ジェンソン、君はたった今、誰よりも速く走ったんだ。二位に〇・六秒差もつけてる」

僕はショブリンを見た。一瞬、地球が回転を止めた。〇・六秒差――。他のチームはすでに二日間テストをしている。これは僕の最初のラップだ。

「燃料が少なかったのか？」僕は念のために尋ねた。

「いや、そうじゃない。五〇キロ積んでる」

すぐに、僕は電話をした。父に、リチャードに、クリッシーに。新しいマシンは最高だ。とんでもなく最高だ。僕がこれまでに乗ったF1マシンで、一番と呼べるくらいに。

再びトラックに出た。三コーナーで、外側からルイス・ハミルトンをオーバーテイクした。いい気分だった。午後、チームメイトのルーベンス・バリチェロをつかまえて言葉を交わした。ルーベンスも、僕とまったく同じ経験をしていた。僕たちは興奮を抑えきれなかった。チームにも熱気が溢れている。

その後は、チームの判断で燃料を多めに入れて走った。マシンのスピードを他のチームに気づかれないようにするためだ。僕たちはこのマシンの手応えをつかんだ。信頼性の問題も一つもなかった。変更すべきボディワークもなく、交換が必要なバルブもない。まるで芸術作品だ。それは一つの塊のように走った。

メルボルンでのシーズンの第一戦に向け、ルーベンスとテスト走行を重ねた。ルーベンスは、レーシングカーを深く理解し、改善点を指摘していくという能力において、僕の歴代のチームメイトでおそらく最高の能力を持っていた。テストの初日、ルーベンスはガレージに入り、エンジニアにマシンについての意見を事細かく伝え始めた。見習わなければならない、と痛感させられた。ルーベンスは、学ぶことの多いチームメイトだった。

マシンに関しては、気がかりなことが一つだけあった。レースのシミュレーションやロングランをしていないことだ。バルセロナでテストし、ヘレスではさらにテストを重ね、どちらも全参加マシン中のベストタイムを叩き出した。それでも、マシンのスタミナは未知数だった。レース全体を通して、信頼できる走りをしてくれるだろうか？

疑問点はもう一つあった。ピットストップの練習をしていなかったことだ。

だから懸念は二つ。でも、マシンの性能には絶対の自信があった。そして、周りが思っている以上のパフォーマンスを出せることもわかっていた。他のチームは、僕たちのテスト走行の出来があまりにも良いので、少ない燃料でテストしているのだと考えていた。だが、僕たちはそれとは逆のことをしていた。賢明なチームならどこも同じだと思うが、敵の裏をかくために、燃料をたっぷりと入れて、車を重くしてテストをしていたのだ。

これが、僕たちがメルボルンでの開幕戦を迎えたときの状況だった。もちろん、予選ではうまくやりたいと思っていた。でもたとえ予選で良い結果が出たとしても、決勝でどうなるかはわからなかった。

リチャード・ブランソン事件

オーストラリアGPはいいレースだ。開幕戦なので、いつも特別な気分になる。父もこの雰囲気が大好きで、毎年オーストラリアで大勢のF1仲間とシーズンの始まりを祝う盛大な食事会をする。コメンテーターのマレー・ウォーカーと同じくらいパドックでお馴染みの顔になっていた当時の父には、たくさんのF1関係の友人がいた。マレーのように、父もパドックのみんなに愛された。

人気者らしく、父は〝パパ・スマーフ〟という愛称で呼ばれるようにもなった。二〇〇四年ごろから白い髭を伸ばし始めた父のことを、冗談好きの一人が（何を隠そう、それは僕だ）、小さな身体の青色の人気アニメキャラクター、「スマーフ」にそっくりだと言い始めたのだ。父は、誰かからもらったスマーフのぬいぐるみをサーキットに持ち歩き、写真を撮るときにそれを手に持ったりするようになった。

その年のオーストラリアでも、父はスマーフと一緒だったはずだ。テスト走行期間はサーキットには来ないようにと伝えていたので、モナコの自宅から飛んでくる父とは毎年三月にメルボルンに合流した。お互いの顔をみると、いよいよシーズンが始まったという気分になった。

それに、この年は特別だった。大きな希望と期待があったからだ。フリー走行はうまくいった。予選は〝成功〟どころではなかった。僕たちは圧巻の走りを見せた。僕が一位でルーベンスが二位。ブラウン勢がグリッドのフロントローを独占したのだ。チームとして最高のスタートを切れた。このマシンはまさにセンセーショナルだった。

その夜、当時のガールフレンドだった道端ジェシカ、リチャード、父たちと一緒に、メルボルンの日本食レストラン〈ノブ〉に行った。店内に入ると、ほかでもないマクラーレンの最高責任者、ロン・デニスがいた。僕たちを見たデニスは、あまり嬉しそうな顔はしなかった。テーブルの脇を通り過ぎるときに挨拶すると、ロンは背もたれに寄りかかってこちらを向き、恩着せがましそうに言った。「君たちは私に感謝すべきだろう。私の力添えがなければ、メルセデスのエンジンを使えなかったんだからな」

もちろん、厳密にはそれは違う。ブラウンがメルセデスのエンジンを使えるように手配してくれたのは、マーティン・ウィットマーシュだ。だけど、揚げ足を取るような真似はしたくなかったし、マクラーレン勢が予選で一四位と一五位と低迷していた気の毒なときに、ロンの傷口に塩を塗り込みたくもなかった。だから僕はにっこりと笑って礼を述べ、席に向かった。同時に、自分たちのマシンに対するこの自信が時期尚早のものではないことを願った。テスト走行や予選で速かったことは悪くない。でもまだ懸念材料は残っている。僕たちはまだ決勝レースを戦っていない。これまでのように、手荒く扱うこともあるだろう。果たしてマシンはそれに耐えられるだろうか？

とにかく、僕たちは座席についた。食事を始めてどれくらい経ったかは覚えていないのだが、店の入口で誰かが馬鹿騒ぎする声が聞こえた。ヴァージン・グループの会長、リチャード・ブランソン殿下のお出ましだった。

ブランソンは、ものすごく酔っていた。

僕たちは〝サー〟・リチャードにはもうお腹がいっぱいだった。その日の早い時間帯、ブランソンが凱旋帰国した英雄といった雰囲気で、鼻高々にサーキットに現れていたからだ。美女軍団を侍らせ、パドックを肩で風を切るようにして闊歩し、人々に向かって手を振り、笑顔を向け、親指を立てていた。だけどみんな、そもそもなぜブランソンがそこにいるのかがよくわからず戸惑っていた。ブランソンがサーキットに来た理由は、僕たちのチームのマシンに何枚かのステッカーを貼っていたからだ。一〇〇万ドル相当のスポンサーシップだった。世間一般の価値基準からすれば、もちろん大金ではある。だけどＦ１の世界では鶏の餌ほどの少額でしかない。それでも、ブランソンはあたかも自分がチームの資金を全額出資したような顔をしていた。

その派手な立ち振る舞いが、尊敬を集めていたとは思えない。だけど結局のところ、それはイギリスの宝ともいえる大起業家、サー・リチャード・ブランソンだった。人の注目を浴びることが大好きな人間だから、甘く見なければならないのかもしれなかった。テレビに向かって吠える犬を叱ってもしかたがないのと同じだ。それは生まれ持った習性なのだから。

でも、このときのブランソンのレストランでの蛮行は、さすがに看過できないものだった。とはいえ、この夜に起きた出来事について話をする前に、少し断りをしておくべきだろう。ブランソンは後日、この一件について僕に謝罪してくれた。今後数カ月は酒を断つとさえ言った。それに、メディアもブランソンの醜態を容赦なく報道した。ブランソンは自分の非を認めているし、十分にその報いを受けたのだから、もうこの話題には触れなくてもいいのではないかという人もいるかもしれない。

でも、やっぱり話をしておこう。

ブラウンの救世主であるサー・リチャード・ブランソンは、取り巻きを引き連れて僕たちのテーブルにやってきた。気まずそうな顔をする僕たちと次々にハイファイブを交わし、どすんと椅子に腰掛けると、パーティーの主催者のような態度を取り始めた。僕がトイレで席を外しているとき、ブランソンはジェシカに身を寄せ「俺を見つめるなよ」と言った。

ジェシカが見つめていないと答えても、「俺を見つめるな」としつこく繰り返した。

モデルをしていたが、ジェシカはシャイな性格をしている。だから余計にブランソンの態度を不快に感じた。さらにブランソンは馴れ馴れしくも、ジェシカの顔を手で触れだした。

僕はまだトイレにいた。

「彼女から離れたほうがいい」僕のマネージャーのリチャードが警告した。「ジェンソンが戻ってきたら、あなたを殴るでしょう」

だがあいにく、僕にはナイトの称号を与えられた人物を高級日本食レストランでぶん殴るような習慣はなかった。ましてや、明日は大切な決勝を控えている身だ。喧嘩をするつもりなどなかった。だけど、トイレから戻ってきた僕は、ナイトが自分のガールフレンドの顔を触っているのを見つけて激怒した。

「いい加減にしろ。もう十分だ。度を超えてるぞ」

酩酊していて何が問題なのかを理解できなかったブランソンは、ふらふらと立ち上がり、一〇人くらいがいる別のテーブルに向かった。その人たちは、ブランソンがひどく酒に酔っていることに気づいていないようで、記念撮影をしてもらおうと赤ちゃんを差し出した。

僕たちは恐怖で顔を見合わせた。サー・リチャードは赤ちゃんを抱きかかえてしまっただけでなく、足下をさらにおぼつかなくさせながら店内を歩き回り始めた。目の前の光景が信じられなかった。「リチャード、赤ちゃんを誰かに渡すんだ」あちこちから声が飛んだ。ブランソンはようやく赤ん坊を手渡すと、しばらくもしないうちにレストランを出ていった。みんなは心底ほっとしていた。僕たちは唖然とした。「信じられない」リチャードが言った。「これから一年、あの馬鹿野郎と一緒に仕事をしなければならないんだぞ」

栄光の予感

午後二時か三時に開始されることの多い他会場でのレースとは違い、オーストラリアGPは午後五時にスタートする。だからサーキット入りをするまで、午前中には時間に余裕がある。僕たちは決勝当日の朝は、海辺のレストラン〈ストークハウス〉まで車を走らせ、コーヒーを飲むのを恒例行事にしていた。緊迫したレースが始まる前の気の置けない仲間とのたわいのないおしゃべりは、かけがえのない一時だった。この年は、前夜のリチャード・ブランソンの奇行の話題でもちきりだった。

この時間帯から、僕はゆっくりと集中力を高めていく。普段の僕は、とても気のいい人間だ。だけどサーキットにいるときは、そうは見えないはずだ。時間の経過と共に、レースに意識が集中していくからだ。

集中し始めると、父の何気ない一言が気に障り、静かにしてくれと言ってしまうこともある。マネージャーのリチャードに対しても同じだ。レース本番が近づくと、特にこの二人の言動にいらついてしまうのだ。もちろん、怒鳴ったり罵ったりはしないし、かんしゃくを起こしたナオミ・キャンベルみたいにコーヒーカップを投げつけたりもしない。でも、いつもに比べて素っ気なくなってしまう。

母はそれが理解できないようだ。レースを観戦しにきたときは、僕とずっと一緒にいたがる。ミーティングにだってついて来たがるような勢いだ。僕がレースでは別人のようになることがわからないのだ。気持ちは、小さな息子の髪を整えようとする母親のままだ。レーシングスーツを着て緊張し、ストレスを感じ、レース以外のことを頭から閉め出そうとする僕のことが見えないのだ。

僕はレースのことだけに集中しようとする。それ以外のことはストレスになる。インタビューを受けたりスポンサーと会ったりすることは、レースに関係するものでありながら、集中力を削がれるものでもある。だからこそストークハウスでのコーヒーは、メルボルンでのレース前の大切な儀式だった。いよいよ本番という時が近づくまで、トラックから離れていられる。

でも、二〇〇九年はいつもと雰囲気が違った。そこには大きな期待があった。ジェシカや父、リチャード、マイキー、クリッシーたちがブランソンの話で盛り上がるなか、僕は上の空でレースのことを考え始めていた。マシンに乗り込み、バイザーを降ろしたときに感じるあの静寂が、一足早く訪れ始めているような感覚だ。モーターレースでは、本来は使いこなすべきマシンや道具と格闘していい、していると感じることが多い。でもブラウンのマシンではそんなふうには感じなかった。ストークハウスのテーブルにいる仲間が僕を決して裏切らないのと同じように、このマシンも決して僕を裏切らないだろうと思えた。

サーキットに到着した。客席を埋めた大観衆が、燦めく太陽の光を浴びていた。パドックではチームのスタッフがリラックスしていたが、これから待ち受けているものは簡単ではないぞ、という空気もあった。懸念していることが、現実になるかもしれない。チームはまだスタートやピットストップの練習をしていない。レース本番でマシンがどんなふうに走るのかも、何周目でピットインが必要になるかもわからない。

それでも、〝ベイビー、俺たちはレースをしてるぜ！〟という高揚感もあった。四カ月前には、みんな失業の危機にさらされていた。それがいま、シーズンのオープニングを迎え、そのうえ二台のマシンがフロントローを独占しているのだ。トヨタとウィリアムズのマシンもダブルディフューザーを搭載していたが、予選では寄せつけなかった。あらゆるデータが、僕たちのマシンがスイートスポットを探り当てていることを示していた。僕がすべきことは、この有利な状況を最大限に活かすことだけだった。

レースが始まった。ルーベンスは出遅れたが、僕は後続との差をぐんぐんと広げていく。ミラーにはルーベンスの姿は見えない。いつものように、相反する感情がこみ上げてくる。チームメイトとして、ルーベンスにも頑張ってほしい。でも、絶対に負けたくはない——。

快調にラップを重ねていく。滑らかで高速な走り。マシンの極限の能力を引き出しながら、縁石を踏む。カート時代と同じような、純粋なドライビングだ。最終ラップが近づいた頃、レッドブルのセバスチャン・ベッテルが迫ってきた。無線でクルーが叫んだ。「ベッテルに抜かれそうだ。一周ごとに〇・五秒差を縮められてる」。ベッテルは僕より柔らかいタイヤを履いていて、速かった。ダブルディフューザーの力もここまでか——。絶体絶命のピンチだったが、ベッテルはロバート・クビサと接触し、二人ともクラッシュ。セーフティーカーが導入され、一位の僕と後続のマシンの差はなくなった。ミラーを見ると、真後ろにはルーベンスがいた。集団から抜け出して二位に浮上してきたのだ。だが、これでレースは終わりだった。セーフティーカーの後ろを穏やかに整列して走りながら、そのままフィニッシュラインを越えた。勝利の瞬間としては、劇的でも輝かしくもなかったが、僕たちは気にしなかった。これはブラウンが初めて獲得したグランプリだった。ピットウォールではクルーが狂喜乱舞していた。ロスも飛び跳ねていた。僕はピットに戻るとマシンの上に立ち、大勢のメカニックやカメラマン、ジャーナリストに向かってナンバーワンを意味する人差し指を立てた。父と熱い抱擁を交わした。ピットに戻ってきたルーベンスと一緒に、表彰台に上った。二人で目を合わせ、うなずき合った。すべてがうまくいった、というたしかな実感を味わっていた。そんな気持ちになったのは初めてだった。なんというシーズンの始まりなのだろう。

手にしたトロフィーを、ずっと持っていたかった。「みんな、俺はこれを手放さないぞ」僕は言った。「チャンピオンシップを獲る最高のチャンスだ」。まだシーズンの最初のレースが終わったばかりだ。気が早いという人もいるかもしれない。でも、僕はそう思わなかった。「シーズンが終わるまではチャンピオンシップは考えなかった。目の前のレースに勝つことに集中しただけだ」とシーズンを振り返る優勝チームの言葉を聞いたことがある人もいるだろう。でも、そんなのはたわごとだと思った。僕は初勝利の直後に、チャンピオンシップをはっきりと意識していた。僕は考えていた。これはチャンピオンになるチャンスだ——。

モナコの王子とクラブへ

当然のように、他のチームはダブルディフューザーについて文句をつけ始めた。これがF1だ。あるチームが抜け駆けして何かを始めれば、残りのチームが大騒ぎし、FIAが調査に乗り出す。「ダブルディフューザーに難癖がつけられてるのは残念だよ」ある日、僕は一緒にマシンの周りを歩いていたロス・ブラウンに言った。

「いや、構わないさ」ロスが眼鏡の付け根を押し上げた。「むしろ、これはいいことだ。誰もがダブルディフューザーに気をとられてる。だけどうちのマシンには他にも小さなトリックがたくさん仕掛けてある」

ロスのようなカーデザイナーの仕事は、不正をしない範囲で、レギュレーションの抜け穴を見つけて利用することだ。トラックでは、僕たちドライバーが限界ぎりぎりまでマシンを走らせる。トラックの外では、エンジニアがレギュレーションの限界ぎりぎりまでマシンを開発する。それがフォーミュラ・ワンの〝公式《フォーミュラ》〟なのだ。

第二戦のマレーシアGPもウェットコンディションだった。レース中盤、視界を遮るほどの雨が降り、第一戦に続いてセーフティーカーが導入され、そのままレースは終了。前日の予選でポールポジションをとった僕は、決勝も一位で終えた。

中国では、フラビオ・ブリアトーレ――そう、ベネトン時代の僕の素晴らしい友人である（もちろん皮肉だ。僕のことを〝怠け者のプレイボーイ〟と呼んだ男なのだから）あのフラビオが、メディアに向かって、ジェンソン・バトンがなぜランキングのトップにいるのか理解できないと語った。フラビオは、FIAの調査の結果、結局ダブルディフューザーが禁止されなかったことに怒っていた。

中国GPの出来はよくなかった（他と比べて、の話だ）。予選では五位。今回も路面は濡れていたが、僕にとっては得意の条件だった。僕はフェルナンド・アロンソとルーベンス・バリチェロをパスし、レッドブル勢の後ろにつけた。レッドブルの二人は強力なコンビだった。そのうちの一人、セバスチャン・ベッテルはマクラーレンのルイス・ハミルトンと並ぶ新進気鋭のドライバーだ。まだF1の二度目のシーズンで、前年はトロ・ロッソでレースをしていた。僕が前年の年末、移籍すれば優勝の見込みはないと考えたこのチームで、セバスチャンは優勝していた。ただしそれは例外的なケースで、それがこの年のトロ・ロッソの唯一の勝利だった。チームとどれだけ多くの時間を過ごしているかという点では、セバスチャンほど熱心なドライバーもいなかった。その意味で、ミハエル・シューマッハを彷彿とさせた。レッドブルのもう一人のドライバー、マーク・ウェバーのことは、僕がベネトンに在籍していたときのテストドライバーだったのでよく知っていた。ドライビングスタイルや気質という点でデビッド・クルサードと似ていたマークも、研究熱心なドライバーだった。

何より、二人はこのシーズン、戦闘力の高いマシンに乗っていた。それは僕にとって大きな脅威だった。特にセバスチャンは自分の力を証明しようという意欲に溢れ、勝利に飢えていた。

実際、中国でも僕はマークと接戦を繰り広げたが及ばず、表彰台で二人を仰ぎ見る結果に終わった。

次のバーレーンGP、予選では四位と今ひとつだったが、二位のセバスチャン、三位のヤルノ・トゥルーリを抑え、再び優勝した。今シーズン、僕の最大のライバルになるのがセバスチャン、そしてルーベンスであることは疑いようがなかった。メルボルンでの初勝利以来、僕は優勝以外の結果に物足りなさを覚えるようになっていた。僕はこのマシンを愛していた——マシンとはシーズンを通じて、ずっとこの関係を維持していけるはずだと思っていた——そして、このマシンをうまく操れるという自信があった。

もちろん、そんなふうに考えていると、自分で自分にプレッシャーをかけることになる。優勝できなければ、すべて失敗だと思うようになる。不思議な感覚だ。頭では、（おい、二位だぞ。めちゃくちゃすごいじゃないか）とわかってはいても、心では不満が募り、唇をかみしめ、これじゃあ駄目だとつぶやいてしまうのだ。メルボルンとマレーシアで開幕二連勝を飾ったあとでは、どうしてもそんな考えを抱いてしまった。

バルセロナでは、ルーベンスとのちょっとしたバトルを制し、再び優勝。ルーベンスは、レース中盤に戦略を変えたチームに腹を立てていた。

「チームはジェンソンにいい戦略を指示した。信じられないよ」ルーベンスは表彰台に立っているときですら、チームの人間に対しての怒りを隠そうとしなかった。

ルーベンスを見ていると、チームメイトである僕のことを強く意識しているのがわかった。ドライバーはそんなふうに、ライバルに自分を意識させたいと思っている。ルーベンスは友人だったが、ライバルでもあった。だから僕は強さを見せつけたかった。ルーベンスが弱みを見せたことで、逆に僕の意欲は高まった。知も涙もないように聞こえるかもしれないが、それがドライバーの本音だ。

僕は〝いい戦略〟を与えられわけではなかった。チームはそのときの状況に応じて、僕とルーベンスにそれぞれ適切な指示を出した。それだけのことだ。それでもルーベンスは憤慨していた。「もしチームが、ジェンソンのほうが上だという序列をつくろうとしているのなら、俺は明日にでもヘルメットを脱ぐ」――そのフラストレーションは、ミハエル・シューマッハとチームメイトだったフェラーリ時代から積み重なったものであることは間違いなかった。ミハエルの契約書には、ミハエル・シューマッハがフェラーリの第一ドライバーであること、ルーベンスより先に新しいパーツが提供されることが明記されていた。

ルーベンスはブラウンで、僕と同じ条件で年間チャンピオンシップに挑むことを望んでいた。僕にとってもそれは歓迎すべきことだった。チームメイトには、勝負を挑まれるほうがいい。そのほうが自分の競争力を高められる。望むところだ。

全一七レース中の五レースを終えた段階で、僕は最高四五ポイント中四一ポイントを獲得し首位。ブラウンはコンストラクターズのランキングで六八ポイントを獲得して同じくトップに立ち、二位のレッドブルに大差をつけていた。一方、マクラーレンのルイス・ハミルトンは九ポイントと低迷していた。

モナコでは、レッドブルがダブルディフューザーを導入した。これで、僕たちブラウンと同じ条件で戦うことになる。

少ない燃料と新しいタイヤで運転しているとき、モナコの予選は実に刺激的だ。正直に言えば、決勝はサーキットの性格上、オーバーテイクが難しいこともあって、入れ替わりの少ない展開になるという側面もある。それでも、モナコGPが魅力的であることに疑いはない。

テスト走行を通じて、ペースは良かった。Q1とQ2を通して僕たちにもっとも肉薄したのはフェラーリだった。だがこれはあくまでも足切りを目的としたラウンドだ。Q1とQ2でそれぞれ五台の車が敗退し、Q3に残ったのは一〇台。僕はこの時点で一〇位で、ポールポジションが遠のいていた。繰り返すが、オーバーテイクが難しいモナコでは、ポールをとることがとりわけ重要だ。

でも、Q3を走るうちに、すべてが完璧にうまくいったというラップを走れた。ドライビングをしているというより、サーキットを流れていくような感覚だ。人車一体となり、どこまでが自分で、どこからが車かがわからなくなった。ラップを終えたとき、恍惚とした気分に包まれた。集中し、ハイになった状態。ランニングやサイクリングなどの個人競技ではよく知られている、いわゆるゾーンに入るという感覚だ。僕は予選は得意ではない。一周を誰よりも速く走るアイルトン・セナではなく、ライバルのセッティングやレース全体の戦略を考えながら戦うアラン・プロストタイプだからだ。

だけどそのラップで、僕は珍しくセナのように走った。そして、ポールを獲得した。

決勝ではリードを保ち、後続車との差を広げた。背後からルーベンスが迫ってきた。車間距離があまりにも短い。ダウンフォースの関係で、前車に近づきすぎると、空力グリップは失われてしまう。

案の定、ルーベンスのリアタイヤが傷んでいるのがわかった。逆に僕はタイヤに優しいドライビングを心がけた。コーナーに入るときにできるだけタイヤに負荷をかけず、ホイールスピンを最小限に抑えるように穏やかに加速した。ルーベンスよりタイヤの消耗が少ない状態を保ちたかったからだ。レース終盤は、タイヤのことを考えて少しペースを落とした。だがここがモナコの難しいところなのだが、ペースを落とすと逆に危険性が高まる。限界ギリギリの走りをしていないと、一〇〇パーセントの集中は保ちにくい。その結果、ミスが増えやすくなってしまうのだ。モナコでは疲れてくると、サーキットが狭く感じるようにもなってくる。だから集中はとても大切だ。加えて、僕はこのサーキットで起こした事故の鮮明な記憶が残っていた。ここでは少しスリップしただけで、ウォールに激突してしまう。

だけど、最後まで走りきった。モナコでフィニッシュラインを越えると、世界チャンピオンになったみたいな気分になる。興奮のあまり、僕はモナコが他のレースとは違い、一位から三位のドライバーは、ホームストレートの途中にある、モナコのアルベール王子が待つ貴賓席の前にマシンを停めなければならないという決まり事を忘れていた。

ピットの車両保管所《パルクフェルメ》にマシンを止めたら、オフィシャルに怒られた。

「ムッシュー、マシンを停めるのはそこじゃない」

「え、本当?」

「貴賓席の前だ」

「ああ、そうか」

ヘルメットとグローブを装着したまま、観客とメカニックに手を振りながらピットストレートを五〇〇メートルほど小走りし、貴賓席に向かった。駐車場を間違えた間抜けな男になった気分だったが、それでもモナコで優勝したばかりだったので恥ずかしさにも耐えられた。貴賓席の前には二台のマシンが停められ、二位のルーベンスと三位のキミ・ライコネンが待っていた。アルベール王子は大笑いしていた。

「遅くなってすみません」息を荒くしながら手を差し伸べると、王子は握手し、ハグしてくれた。

「もうセレモニーは始まっていましたか?」僕は尋ねた。

国歌が演奏された。誇らしい気分だった。シャンパンファイトが始まった。表彰台から飛び降り、大はしゃぎでシャンパンをかけて回った。ロスはびしょ濡れになり、チームは全員ピットウォールの後ろに隠れた。

この祝福は格別だった。両親が観客をかき分けて近づいてきた。ようやく抱き合えた瞬間は、映画『ロッキー』のラストシーンみたいだった。

楽しみはそこで終わらなかった。そう、モナコGPで優勝すると、アルベール王子とガールフレンド(現在の妻)のシャルレーヌとの夕食会に招かれる。正装し、ブラックタイを締めなければならない。マネージャーのリチャードが用意してくれたドルチェ&ガッバーナのスーツを着て、ジェシカと出向いた。王子の真向かいに座り、最高に楽しい夜を過ごした。

「アルバート王子」僕は食事が終わりに近づいたときに言った。「これからどうされますか？」

王子は、家に帰るよ、といった顔をした。

「駄目です。まだ帰しませんよ。今、アンバーラウンジに僕の仲間たちがいます。一緒に行きましょう」

リチャードや父は、僕がこのクラブにモナコのアルベール王子を連れて来たら、驚いて腰を抜かすだろう。ノーとは言わせない。

「それはできないよ」王子が言った。

「いやいや、そうおっしゃらずに」僕は譲らなかった。シャルレーヌとジェシカも加勢してくれた。結局、僕たち四人は、ボディーガード軍団と一緒にクラブに行った。予想通り、みんなびっくり仰天していた。意外にも、アルベール王子はクラブを満喫してくれた。何杯か飲むとダンスフロアに降りていき、見事な踊りを披露した。他の客も王子に余計な気を遣ったりしなかった。王子はご機嫌で楽しんでくれた。

リチャードがソファに座ろうとして足をひっかけ、王子の背中にぶつかった。「失礼」とリチャードは言い、友人同士がよくやるような仕草で王子の背中をポンと叩いた。その瞬間、懐に手を入れた、いかにもといったスタイルで飛びかかってきた何人かのボディーガードに取り押さえられた。そんな一幕もあった。

翌朝、二日酔いになっているかと思ったが、酒は残っていなかった。ジェシカに言った。「ビーチにある〈ラ・ノート・ブルー〉に行って、景色のいい席でロゼでも飲みながらランチをとろう」

店に着くと、仲間からメールが届いた。「どこにいる？　俺たちもそこに行く」。総勢八人となった僕たちは、〈ラ・ノート・ブルー〉でロゼワインをじゃんじゃん飲み始めた。四、五時間経ち、かなり酔っ払った僕たちは、どこかで遊びたくなった。でも、モナコの月曜日の午後に、どこに行けばいい？　〈ゼブラスクエア〉というクラブのマネージャーをしている友人に電話して相談したら、クラブを貸し切りにしてくれるという。店に入ると、大きなシャンパンボトルが用意されていた。巨大な剣でコルクが開けられ、一本を空にするとまた一本と出てきた。

これ以来、僕たちは決勝の翌日に存分にリラックスして過ごす一日を、〝スーパーマンデー〟と呼ぶようになった。

だけど残念ながら、モナコのときみたいに楽しく過ごせた月曜日は、その後しばらくはやってこなかった。連戦連勝だった僕の勢いが、突然ぎこちなく急停止してしまうことになったからだ。

遠のく栄冠

トルコGP、僕は二位のマーク・ウェバーと三位のセバスチャン・ベッテルを抑えて優勝。年間チャンピオンをさらに大きく引き寄せた。レース中、思わず無線でエンジニアに叫んだ。「最高のマシンをつくってくれてありがとう。こいつは怪物だよ！」

次のレースの開催地は、地元イギリスのシルバーストーン。家族や友人はもちろん、大勢のチーム関係者も観戦に詰めかける。当然、優勝したかった。これまで七戦中六勝を挙げていただけに、勝つ自信もあった。このときにはもう、〝このシーズンは僕のものだ〟という気持ちになっていた。

だがフリー走行では、ルーベンスに大きく及ばなかった。翌日の予選で、その理由がタイヤの温度と関係していることがわかった。シルバーストーンの寒さが問題だったのだ。予選の日も、六月のイギリスにしては低い、摂氏一六度。

「君のスタイルのせいだ。ジェンソン」レースエンジニアのアンドリュー・ショブリンが言った。「ルーベンスは君よりアグレッシブな走りをするから、タイヤに熱を加えられる」

「どうすればいいんだ？」

ショブリンの答えは、急に天気が温かくなるか、僕のドライビングスタイルを変えるかしかない、だった。どちらも神の介入でもない限り難しい。僕はそれまでと同じように走り、なんとか予選を六位で終えた。二位のルーベンスを挟んで、レッドブルのセバスチャンが一位、マークが三位に入った。

レッドブルのマシンには、カーデザイナーのエイドリアン・ニューウェイによる修正が施されていた。その見栄えの良さに、思わず目を奪われてしまう。このシーズン、僕の最大のライバルはルーベンスとセバスチャンだった。コンストラクターズポイントでブラウンに大きく引き離されていたものの、シーズンはまだ半ばであり、レッドブルは徐々に自信を深めていた。

レースではいいスタートを切ったが、フェラーリのフェリペ・マッサに行く手を阻まれてポジションを失い、レースの大半をヤルノ・トゥルーリを追いかけて過ごした。寒さのなかでタイヤをうまく扱うコツがわかってきたが、時すでに遅し。六位でフィニッシュした。

勝ち続けると、勝利に対する考えも変わる。Ｆ１を引退した今の僕からすれば、六位は満足できる結果に見える。だけど二〇〇九年当時は、出場しないほうがマシだとすら思った。

さらに次のニュルブルクリンクでのドイツGPでもレッドブル勢が一、二位を独占。僕は五位、ルーベンスは六位。二戦連続でワンツー・フィニッシュを決めたレッドブルは、コンストラクターズでもブラウンを二〇ポイント圏内にとらえた。

ハンガリーGPは、僕にとって三年前に初勝利を挙げた歓喜の光景が蘇る場所だ。この大会では、予選でルーベンスの走行中のマシンから外れたダンパーのスプリングがフェラーリのフェリペ・マッサのヘルメットを直撃するという悲劇が起こった。スプリングの重量は約一キロ。フェリペのバイザーに激突したとき、防弾チョッキが耐えられる力の二倍の衝撃がかかったという。マッサは失神し、マシンはウォールに激突した。

命の危険が危ぶまれたが、幸いマッサは死を免れた。ヘルメットとバイザーは衝撃でひしゃげていたが、マッサをこの世に留まらせておくだけの頑丈さを備えていた。マッサのシーズンはここで終わった。

そのスプリングはルーベンスのマシンから外れたものだったので、チームは念のために僕のマシンの同じ部品を取り替えた。そのため僕は予選では予定していた二ラップではなく一ラップしか走れなかった。しかも、大量の燃料を積んだ状態だった。順位は八位。

決勝の順位は？　七位。ため息が出るような結果だ。この大会の驚きは、それまで最悪の日々を過ごしていたルイス・ハミルトンが優勝したことだった。ルイスはまだこのシーズンに波乱を起こせる存在であることを示してみせた。

僕は、ブラウンが道を見失ったように感じていた。後退しているとは思わなかったが、他のチームに追いつかれたという感覚があった。チームはマシンに資金を投入しなくなっていた。マネージャーのリチャードからはマシンの予算は七〇〇万ポンドあると聞いていたが、実際は七〇万ポンドしか使われていなかった。チームの考えは「マシンは壊れていないのだから、直す必要もないだろう」というものだった。だけど通常は、F1マシンにはレースの度に新しいパーツが追加されるものだ。マシンの開発を続けることは、チームにとって大切な仕事だ。だがスポンサーのステッカーは変わっても、ブラウンのマシンはシーズンの初めからちっとも変わっていないように見えた。

バレンシアでのヨーロッパGPは僕にとっては残念なレースだったが、ルーベンスが優勝したのはチームにとっては良いことだった（僕は歯ぎしりをしていたけれど）。レッドブル勢は二人ともノーポイント。

スパでのベルギーGPでも僕は寒さに手こずり、タイヤの熱を十分に保てなかった。シーズン初め、僕はマシンに恋していた。その流れるような滑らかさを称賛し、力強い走りに心を震わせていた。僕とマシンとの関係はどうしようもなく悪化しているわけではなかったが、冷めていたのは事実だ。寒いときに思うように走ってくれないことに、苛立ちを感じた。蜜月は終わった。僕は予選で一四位、決勝では途中でリタイヤした。

ポイント争いでは、ドライバーズでは僕が七二ポイントでトップ、ルーベンスは五六ポイントで二位、セバスチャンが五三ポイントで三位。コンストラクターズではブラウンが一二八ポイントでトップ、レッドブルが一〇四・五ポイントで二位。

モンツァでのイタリアGPでは、ブラウンがワンツー・フィニッシュ。ただし、僕が好きな一位と二位の並びではなかった。シンガポールGPはこのシーズンで唯一、表彰台にブラウンとレッドブルのドライバーが立たなかったレースだった。優勝をさらったのはルイス・ハミルトン。この時点で、コンストラクターズタイトルを獲得する可能性を持ったチームはブラウンとレッドブルに絞られた。同じく、ドライバーズタイトルを手にする可能性があるのは僕、ルーベンス・バリチェロ、セバスチャン・ベッテルの三人だけになった。

日本GPは平凡な結果だった（ルーベンスが七位で僕は八位）。それでもブラウンはチャンピオンシップ獲得にあと一ポイントと迫った。ドライバーズでは僕が八五ポイントで、ルーベンスが七一ポイント。

ブラウンにとっては有利な状況だった。そして次のレースは、ルーベンスのホームトラックであるブラジルGP。

でも、正直に言えば僕はストレスを感じていた。ブラジルの温かい天候は、寒さが苦手な僕のマシンには合っていた。それでも、僕はシーズン前半はまず手堅いと言われた年間チャンピオンの座を逃してしまうのではないかという不安に襲われていた。レッドブルはまだコンストラクターズタイトルの可能性を残していたが、その条件はブラジルと最終戦のアブダビの両方で一位と二位を独占し、ブラウンがノーポイントに終わらなければならないというものだった。不可能ではないが、まず起こりえない。大きなトラブルにでも見舞われない限り、ブラウンはコンストラクターズタイトルを獲得できるだろう。

それに比べれば、ドライバーズタイトルはまだわからなかった。僕がブラジルでタイトルを獲得するには、ルーベンスの四ポイント以内でフィニッシュする必要があった。セバスチャンは、アブダビに可能性を残すためには一位か二位が絶対条件だった。

つまり、僕がこのまま年間チャンピオンになるか、それとも逆転が起こるか、という状況だった。それだけに、愛国心を隠そうとしないブラジルのファンに囲まれたこの週末は、とてもストレスが大きかった。地元出身のルーベンスを応援するブラジル人は、身振り手振りをたっぷりと使いながら、僕にブーイングし、野次を飛ばしてきた。レセプションでも何があるかわからなかったので、一緒に来たがっていたジェシカに、参加しないようにと頼んだ。それは良い判断だった。

レストランで食事をしたときには、悪ふざけをしたTV番組の撮影班に店外に何脚かの脚立を並べられた。通りに出るには、脚立の下をくぐらなければならない。でも、僕たちは脚立を押し倒した。冷たい目で見ないでほしい。たしかに、テレビ局のいたずらへの反応としては、大人気なかった。でも、このときの僕はそれくらい、目の前に迫ったレースのことで神経をとがらせていたのだ。普段なら、笑ってテレビ局の冗談に乗っただろう。でも、さすがにそのときは無理だった。

フリー走行は問題なく走れたが、予選では濡れた路面にチームがうまく対応できず、タイヤの選択に混乱。他のドライバーが次々と好タイムを叩き出すなか、僕は一四位に沈んだ。しかも、ポールポジションを獲得したのはルーベンスだった。

予選を終え、マシンを降りて重い足取りでサーキット内を歩いた。ブラジル人が飛ばしてくる野次は、耳に入れないようにした。

「ジェンソン、調子はどう?」友好的な声が聞こえた。挨拶を返そうと振り返った。

ニヤリと笑った若者が、中指を立てていた。

運命の瞬間

記者はよく、「ジェンソン、君は世界チャンピオンになりたくはないのか？」と尋ねてくる。まるで、僕がチャンピオンの座を、わざと捨てようとしているかのように。チャンピオンになれるかどうかなんて、どうでもいいと思っているかのように。彼らは、僕がそう思っているかもしれないと本気で考えているらしい。

（そんなわけないだろう。この馬鹿野郎！）そう叫びたい衝動にかられる。

なんとか自分に言い聞かせる。耐えろ。

僕はプレッシャーに負けようとしているのか？

そんなことはない。

本当か？

落ち着け、落ち着くんだ――。

この手の質問をされると、強烈なプレッシャーを感じた。僕はやっぱり、チャンピオンシップをみすみす逃すことになるのかもしれない。プレッシャーに押しつぶされてしまうのかもしれない。

予選の前日、ひどい結果に終わる夢を見た。実際、そのとおりの展開になった。

頭では（俺はポイントでリードしている。ライバルより有利な立場にいる）とわかっていても、心では（俺は馬鹿だ。せっかくのチャンスを台無しにしようとしている）という声がする。

僕はセバスチャンも同じく予選で苦しみ、自分よりさらに下の一六位に終わったという事実に目を向けようとした。自分にとって有利な数字を繰り返し頭に浮かべようとした。たとえ明日の出来が良くなくても、ライバル二人の結果次第では、年間チャンピオンを手にする可能性があると何度も自分に言い聞かせた。

自分と同じ立場にあった、過去のすべてのドライバーのことを思った。みんな、僕と同じ気持ちになったのだろうか？　誰もが、今の僕と同じように、失敗するかもという不安によって拷問のような苦しみを味わってきたのだろうか？

ホテルのバーで父と飲んだ。「父さん、僕はこの週末で年間チャンピオンを決めたいんだ」。父は微笑んだ。その微笑みを、僕は今でもよく覚えている。父の顔には、僕がチャンピオンになれると書いてあった。お前は追い込まれてなんかいない、あと一つコーナーを抜ければ、欲しいものが手に入る位置にいる。大丈夫だ、と。

仲間もバーに合流した。クリッシー、ジェームズ、リッチー、リチャード。みんなが揃った。一緒に食事をし、少し寛いで、ホテルの部屋に戻った。その夜、前日とは違う夢を見た。世界チャンピオンになる夢だ。最高の夢になるはずだったが、そうではなかった。目覚めたとき、世界チャンピオンではなかったからだ。

翌朝、フィジオのマイキーと一緒に、いつものようにレース前の準備をし、集中を高めた。今シーズン、僕はドライバーズポイントでずっとリードを保っていた。それは重要なことだった。たしかに、序盤でつけた圧倒的な差は縮められてしまった。だけど、一度も二位以下にランキングを落としてもいなかったのも事実だった。積み上げた一つひとつのポイントが、僕を首位に立たせ続けてくれたのだ。

だがこれからわずか数時間後、僕のタイトル獲得は危機にさらされてしまうかもしれない。ブラジルのファンは、僕の失敗を願っていた。サーキットでは嘲りが続いていた。レーシングキットを身につけ、ダミーグリッドに向かった。停車したマシンを降りてヘルメットを脱ぐと、ピットストレートの上のグランドスタンドからブーイングの大合唱が聞こえてきた。僕をサポートしてくれる人たちもいた。イギリスの記者もたくさん来ていた。父も笑顔を浮かべて観客に親指を立てた。父のその仕草がきっかけで、ブーイングは声援に変わった。そのとき、僕はブラジルのファンから激しい敵意を抱かれていたわけではないことに気づいた。僕は嫌われていたわけではなかった。ファンは、ブラウンのもう一人のドライバーであるルーベンス・バリチェロに勝たせたいと思っていただけだった。そしてルーベンスを応援するために、僕にブーイングをすることしか思いつかなかっただけなのだ。

実際、ルーベンスはポールポジションで、僕は一四番手。もしこのままの順位でフィニッシュすれば、ルーベンスは僕にあと二ポイントという僅差で最終戦のアブダビを戦えることになる。僕の優勝はかなり危うくなってしまう。

そんな展開になるのは、まっぴらごめんだった。僕にはポイントが必要だった。ライトが消え、決勝がスタートした。僕は直後にルノーのロマン・グロージャンの前に出て、順位を一つ上げた。オープニングラップでは波乱が起きた。ヘイキ・コバライネン、セバスチャン・ベッテル、ジャンカルロ・フィジケラ、ヤルノ・トゥルーリ、エイドリアン・スーティル、マーク・ウェバー、フェルナンド・アロンソが軽い接触に巻き込まれた。

コバライネンがピットに入り、ウェバーとの接触でフロントウイングを破損させたライコネンも直後にピットインした。コバライネンは給油ホースが差し込まれたままの状態でスタートし、ガソリンをピットに撒き散らした。そのため直後にピットに入ってきたライコネンのマシンに引火してしまった（トラブルは処理され、どちらもレースに復帰して完走した）。

誰も怪我をしなかったので安心して言えるのだが、僕にとってこのファーストラップの混乱は神の恵みだった。そのあとにセーフティーカーが出動し、多くのドライバーがピットインしたことで、僕は九位に浮上。あと一つ順位を上げればポイントが獲得できる位置につけた。

「行ける、行けるぞ！」無線に向かって、自分を鼓舞する応援歌のように繰り返し叫んだ。マシンを限界まで走らせ、いつでも大胆な動きがとれる体制を整えた。

「いいぞＪＢ、その調子だ！」クルーが無線でセバスチャンとルーベンスの最新情報を与え続けてくれる。

一コーナーの手前で中嶋一貴をオーバーテイク。次のラップでも、再び一コーナーで遅れてブレーキをかけ、セバスチャン・ブエミを抜き去った。真後ろにセバスチャン・ベッテルがぴったりとついてきているのがはっきりとわかった。

二九周目にピットイン。その時点で二位として五周を走ったところだったが、ピットから出た段階で六位に落ちた。前を走る小林可夢偉をとらえきれず、我慢の走行が続く。頭のなかで計算をした。三位のルーベンスが最終戦に可能性を残すための条件は僕に対して五ポイント以上の差を縮めることだが、このままフィニッシュすれば三ポイントしか詰められない。

残り八周、ルーベンスがルイスと接触、ピットインして八位に後退した。僕は五位。

つまり、このままならドライバーズタイトルを獲得できる。このままの順位が維持されるなら、僕より前を走っているセバスチャンの最終戦でのチャンスも消える。

レースエンジニアのアンドリュー・ショブリンに無線で尋ねる。「何かすべきことは？　マシンの調子はどうだ？」。不思議な落ち着きを感じた。ドライバーズタイトルは僕の手のなかにあるとも言えるし、ないとも言えた。このまま何事もなく走れば悲願が叶うが、マシンにトラブルが生じればすべて水の泡だ。極限の状況に置かれたためか、むしろ禅の境地のようなリラックスした気持ちになっていた。楽しさすら感じ始めていた。

「そのまま走るんだ」ショブリンが言い、残りの周回数をカウントダウンし始めた。だけど、僕はカウントダウンは要らないと言った。僕はレースを楽しんでいた。そんな気持ちで走ったことは、長いキャリアのなかでも数えるほどしかない。その年に起こったことが、次々と走馬灯のように頭に浮かんできた。勝ったレースもあれば、情けない出来のレースもあった。良い記事も書かれたが、こっぴどく批判される記事も書かれた。ブラジルの観客からはブーイングも浴びた――。

最後のコーナーを出て、スロットルを全開にした。あとはラインを越えるだけだ。マシンを感じ、ギアシフトの感触を味わい、すべてをコントロールしていることを愛するだけだ。この瞬間をもっと味わっていたいとすら思った。

フィニッシュラインでは、チェッカーフラッグを振り回すフェリペ・マッサの姿が見えた。事故以来レースには参加できなかったが、順調な回復を見せていたフェリペは、僕と同じくらい大きな笑顔を浮かべていた。チームのみんながピットウォールで歓声を上げ、拍手をしている。僕はコックピットのなかでクイーンの『伝説のチャンピオン』を口ずさみ（悪くない選曲だ）、「俺たちは世界チャンピオンだ！」と叫び、吠え、喉をからしてチームに感謝した。

僕はゆっくりとウィニングラップを走り始めた。最高だった。チームも観客も、僕が年間チャンピオンになったのを知っていた。他のドライバーも、親指や握りこぶしで祝福をしてくれた。ルーベンスから温かく祝ってもらえたのが何より嬉しかった。それはルーベンスの人間性の素晴らしさを表していた。僕は他の誰よりも、彼がチャンピオンになりたがっていたのを知っていた。あと少しでタイトルを逃してしまったことで、相当に落ち込んでいただろう。僕たちの関係は、そのシーズンを通して必ずしも素晴らしいときばかりではなかった。だけどその瞬間、ルーベンスは人としての器の大きさを示してくれた。

僕は五位だったので、表彰台には立てなかった。残念だったが、珍しいケースでもない。前年にルイス・ハミルトンが年間チャンピオンを決めたときもそうだった。それに、キャップを与えられ、グリーンルームのあたりをうろうろしながら、他のドライバーと「いやあ、最終ラップで君に追いつかれると思ったよ」なんて話をしなくてもよかった。車両保管所《パルクフエルメ》でマシンから飛び降りたとき、大歓声で迎えられて驚いた。ブラジルのファンからは、これまでずっとブーイングを浴びせられてきた。しかも、僕は彼らが応援していたルーベンスに勝った。なのに、みんな僕を祝福してくれているのだ。ブラジル人を好きにならずにはいられないと思った。

カメラマンが押し寄せてきた。僕は慣れ親しんだ顔を探した。チームと、仲間と、父とこの喜びの瞬間を分かち合いたかった。もちろん、ロスともだ――僕はこの日に決定した唯一のチャンピオンではなかった。僕が獲得したポイントによって、ブラウンもコンストラクターズタイトルのチャンピオンに輝いたのだ。初シーズンでの戴冠は、おとぎ話のような偉業だった。

ブラウンのメカニックがカメラマンの群をかきわけてこっちに向かってくる。ドリンクボトル片手のマイキーと強く抱きしめ合った。グローブとヘルメットを外して、世界チャンピオンになった自分の素顔をさらした。カメラマンに向かって、ナンバーワンを意味する人差し指を突き出した。

父がいた。ピンク色のシャツを着て、サングラスをかけている。次の瞬間、僕たちは抱き合っていた。父と息子の抱擁だった。寒い朝に子供用のオートバイに乗ったときから始まった僕たちの旅が、世界チャンピオンへの道のりを導いてくれた。その長い旅の途中で、僕たちはお互いに信じられないほどの経験を与え合ってきた。抱き合いながら、父の誇りと喜び、そのすべてを感じることができた。父は泣いていた。テレビのカメラマンが撮影をしていた。父は泣いている姿を世界中に向けて放映されたくはないはずだ。だから僕は父の泣き顔が見えないように、ずっと抱き合っていた。長すぎて周りに様子がおかしいと思われるくらいまで。

ようやく、僕は父を離した。

夢のような時間

「ようやくだな」とバーニー・エクレストンに言われた。僕はまだ雲の上に浮かんでいるような気分だった。パドックを走り、リッチー、クリッシー、ジェームズを探した。「とうとうやったか」ロスが素っ気なく言った。

誰かに渡されたユニオンジャックを手にしてポーズをとると、数え切れないほどのフラッシュが焚かれた。その後の記者会見は簡単だった。ドライバーは記者に質問をされると、「どんなふうに答えればいいだろう?」と頭を悩ますものだ。でもこのときは、こみ上げてくる感情と一緒に答えが口から淀みなく出てきた。世界チャンピオンになることについての質問に、長年ずっと答えてきたみたいに自然だった。

でも正直に言えば、ちょっとばかり上の空でもあった。喜びが波のように押し寄せていた。一つのレースに勝ったときは、アドレナリンが溢れ、強烈な興奮を感じる。その純粋な喜びは、他と比べようもないくらいだ。だけど世界チャンピオンになった喜びは違っていた。そこには大きな安堵があった。人生のなかでもっとも長く、難しい目標を達成したという感覚だ。あれから何年もたった今でも、朝起きて、自分は世界チャンピオンなのだと実感することがある。それだけで、笑顔になる。

「デブリーフィング」と呼ばれるレース後のミーティングがあった。こんなに無意味なデブリーフィングもなかった。みんなシャンパンかけをした直後で、ノートパソコンに雫がこぼれていた。お祝いは、全員がホテルに向かう車に乗り込むまで続いた。ホテルに戻ると、ホールで盛大な祝賀パーティーが開かれた。

会場に行ったが、胸がいっぱいになり、少しだけ飲んでみんなに挨拶し、上階にある自分の部屋に戻った。そこで三時間ほど、じっと椅子に座って思いに耽った。

後日、ブラウンでシーズンを振り返るチームミーティングがあった。シーズン後半に僕が低迷したことも議題になった。理由についてさまざまな意見が出たが、はっきりとした結論は出なかった。プレッシャーがあったから? レッドブルが迫ってきていたから? 序盤はマシンに慣れるのに苦しんでいたルーベンスが後半に調子を上げてきたから？

エンジニアのショブリンは「ジェンソンはプレッシャーで自分の走りができなかった」と言い、ロスは「ジェンソンのドライビングスタイルがアグレッシブではないのでタイヤの温度を保ちにくかった」と言った。

ともかく重要なことは、僕がこうした状況のなかでも踏ん張り、チャンピオンになったことだ。

もちろん、ダブルディフューザーは僕たちに有利に働いた。だけど、このパーツがあったから世界チャンピオンになれたのだと言われると、僕は思わず笑ってしまう（つまり、頭にきてしまう）。シーズン初めの時点で、ブラウン以外にもダブルディフューザーをマシンに搭載したチームは他にもあった。シーズン途中で導入したチームもあったが、僕たちよりも速くは走れなかった。それに、僕はシーズンのなかで何度か会心の走りを見せた。たとえばブラジルでは、予選一四位から決勝で五位まで順位を上げた。悪くないパフォーマンスだ。さらに、ブラウンはシーズン中にはマシンにほとんど手を加えなかった。

「とうとうやったか」というロスの言葉は、僕が感じた大きな安堵感を表していた。ナイジェル・マンセルは一九九二年に初めて世界チャンピオンになる前に、一七六レースを戦った。僕は一六九レース目で、史上二番目に長い時間がかかっていた。

それでもその夜、下でパーティーが催されているホテルの部屋にいたときの僕の頭にあったのは、父と一緒に歩んできた長い道のりのことだった。世界チャンピオンになるという幼い頃からの夢だ。いつのまにか眠りに落ち、翌朝目を覚ました。

その夢は、夢ではなかった。

あの日の言葉に

ブラジルで世界チャンピオンを獲得した後の僕たちの次の目的地は、イギリス、ケント州のブルーウォーター・ショッピング・センターだった。大勢のファンや後援者が集まり、モデルのジョディ・キッドや、ポップ・シンガーのジョス・ストーンも一緒に出演するという。話を聞かされたとき、こう思った。ショッピングセンターでのスポンサーイベント？ 冗談だろ？

冗談ではなかった。プライベートジェットに乗り、ケント州に向かった。僕の仕事はにっこり笑って記念写真に応じること（〝ナンバーワン〟の人差し指を立てて）、メルセデスのスーパーカーでデモ走行すること、スロットカーの「スケーレックストリック」のゲームに参加することだった。僕はイベントのあいだじゅうずっと、（現実の出来事じゃないみたいだ）（こんなの寝ながらだってできる）と思っていた。

とはいえ世界チャンピオンに寝る暇はない。大切なお祝いがあるときには特に。僕はロンドンに向かい、メイフェア地区にある洒落たクラブ、ジャルーズで気の合う仲間たちとパーティーを催した。ファンや後援者もいた。多すぎると退屈になるけど、ちょうどいい数だった。みんなダンスを楽しみ、シャンパンを大量に飲んだ。いつものジェンソン・バトンのパーティーだ（このときは、誰も転んで怪我をしたりはしなかった）。

早朝、僕たちはメルセデスのワンボックスカー、Vクラスに乗り込んだ。目的地に向かって走っていると、パパラッチが追いかけてきた。「ジェンソン、一枚だけ撮らせてくれ。そしたらもう追い回したりしない」男は言った。

これまでの苦い経験から、どうせ写真を撮ったあともついてくるつもりなんだろう、と思った。だけど、僕は世界チャンピオンになったばかりで、泥酔していて、気のいい人間だった。目の前にいるこの男だって、いい奴なのかもしれない。ロンドンで唯一の、約束を守るパパラッチなのかもしれない。

「いいよ。一枚だけだぞ」

でも、やっぱりその男は他のパパラッチと同じく、嘘つきだった。僕たちがVクラスのシートに戻って再び出発すると、スクーターに飛び乗って追いかけてきた。スクーターに乗りながら写真を撮るのはかなり高度な芸当だったが、そのときの僕たちはパパラッチの職人技を称賛する気分ではなかった。これから行こうとしている場所についてきてほしくはなかった。

僕たちは車内で、ユーチューブで見た動画のことを話した。追いかけ回されることに腹を立てた有名人が、パパラッチの車のキーを奪い取ってしまう様子を撮影した動画だ。

信号が赤になり、Vクラスが停車した。僕のPR担当者ジェームズが車から飛び出し、スクーターに駆け寄り、キーを抜き取った。ジェームズは車に戻ると、一キロほど進んだ後でキーを窓から投げ捨てた。

もちろん、これは褒められた行為ではない。パパラッチは自分の仕事をしようとしていただけだ。批判する人の考えもわかる。でも僕たちはかなり酔っていて、そのパパラッチに嘘をつかれたことで腹も立てていた。

翌朝、目を覚ましたジェームズは、二日酔いの頭で昨夜の出来事をおぼろげに振り返った。そして、Vクラスの窓からキーを投げ捨てたことを思い出して我に返った。

ジェームズは僕の愛すべき秘書、ジュールズ・ゴフに連絡して、この件に関してどこからか電話がかかってきていないか尋ねた。案の定、警察から連絡があったという。ジェームズは警察に電話をして、パパラッチは信号無視などの危険運転をしていたので、キーを奪って捨てたのは公共の安全のためだと言った。それに、車を追いかけられるという迷惑な行為もされていたと伝えた。

警官は言った。「わかった。ではこれからその男に電話して、告発の意思があるかどうかを確認する」。ジェームズは、「もし彼が告発するのなら、こちらも迷惑行為で告発します」と言った。警察から折り返し連絡があった。パパラッチは、告発しないということだった。

この一件で、僕の世界チャンピオンのお祝いには少しばかり水を差された。それでも、すぐに別のことに目を向けなければならなかった。アブダビでの最終レースという仕事が残っていたからだ。これほど気楽に走れたレースもなかった。フリー走行でスピンをしたからって、どうってことなかった。もう、何も気にする必要はない。僕はレースを満喫した。

優勝したのはセバスチャン・ベッテル。だが見物だったのは僕とマーク・ウェバーの二位争いだった。僕はこのオーストラリア人ドライバーとの戦いには敗れたが、二人のレッドブル勢と一緒に表彰台に立てた。表彰台の上で、セバスチャンが僕を見つめ、あの難しそうな、物思いに耽ったような表情をして、ドイツ訛りの英語で言った。

「一緒に表彰台に立ててよかったよ。本当に」

その通りだった。まったくその通りだった。

いつだったのか正確には思い出せないが、僕は父と二人きりになって、このシーズンを振り返った。

「父さん、言いたいことがあるんだ」僕は言った。

「なんだ？」

「昔のことさ。カートレースが終わって、車で家に戻っていた。父さんがハンドルを握り、助手席にはピッパがいた。僕は後ろの席で眠っていた」

父は少し身構えた。「それから？」

「でも、僕は完全には眠っていなかったんだ。そして、父さんとピッパの会話を聞いた」

父が深刻な顔をした。めったにそんな表情にはならない。「私は何と言ったんだ、ジェンス？」

「ジェンソンはものになるとは思えない――」

父の顔がくしゃくしゃになった。「おおジェンス、すまない。あのときは……」

「違う、そうじゃない。父さん、責めるつもりじゃなかったんだ。お願いだから気を悪くしないで」。父は頭を振り、申し訳なさそうな顔をした。だけど僕は父に、あのとき自分がどんな気持ちになったかを知ってほしかっただけだった。「本当だよ。約束する。僕はあのとき、心がレースから離れていた。このまま競技を続けることに疑問を持っていたし、カートを楽しめていなかったんだ。だからあのときの父さんの言葉は、まさに当時の僕にとって必要なものだった。僕はそのとき決意したんだ。父さんの言葉が間違っていると証明してやろうって」

父が笑った。「そうだったのか。ジェンス、お前は私が間違っていることを証明してくれたよ。素晴らしい方法で」

第三部
新たなる挑戦

「あなたは夢と共に現れ、
思い出を残して去った」

新天地マクラーレンへ

世界チャンピオンになった。これからどうすればいい？

ブラジルGP決勝の夜、パーティーを抜けてホテルの部屋に戻り、思いを巡らしていたそのときから、この疑問はずっと頭につきまとっていた。

それは人生最大の目標だった。幼い頃からの夢だった。頂点に登ってしまえば、あとは下に降りていくしかない。再び世界チャンピオンになっても、初めてのときのような感動はもう味わえないだろう。五回連続でチャンピオンになっても、初回の焼き直しのような気持ちにしかならないはずだ。

そうならないようにするためには、どうすればいい？

答えはすぐには見つからなかった。まず、ドバイに行かなければならなかった。マネージャーのリチャードや他のクルーと一緒に、二〇〇九年末までこの都市で過ごすことになっていたからだ。滞在中、ロス・ブラウンとニック・フライが訪れた。「ジェンソン、私たちは君と複数年の契約をしたい」二人はテラスでコーヒーを飲みながら言った。

素晴らしい。僕たちは思った。そして、彼らの口から次に出てくる言葉を待った。肝心なのは、いつも本題の後の話だ。僕たちは今後のチームに望んでいることがあった。なかでも重要なのは、シーズン中にマシンを改善するというコミットメントだった。僕たちは来シーズン、二〇〇九年の再現を求めていた。だけど、それはまったく同じ状況での再現ではなかった。

でも、彼らの口から次に出てきた話は、僕のあらゆる不安を倍増させるものだった。

「チームはメルセデスに買収される。来シーズンはチーム名に〝メルセデス〟を入れて戦うことになるだろう。ルーベンスの代わりに、新しくニコ・ロズベルグを迎え入れる。君には、ニコと一緒に走ってもらいたい」

僕はリチャードを見た。

「じゃあ、メルセデスはチームに資金を提供するということ？」

沈黙。ロスとニックは咳をして、足下に視線を落とした。「そうでもないんだ」ニックが言った。「メルセデスはブラウンを買収するが、チームに出資してくれるスポンサーを見つけるのは私たちの責任だ」

検討してから返事をすると答え、友好的に別れの挨拶をした。二人がいなくなったとたん、ため息をついてリチャードと顔を見合わせた。チームのスポンサーは簡単には探せない。年間数億ドルもの大金が必要になる。なぜ、メルセデスはチームを買収しながら、出資はしないのか？　もちろん、真相はメルセデスに尋ねなければわからない。だけど当時その理由と見なされていたのは、メルセデスが慎重になっているというものだった。同社は何年もエンジンメーカーのイルモアと提携してエンジンサプライヤーとしてF1に参加してきたが、再びコンストラクターとしてF1に参入するにあたり、まずは手堅くスタートをしたいということらしい。現在、メルセデスがF1界で大きな存在感を示していることを考えると、にわかには信じられないような話だが、二〇〇九年はそういう状況だったのだ。

正直、それはあまり魅力的な話ではなかった。

ドバイでロングチェアに寝そべり、冷たい飲み物を口にしながら、しばらく考えた。そして、決断した。楽な道は選ばない、と。

あの夜、ブラジルのホテルの部屋で悩み始めて以来、ずっと求めていた答えがこれだった。世界チャンピオンになれて、本当にほっとした。重圧から解放された（「ようやくだな」「とうとうやったか」とバーニーやロスから言われたように）。でも、シーズン後半には、前半に感じていたようなレースの喜びはなかった。僕はその喜びを取り戻したかった。だから、新しい挑戦が必要だった。その挑戦は、ブラウンの新しいスポンサーを探すことではなかった。サーキットのトラックで新しいチャレンジがしたかった。それができそうな場所について、心当たりはあった。

「本気か？」リチャードは、僕から突拍子もない計画を聞かされてそう言った。

「もちろん」

次の瞬間、リチャードはマクラーレンのマーティン・ウィットマーシュに電話していた。

「やあマーティン、来年、シートに空きはあるか？」

「その可能性はある。なぜだ？」

「ジェンソンが君のチームに興味を示している」

「本当か？」

「本当だ。驚いたか？」

「ジェンソンがブラウンを離れるとは思っていなかったよ。ブラウンもジェンソンも世界チャンピオンになったんだからな。まさか他のチームで一からスタートしようとしているとは」

「たしかに」リチャードが言った。「でも、マクラーレンのマシンは二〇〇九年シーズンの終盤、最強だった。何度かレースにも勝ってる。だからジェンソンはマクラーレンで走りたいと思ったのさ」

僕がマクラーレンのマシンに注目していたのは間違いない。MP-24はシーズン序盤こそ躓いたが、ダブルディフューザーの問題にも迅速に対応し、シーズンを通してマシンを改良し続けた。そして、シーズン末にはレースに勝てるようになっていた。僕の注意を引いたのは、マシンを絶えず良くしていこうとする、チームの姿勢だった。このシーズンのライバルたちのうち、来年も勝てそうなのはレッドブルとマクラーレンしかなかった。だがレッドブルには僕の座席がないことはわかっていた。セバスチャンとマークは盤石のコンビだ。だけどヘイキ・コバライネンはマクラーレンで結果を残せていなかった。ヘイキ自らが、低調な一年を過ごしたことを認めていた。だからマクラーレンがルイス・ハミルトンのパートナーを探している可能性は多いにある、そう僕たちは踏んでいた。

それが、僕がマクラーレンに行きたかったもう一つの理由だった。マクラーレンには、前年の二〇〇八年に世界チャンピオンになったルイス・ハミルトンがいた。僕は彼とチームメイトになりたかった。

それまでは、チームメイトに恵まれたときもあれば、そうでないときもあった。ウィリアムズでは、フランクにオファーをもらった直後、ラルフ・シューマッハに我がままな歌姫のような傍若無人の振る舞いをされ、チームメイトとは最大のライバルでもあることを身を以て教えられた。実際、シーズンが始まってからもその通りだった。ラルフはいつも僕に対して神経質になっていた。

自分の地位が脅かされるのを恐れているかのように。そして、一度も僕を対等なドライバーとして扱おうとはしなかった。それは、僕のほうが年下だったことや、言語の壁があったことも関係していたのかもしれない。ドライバーとしてのラルフの強みは、一ラップを高速で走れることだった。僕が同じレベルに到達するまでにはしばらく時間がかかった。だがその後は、ラルフの態度は少し軟化した。

ＢＡＲでのジャック・ヴィルヌーブも同じだった。僕はジャックに自分の力を証明しなければならなかった。

ベネトン時代のチームメイトだったジャンカルロ・フィジケラは、僕よりもはるかに優れた走りを見せた。でもそれを自慢することなく、むしろチームメイトの僕をサポートしてくれた。フィジーは素晴らしい人間だった。ヤルノ・トゥルーリは物静かでマイペースなタイプで、Ｆ１のサーカスのような騒々しさがあまり好きではないようだった。たぶん、キミ・ライコネンもそんなタイプなのだろう。

そして、ルイスだ。僕がなぜルイス・ハミルトンとパートナーになりたいかは、心理学的にいろんな説明ができるのだろう。でも詰まるところ、理由は一つしかない。それは、僕がスポーツマンだということだ。僕は競争を糧にして生きている。グリッド上でもっとも速いドライバー、世界チャンピオンと競ってみたいと思ったのは当然のことだ。自分がルイスに勝てるかどうか、試してみたかった。それに、もし僕がルイスとパートナーになれば、過去二年の世界チャンピオンが初めてコンビを組むことになる。また、一九六八年のロータスのグラハム・ヒルとジム・クラーク以来の、イギリス人世界チャンピオン・コンビの誕生にもなる。つまりいろんな惑星が、直列することになる。

「我々は君をチームに迎え入れたい」マーティンはイギリス、ウォキングにあるマクラーレンのファクトリーを案内しながら言った。僕の目はトロフィーに釘付けだった。トロフィーが飾られたキャビネットは果てしなく続き、まるで光のイリュージョンみたいに輝いていた。レーシングカーが至るところにあった。広大な部屋が、マクラーレンのF1カーでいっぱいだった。マシンはビニールシートで覆われていた。優勝を飾ったことのあるマシンが無数に並び、「セナ」や「プロスト」「ハント」といった偉大なドライバーの名前も見える。MP4/4もあった。一九八八年にセナとプロストが乗った、一シーズンで史上最大の成功を収めたマシンだ。

レーシングマニアにとって、それは天国をさまようようなものだった。いや違う。それはレーシングマニアにとっての天国そのものだった。ウィリアムズと同じく、マクラーレンはF1界の巨人だった。ウィリアムズと同じく、ロン・デニスとマーティン・ウィットマーシュという二頭体制であることも知られていた。どちらも業界のレジェンドだ。ロンには気難しいところもあって、気楽には近寄りがたかった。一緒に仕事をするなかで、心から気を許せたと思えたこともない。だけど、僕はロンと彼が成し遂げてきたことを尊敬していた。何より、ロンは骨の髄までレースの世界の男だった。僕はロンのそんなところが大好きだった。

それに、ロンと親友のような間柄ではないことは、もはや重要ではなかった。この時点でロンはチームの代表となって現場を一歩退き、チームを統率するための手綱をマーティンに渡していたからだ。僕はマーティンとはぴったり息が合った。

ブラウンとの話し合いは続いていた。僕たちはあっさりとブラウンを見捨てたわけではなかった。でも、二〇一〇年のマシンを改善するための開発が行われている兆しは、いつまでたっても感じられなかった。それに、ブラウンは僕たちとあまり積極的に話し合いたがらなかった。電話にも出ず、メールの返事もなく、といったこともあった。実際のところは、メルセデスとの契約問題で忙しく、僕にあまりかまっていられなかったということだったのだろう。それでも、僕としては「もしもし？　僕はここにいるんだけど？」といった心境だった。何が起きているのかがわからなかった。

それは、自分を必要としてくれるチームで走りたいという感覚にもつながった。僕は可憐な花のように繊細な人間だから、誰かに求めてもらいたいのだ――冗談はともかく、結局のところ、僕は勝てるマシンに乗りたかった。それが何より重要だった。

「ルイスと同じチームで走るなんて、君はキャリアのミスを犯したと思う」交渉がもう引き返しのつかないところにきた段階で、ロスが言った。僕のマクラーレン入りのニュースはリークされ、多くの関係者が口をあんぐりと開けて驚いていた。世界チャンピオンが世界チャンピオンのチームを去り、世界チャンピオンとチームメイトになる――。でも僕の心は決まっていた。たしかに、メルセデスには将来性が感じられた。当時を振り返れる今だからこそ言えることでもあるのだが、実際、その見通しは現実のものになった。だが、僕はもう三〇歳になっていた。F1の世界では、ひよっ子とは言えない年齢だ。メルセデスがまともなマシンを開発するまで、三年間もグリッド後方からスタートすることに甘んじている暇はなかった。僕は今すぐに速いマシンが必要だった。そしてそれを叶えてくれるチームが、マクラーレンだった。

一二月、ロスと僕はバッキンガム宮殿にいた。ロスはモーターレース界への貢献が認められて大英帝国四等勲爵士《OBE》を、僕は大英帝国五等勲爵士《MBE》を授与された。その時点では、もうロスは僕のマクラーレン入りの件を水に流してくれていた。僕が根っからのレーサーで、最高の環境でレースをしたがっていたのをわかってくれたのだ。

だけどニック・フライは違った。寛容なロスとは対照的に、怒りを隠そうとはしなかった。ある一件の電話のあとで、ニックが怒りのスイッチを完全にオンにしたことがわかった。ブラックリーに出向き、直接話をすることになったとき、僕はニックと対決する腹を決めた。マネージャーのリチャードは同席させなかった。リチャードがいたら、殴り合いの喧嘩になるかもしれないと思ったからだ（もしそうなっていたら、勝ったのはリチャードだっただろう。リチャードは空手の有段者で、僕の姉のタニヤ以外、世の中に怖いものはないという男だったからだ）。

僕は話し合いに一人で出向いた。ニックは激怒していた。僕に向かって怒鳴り始めたとき、怒りで身体を震わせていた。

怒鳴られても、僕は動じない。それでもニックはさらに怒鳴り声のボリュームを上げ続けた。リチャードがいたら、殴っていただろう。突然、ニックは怒鳴るのを止めた。

「なぜ笑ってるんだ？」

「笑ってないよ」僕は言った。

だけど、僕は笑っていた。

「笑ってるとも」ニックが言った。

それは本当だった。僕は笑っていた。三〇歳の大人の僕に向かって、この男は子供を相手にしているみたいに怒鳴っている——そう思うと、自然と笑いがこみ上げてきてしまったのだ。抑えようとすればするほど、その笑いは大きくなった。

顔を真っ赤にして、ニックが叫んだ。「その薄ら笑いを今すぐに消すんだ！」

その瞬間、わずかに残っていたブラウンへの未練は、きれいさっぱりと消え去った。

最強のチームメイト

「マクラーレンに行くなんておかしい」誰もが言った。「あれはルイスのチームだ」

本当か？　それは本当なのか？　データを見てみよう。二〇〇七年、僕とルーベンスが地球の写真が描かれたホンダのマシンに乗っていたとき、ルイス・ハミルトンはフェルナンド・アロンソとパートナーを組み、Ｆ1デビューを果たした。フェルナンドはその時点の世界チャンピオンで、Ｆ1史上屈指の才能を持つ、野性的なドライバーだった。

ルイスはそのシーズン、フェルナンドに勝った。ポイントは同じだったが、フェルナンドよりも二位になった回数が多かったルイスが、規定により上位に位置づけられたのだ。ポイントが同じでも、ともかくルイスはフェルナンドを破った。そしてこのシーズン、ルイスはＦ1一年目のドライバーのなかで史上もっとも多く表彰台に立ち、ドライバーズタイトルでも二位につけた。トップのキミ・ライコネンとはわずか一ポイント差だ。

翌二〇〇八年シーズン、ルイスはフェラーリのフェリペ・マッサを二位に退けてドライバーズタイトルを獲得。史上最年少での戴冠、さらに初の黒人ドライバーチャンピオンという偉業だった。僕の姉の遊び友達だったデイモン・ヒルが一九九六年に獲得して以来のイギリス人チャンピオンでもあった。

二〇〇九年は低調なスタートを切ったが、中盤から盛り返してマクラーレンをコンストラクターズランキングの三位に押し上げる原動力となり、自らもドライバーズの五位に食い込んだ。二〇〇八年と二〇〇九年の両方で、チームメイトのヘイキ・コバライネンを圧倒する結果を残した。だからある意味、みんなの意見は正しかった。それはルイスのチームだった。僕はそこで何をしようとしているのか？

だが、チームは一人のドライバーで成り立っているわけではない。それに、経験を積んだ僕は、新しいチームメイトとうまくやっていく術を身につけていた。特別な小細工をするわけではない。ただ相手と一緒に過ごす時間を増やし、互いを尊敬するような関係づくりを意識するということだ。その大切さに気づくのに数年かかったが、それ以来ずっとチームメイトとの関係を大切にすることを心がけてきたし、それによって助けられてきた。

ルイスはとても気さくな人間で、僕を気持ち良く歓迎してくれた。チームでの自分の地位に自信があるようで、僕のことを脅威だとは感じていないようだった。

少なくとも、最初のうちは。

マクラーレンでの初レース、バーレーンGPを迎えた。前年チャンピオンである僕のマシンのカーナンバーは、誰もが羨む「1」。だけど予選ではルイスの四位に対し、僕は八位。決勝では、フェラーリがレースを支配し、フェルナンド・アロンソとフェリペ・マッサがワンツーフィニッシュ。ルイスは三位、僕は七位でかろうじてポイントを稼いだ。不本意なレースだった。限界までの走りができなかった。僕は次のレースに向けて気合いを入れ直した。

次戦のオーストラリアGP、僕は予選でレッドブルの二人とフェラーリのアロンソに続く四位を獲得した。翌日の決勝ではスタート直前に雨が降り始めた。僕にとってチャンスの到来だ。一コーナーでは混乱が起きた。僕の目の前にアロンソが割り込んできた。ブレーキをかけて後ろに玉突き事故を起こすか、アロンソに軽くぶつかってスピンさせるかしかない。

僕は後者の選択肢を選んだ。僕と接触しバランスを崩して横滑りし始めたアロンソに、後続車は素早く反応して迂回していった。だが、ニコ・ロズベルグと共にメルセデスに加入していたミハエル・シューマッハは（つまりミハエルのマシンは、本来なら僕が乗るはずだったものだ）アロンソと衝突し、フロントウイングを壊してしまった。

ミハエルはピットでウイングを交換し、最終的に一〇位まで順位を上げて一ポイントを獲得した。一方のアロンソは最下位まで順位を落としたが、驚異的な挽回を見せて四位でフィニッシュ。僕は序盤に順位を落としたが、コンディションに最適な走りを探り続けていた。路面はまだ濡れていたが、スリックタイヤに変えるタイミングだと確信した。

六周目、タイヤ交換のためにピットインした。だが、ピットレーンがまだ濡れているのを見て落ち込んだ。これは本当に恥ずかしいことになるかもしれない――。タイヤが装着された。もう後戻りはできない。ピットを出てすぐ、三コーナーでいきなりグリップを失いバランスを崩した。しくじった。大失敗だ。ルーキーがするような過ちだ。そう思った。

それでも、次第にスピードに乗り始めた。トラックが乾いてきた。他のドライバーがスリックタイヤに交換するためにピットインをし始めた。僕はそのあいだに、一周目とピットストップで失ったタイムを取り戻していった。他のドライバーとは違い、ドライラインをうまく見つけながら走った。何台かをオーバーテイクし、一一周目、いつの間にかトップのセバスチャン・ベッテルの後ろにつけていた。

ベッテルを追い抜くチャンスが来ることを願った。わずかなミスも見逃すつもりはなかった。そのとき、幸運の女神が微笑んだ。ホイールナットを脱落させたベッテルが、グラベル《砂利》に突っ込んでいったのだ。

それから先はタイヤのことだけを気にしながら走り続けた。そのままフィニッシュラインを越え、マクラーレンでの初勝利を飾った。マクラーレンにとっての一九人目のチャンピオンだ。僕は、三つのコンストラクターでグランプリを獲得した一三人目のドライバーにもなった。

マレーシアGPの出来は冴えなかった。ルイスは六位。アロンソと派手なバトルを繰り広げた僕は八位に終わった。

でも、中国GPは違った。決勝スタート直後に霧雨が降り始め、六コーナーで接触が起こり、セーフティーカーが出動。例によってドライバーはこのタイミングでピットインした。レッドブルのセバスチャン・ベッテルとマーク・ウェバーは溝のないスリックタイヤから浅溝のインターメディエイトタイヤに切り替えた。路面は濡れていたが、僕のスリックタイヤにはまだ十分なグリップがあったので、そのまま走り続けた。その判断は当たりで、五位から二位に浮上できた。

一方、ルイスはベッテルとやりあっていた。同時にピットを出発した二人が、ピットレーンで凌ぎを削るシーンもあった（ルイスが譲った）。これは絶対にやってはいけないことだ。その後も二人はコーナーで何度もバトルを繰り広げ、タイムをロスした。

二位の僕は、追いかけていたニコ・ロズベルグが一九周目でスリップしたおかげでトップに立った。

その後、ピットインしてインターメディエイトタイヤに交換。だがさらなるドラマが待っていた。トロ・ロッソのハイメ・アルグエルスアリが破損させたウイングの破片がトラックに散らばり、再度セーフティーカーが出動。これでそれまで各車のあいだにあったマージンは蒸発。実質的な再スタートになった。

そのまま五周を整然と走ったあと、二五周目にセーフティーカーがピットに戻った。集団をコントロールする立場にあった僕は、そのままゆっくりとしたスピードを保った。焦らされた後続車が詰まった（そのせいでマーク・ウェバーはポジションを失い、激怒していた）。僕は十分にタイミングをとった。そして――。

バン！　アクセル全開。ロズベルグとルノーのロバート・クビサが続いた。ルイスはその時点で七位。

だがしばらくして、背後に迫ってくるマシンを見てぎょっとした。そう、ルイスがクビサとロズベルグを追い越し、二位に躍り出てきたのだ。三九周目以降は、僕とルイスの一騎打ちになった。ルイスの激しい追撃をかわすのは苦しかった。一時はリードを一〇秒に広げたが、タイヤが摩耗してしまい、後はマシンと格闘しながらなんとかルイスを前に行かせないようにして走るしかなかった。

でも、僕は踏ん張り、一位でフィニッシュ。ドライバーズポイントでは二位のロズベルグに一〇ポイント差をつけてのトップ。マクラーレンに移籍して良かったと思った。僕は挑戦がしたかった。そして、間違いなく今ここに挑戦はあった。

ゲーム開始だ。

ハミルトンと火花を散らす

残念ながら、スペインでは五位に終わった（ルイスは一四位）。それでもまだ、ドライバーズランキングのトップは保っていたが、モナコではメカニックがインダクションポッドのカバーをつけたままにしていたことが原因でエンジンがオーバーヒート。あえなくリタイヤしてしまった。その結果、ランキングでウェバー、ベッテル、アロンソに抜かれたが、それでもまだルイス・ハミルトンにはポイントで上回っていた。

ルイスは、チームメイトに負けるのが好きか？　そんなわけはないはずだ。それでも、僕の挑戦を好ましいものだとは思っていたはずだ。なぜなら、ルイスは競技者だからだ。僕たちはそんなふうに競争を好む人間だからこそ、勝負の世界で生きている。ルイスとは個人的にはうまくやっていたし、何も問題はなかった。だけど、ルイスは居心地の悪さを感じ始めていたのだとも思う。それまで、マクラーレンは間違いなくルイスのチームだった。それが、ルイスと僕のチームに変わった。そのことに、ルイスは戸惑いを覚えていたはずだ。

僕はチームに仲間を引き連れてきた。リチャードや父は、いつも陽気に笑い声を上げ、その場の空気を自分たちのものにしてしまう。父はエンジニアのデーブ・ロブソンをつかまえては、「デーブ、お前は素晴らしい仕事をしてる。息子を頼んだぞ。ヘマはするなよ」といった調子で声をかけていた。

マクラーレンに入る前、僕はこのチームにはそんな明るい雰囲気が少し欠けているのではないかと思っていた。ロン・デニスはその厳めしさで知られる存在だ。グレーの色に対する強いこだわりがあるところも、その性格を反映しているように見えた。僕たちがそんなマクラーレンにやってきてチームを明るくしたのは、良いことだと思う。

実際、クリスチャン・ホーナー率いるレッドブルにもパーティーのような華やいだ雰囲気があったし、フェラーリも陽気なチームだった。そんなパドックのなかで、それまではマクラーレンだけが生真面目な空気を漂わせていた。

それでも、そんな騒がしい僕たちがチームにやってきたことを、ルイスが好ましく思っているかどうかはわからなかった。そもそも、ルイスにとって僕は特に気の合うタイプの人間でもなかったのかもしれない。そして、トルコGPでは僕たちの関係を悪化させるような出来事が起こった。

イスタンブールでは二つの出来事が話題になった。一つは、レッドブルの二人のドライバーが同士討ちとなる接触事故を起こしたことだ。これはベッテルとウェバーの関係に大きな亀裂を生じさせた。もう一つは、僕とルイスがあわやクラッシュという接近戦を繰り広げたこと。これも僕とルイスの関係に小さな亀裂を生じさせた。

トップを走っていたレッドブルの二人が接触で脱落したあと、首位争いをすることになったのはそれまで三、四位につけていたルイスと僕だった。どちらが一位になるのか、それが問題だった。

僕はルイスの速度が落ちてきたのを見て、一秒差まで詰め寄った。

だけど僕は知らなかった。ルイスはチームから燃料を節約するように指示されていたのだ。ルイスはそのとき、無線でクルーに確認していた。「ジェンソンがすぐ後ろに来てる。スピードを落としたら、僕は抜かれるのか？」

「いや、ルイス。ジェンソンは抜かない」それがクルーの答えだった。

でももちろん僕はそんなこととはつゆ知らず、ルイスをオーバーテイクした。ルイスは激怒し、一三コーナーと一四コーナーで猛ダッシュをして追走してきた。スタート／フィニッシュラインをサイド・バイ・サイドで通過したとき、僕たちのあいだにはクレジットカード一枚ほどの差もなかった。公式タイムの差は〇・〇秒。その後の一コーナーで、ルイスはインから僕を抜いた。ルイスのタイヤと擦ったときは、レッドブルの二人の二の舞になってしまうかもしれないという恐怖を感じた。結局、ルイスが優勝。僕は二位でフィニッシュした。

表彰台では、僕たちはメディアが〝氷のような〟と形容した身振りで、〝沈黙の〟お祝いをした。ルイスからは面と向かってこう言われた。「チームオーダーに反して、僕をパスしたのか？」

自分が勝ったのに、この言い草だ。

「違うさ。チームから命令なんてなかった。君をパスするなとは言われてない」

ルイスは、チームが僕を勝たせようとしていたという不信感を持っていた。だけどその根拠は明らかにしなかった。あのとき、僕たちのワンツーフィニッシュは間違いない状況だった。僕たちそれぞれのエンジニアを除けば、チームの他の誰にとっても、ハミルトンとバトンのどちらが一位になるかなんてどうでもよいことだ。

ルイスにそんなことを言われて心外だったし、余計な一言ではないのかという気もした。チームは後でこの問題を調査し、ルイスに不正確な情報が与えられただけだと明言してくれた。これはルイスの笑顔の裏側にいるのが、優しく善良な人間だけではないことを証明する出来事でもあった。

カナダGPもマクラーレンのワンツー。一位がルイスで通算一〇九ポイント、二位は僕で一〇六ポイント。レッドブル勢も絶好調で、バレンシアでのヨーロッパGPではセバスチャンに優勝をさらわれた（マークがブレーキペダルを壊したのはこのレースだ）。ルイスが二位、僕は三位で終えた。

シルバーストーンでのイギリスGPではマークが優勝。ルイスは二位で僕は四位。残り九戦で、コンストラクターズランキングではマクラーレンがトップ。ドライバーズランキングではルイスが一位で僕が二位、それをマークとセバスチャンが猛追するという展開だった。チャンピオン争いはもつれていた。

ドイツでは僕とルイスは予選では五位と六位、決勝では五位と四位。フェラーリがワンツーフィニッシュを飾った。マクラーレンはコンストラクターズのランキングでまだ一位だったが、このままだとライバルたちに抜かれてしまうかもしれないという嫌な雰囲気を感じていた。

そして、ハンガリーがその分水嶺になった。マークが優勝。ルイスはリタイヤし、僕は八位。レッドブルがコンストラクターズのトップに立った。スパでのベルギーGP、ルイスが優勝したが、僕はシケインでセバスチャン・ベッテルにぶつけられてDNF。最初、セバスチャンは僕が早くブレーキを踏んだと主張していたが（僕はそんなことはしていなかった）、後にこれを撤回して自分のバランスが不安定になったことが原因だと話すようになり、後に電話で謝罪してくれた。

これでポイントはルイスが一八二、マークが一七九、セバスチャンが一五一。僕は一四七に後退した。モンツァでのイタリアGP、僕は最初の三五周をリードしていたが、アロンソの地獄の追撃を受けて苦しんだ。アロンソはこんな状況では特に、これ以上ないくらいタフでいやらしいドライビングを仕掛けてくる。僕はロックアップによってタイヤにフラットスポットをつくってしまった。凄まじい震動を感じた。

結局、ピットストップに成功し、速いマシンに乗っていたアロンソが僕の三秒先にフィニッシュ。イタリアのファン、"ティフォシ"が熱狂した。

アロンソのほうがピットストップが良いと書いたところで、マクラーレンのメカニックがふてくされてしまわないように、彼らの素晴らしい仕事ぶりについてここで説明しておこう。F1グランプリでは、ピットストップの仕事は言葉にできないくらい重要だ。その人間離れした手業の速さにはいつも驚かされる。そのためにメカニックは尋常ではないほどの努力をしている。ドライバーと同じように食事を管理し、身体を鍛えているのだ。

マクラーレンでは、常にピットストップを改善するための新しい方法を探していた。メカニックがナットを誤って落としてしまわないように、リムにホイールナットを取り付けておく方法を開発したのもマクラーレンだ。この年、彼らは二・六秒というピットストップの新記録を叩き出した。静止したマシンの四つのホイールをすべて交換するピットストップとしては、驚異的な速さだ。さらにその年の後半、彼らはこの記録を二・三一秒に短縮した。

僕はメカニックと一緒にトレーニングしていた。彼らは信じられないほどのハードワークをしていた。メカニックには強靱な肉体が必要だ。重くて反動も強力なホイールガンを取り扱うのは危険だし、ホイールは熱く、火災のリスクと隣り合わせだ。チームのメンバーはそれぞれの役割を遂行する。誰がどのタスクに適しているかも、頻繁に実践的なテストをして決めている。ピットストップがレースの明暗を分けることは多い。にもかかわらず、あまり彼らの仕事が称賛されることはない。メカニックに、どうか大きな拍手をしてほしい。

ルイスはモンツァに続いてシンガポールでもリタイヤした。僕は四位。鈴鹿ではルイスが五位で、僕は四位。

韓国GPでは、僕は一二位に終わった。その瞬間、そのシーズンのタイトル獲得という夢は潰えた。その週末で唯一の良い出来事は、レストランで食事をしていたら、他の客にセバスチャン・ベッテルに間違えられたことだった。彼らはとても親切だったので、僕はあえて訂正しなかった。最後に支払いをしようとしたら、金は自分たちが払うと言ってくれた。ありがたく店を出た。

これが韓国GPでの僕の唯一のハイライトだった。レストランでセバスチャン・ベッテルに間違えられて、ご馳走してもらったこと。

ブラジルのギャング集団

ブラジルGPでは、予選は散々な出来で、一一位に食い込むのが精一杯。サーキットからホテルに向かう車の窓から可愛い犬が見え、少しだけ元気になった。

僕たちはそのとき、メルセデスベンツの小型車、Aクラスに入っていた。ブラジルでは、ホテルとサーキットの往復の車は、武装した警官に運転してもらうことになっていた。ドライバーのダニエルは、三車線の高速道路の中央車線を走っていた。両側には、ファベーラと呼ばれる貧困街が広がっている。丘の斜面に、無数の狭いバラック小屋が無秩序に建ち並んでいる。目に見えない巨大な手で適当にばらまかれたみたいだ。ここに住む人々は極貧の暮らしをしている。ファベーラは、サンパウロやブラジルが抱える負の側面だ。

さらに悪いことは、同市が貧困の本質的な解決ではなく、臭い物には蓋とでもいわんばかりに、外観だけを整えようとする表面的な政策をとっていることだ。サンパウロにはもう何年も訪れていたが、ここ何年かは高速道路の両側に、スラム街を隠すかのようにして高層アパートが建ち並ぶようになっていた。

赤信号で車が停止した。先頭から三列目の位置だ。アパートの向こうにある人々の貧しい暮らしに思いを馳せながら、窓の外を見た。可愛い犬が目に入ったのはそのときだった。予選で落ち込んだ気持ちが少しだけ軽くなった。

「みんな、あの犬を見てよ」僕は言った。「この貧しさのなかで、どうやって生きているんだろう?」

その次に目に入ってきたのは、野球のバットを持った男だった。男はアパートのなかから現れた。だけど、おそらくファベーラの住人で、アパートを通って高速道路側に出てきたのだろう。なぜそう思ったかというと、男は単なる野球ファンには見えなかったからだ。バットには、大量の釘が打ち込まれていた。

同乗していた仲間は、予選で辛い思いをしたジェンソンを慰めようと思ってくれたのか、僕に可愛い犬がいると言われ、素直に窓の外に目を向けてくれた。だがその視線の先にあったのは、バットを持った男の姿だった。さらに、男には仲間が四人いた。全員、拳銃や短機関銃を手にしている。しかも信号を無視して、他の車には目もくれずに、こちらに真っ直ぐ向かってくる。

後で知った話だが、ギャングたちは腕時計やノートパソコンなどの金目の物が奪えそうな人間が乗っている車を選んで襲うそうだ。Ａクラスは特に目を引く車ではなかった（防犯上、ブラジルでは裕福であることを示すような車に乗ったり、服装をしたりするのはよくない。だからこそ僕たちもこの車に乗っていた）。そう考えると、僕たちはサーキットにいるときから目をつけられていた可能性がある。ギャングは車にチューインガムを貼り付けて目印にするのだという。

銃を持ったギャングたちが近づいてくる。この車のウィンドウには防弾ガラスが使われていた。ブラジルで安全に暮らすには欠かせない装備だ。僕はジェシカには家に留まるようにとお願いしていた（そうしてよかったと、神に感謝している）。だけど、釘バットで思い切り叩かれれば、防弾ガラスのフィルムは壊れてしまうだろう。そうなれば、この車は防弾ガラス付きのＡクラスではなく、怯えたイギリス人が乗っている単なるＡクラスに早変わりしてしまう。仮にバットの攻撃が失敗したとしても、銃身をドアの隙間に差し込んで引き金を引くことはできる。弾丸が車内に打ち込まれれば、なかにいる僕たちは、二発目の引き金が引かれる前に、金目の物をすべて差し出すだろう。防弾ガラスは、サンパウロではチョコレートティーポットほどにしか役に立たない。必要なのはウィンドウだけではなく車全体に防弾機能のある車だが、Ｆ１の運営組織はそれを用意していなかった。

そのときの僕たちは、こうした詳しい事情を何も知らなかった。ともかく車の後ろから五人の武装した男が歩いて近づいてくるのが見えただけだ。間違いなく、僕たちの車を狙っている。

「ダニエル！」

僕たちが叫ぶと、ドライバーを務めていた警官のダニエルは後ろを振り向き、危険を察知して腰のケースにある銃に手を伸ばした。嘘だろ？　銃撃戦が始まるのか？　そう思ったが、ダニエルはもっといいアイデアを思いつき、手を銃から離してシフトレバーを握った。

「しっかりつかまって」ダニエルは叫び、アクセルをベタ踏みした。

Aクラスは前方の二台のあいだの狭いスペースに突っ込んでいった。案の定、金属が擦れる甲高い音がした。ボディの塗装が剥げ落ち、サイドミラーが剥がれそうになっている。左右の車が脇に寄せ始めた。なかのドライバーたちは、怒り、何が起きているのかさっぱり検討がつかないという表情をしている。Aクラスは突進を続け、信号待ちの車の群を抜け出した。タイヤが一つパンクし、ホイールが曲がっていた。背後から、バットの男たちが猛ダッシュで追いかけてくる。パンクやホイールが壊れたのを見て、まだ追いつけるチャンスがあると見ているのだろう。

「行《ゴ》くんだ！」

僕たちは叫んだが、あまり意味はなかった。素早い動きで難局を脱出したダニエルには車を止めるような気配はなかったし、追っ手を引き離すのに十分なスピードが出ていたからだ。

Aクラスにぶつけられた車が数台、追いかけてきた。みんな怒っている。「止まれ！　どういうつもりだ？」。ダニエルは窓を下ろして事情を説明した。もう、諦めたギャングたちは追いかけてこなかった。三〇分後、数台の車はようやくホテルに到着した。傷ついた車の弁償をするために保険の手続きがとられた。

ダニエルは、僕たちが強盗にピンポイントで狙われているかもしれないと言った。チューインガムが車に貼り付けられているかはチェックしなかったが、僕は真っ先にチームに電話をして、翌日にサーキットに向かう際の警察の護衛を要求した。一息ついた後、ホテルのバーでまだ心臓をバクバクさせながら酒を飲んだ。その後、大勢の記者に取り囲まれた。

翌日、昨日の一件は大きな噂になっていた。警察に護衛されてサーキットに到着し、パドックに入ると、誰もが何があったのかを知りたがっていた。短機関銃を持った男がいたという話は信じてくれないと思っていたが、少し前にザウバーのチーム関係者二人が短機体銃を持った男に脅されたという事件があったらしい。だから、みんな僕たちの話を信じ、殺されなくてよかったと言ってくれた。

ただ一人を除いては。

パドックでは、各チームがガレージの片側にトラックを、片側にチームのモーターホームを停めている。モーターホームとは大型のキャンピングカーのことで、ドライバーが控え室代わりに使ったり、チームが重要人物をもてなすのに使ったりする。マクラーレンのモーターホームに乗り込んだ僕たちに、来客があった。誰あろう、あのバーナード・エクレストンだった。F1のCEOだ。

その後の会話について話す前に、少し背景を説明しておこう。何年にもわたり、治安の悪いブラジルでの安全策について各チームから対応の強化が求められていた。だが、バーニーはこれをたいしたことのない問題だと見なそうとした。ブラジル政府がファベーラの問題に目隠しをしてごまかそうとするのと同じことだ。バーニーは武装した警官と防弾ガラス付きの車を用意することで、問題をすべて片付けたことにしようとしていた。

「やあジェンソン」

「やあバーニー」

「地元の人間と何かあったそうだな？　どうしたんだ？」

「追いかけられたんだ。銃を持ってた。短機関銃を持ってたんだ」

バーニーは渋い顔をした。「それは本当に危険だったのか？」

「もちろんさ！　奴らは武器を持ってたんだ。ものすごく危険だったよ」

バーニーは哲学めいた話をした。「世の中には、実際に強盗に襲われた人間がいる。ジェンソン、自分が犠牲者になったかどうかをよく考えてみろ」

バーニーは出て行った。僕たちは驚いて顔を見合わせるしかなかった。

この話には後日談がある。その年の終わり、バーニーはイギリス、ナイツブリッジ地区にある事務所で強盗に襲われ、ウブロの腕時計や宝石などを大量に奪われたのだ。そのとき、強盗にひどく殴られた。そしてなんと、バーニーの傷ついた顔の写真は、ウブロの宣伝で使われた。「ウブロを持っていると、こんな目に遭うこともある」というコピーがつけられていた。バーニーは強盗に襲われたことすら、商売の種にしてしまうのだ。

それからしばらくもしないうちに、バーニーはその写真が印刷されたクリスマスカードを送ってくれた。「先日はすまなかった。誰でも犠牲者になる可能性があるということだ」と書かれていた。嬉しかった。

でも問題があった。その少し前に、僕は「犠牲者になったバーニーへ」というちょっと意地悪な宛名で彼にクリスマスカードを送っていたのだ。行き違いになってしまった。しくじった。

ブラジルGPは期待外れの結果に終わった。僕は一一番目のグリッドポジションからスタートし、五位でフィニッシュ。だけどもうタイトル争いには残れなかった。数字的に、僕がチャンピオンになれる確率はゼロだった。決勝はレッドブル勢が一位、二位を独占。コンストラクターズのタイトルを獲得した。だが彼らは一週間後の最終戦、アブダビGPに集中しなければならなかったので、盛大にパーティーを楽しむわけにはいかなかった。

ドライバーズのタイトル争いは、フェルナンド・アロンソとマーク・ウェバーが本命、セバスチャン・ベッテルとルイス・ハミルトンが対抗だった。アブダビでの決勝、フェラーリは戦術的な誤りを犯し、マークを止めることに集中した。だが結果的に勝ったのはセバスチャンだった。こうしてドライバーのタイトルもレッドブルが奪った。ルイスは二位、僕は三位だった。だが少なくとも、華々しい一年になったかもしれないシーズンの最後の表彰台に、僕は上がることができた。

振り返ってみると、立ち上がりこそ好調だったマクラーレンが中盤以降に失速したのは残念なことだ。だがコンストラクターズで二位、ドライバーズで四位（ルイス）と五位（僕）という結果は決して悪くない。正直、レッドブルの二人はシーズン初めからとてつもなく速く、打ち負かすのは難しかった。実際、これはレッドブルの黄金時代の始まりでもあった。

それでも僕は、個人的には満足していた。僕はルイス・ハミルトンにチームメイトとして戦いを挑み、マクラーレンのドライバーになることで、レースへの情熱を取り戻したいと思っていた。そして、まさにその通りのシーズンを送った。レースに勝ち、世界チャンピオンになることが僕にとって重要だったのだろうか？　それとも、チームメイトを勝つことのほうが重要だったのだろうか？　どちらも実現できなかったので、この問いは無意味かもしれない。それでも、強いてどちらか一つを選べと言われれば、僕はミステリアスな微笑みを浮かべ、チームメイトとの争いは、Ｆ１に存在するなかでもっとも純粋な種類のレースだと言うだろう。なぜなら他のチームと戦うときは、ドライバーだけではなくエンジニアやデザインを含めた総合的な戦いになるが、チームメイトとの戦いでは、ドライバーだけの勝負になるからだ。

ルイスはこのシーズン、チームの空気が変わったことに対して戸惑っていたのではないかと思う。もう一度このことについて話しておこう。ルイスはいつも笑顔を絶やさない、友好的な人間だ。誰もがルイスのことを、親切で、礼儀正しく、モータースポーツを愛し、競争相手への敬意を忘れない非の打ち所のない人間だと言う。だけど、その仮面の下にはめったに見せることのない一面もある。たとえば、あのときの表彰台での僕に対する態度だ。ルイスは、こちらが「いったい何を考えているんだ？」と思ってしまうような、突飛な言動をとることがある。

あるいは、ルイスはそれまでワンマンチームに長くいすぎたのかもしれない。僕が〝チームバトン〟を引き連れてマクラーレンに現れ、ピンクのシャツの父がエンジニアに軽口を叩き、メカニックの髪をふざけてくしゃくしゃにしたりする前、ルイスはイギリスのチームの、新進気鋭のイギリス人ドライバーとして、チームの中心的存在だった。あのフェルナンド・アロンソをランキングで上回る、ずば抜けて優秀なドライバーだった。

ともかく、二〇一一年にはルイスとの関係はもっと良くなるかもしれない――僕は思った。少なくとも、マシンに関しては期待できそうだった。他のドライバーのことは知らないが、僕は

F1マシンのエンジニアリングにはいつも驚かされている。それはSFとマジックの美しい組み合わせのようなものだ。二〇一一年のマクラーレンのマシン、MP4-26にもまさにそれが当てはまった。

まず、車体の横のサイドポッドと呼ばれる部分のデザインが秀逸だった。ダブルディフューザーはない（FIAにより禁止された）が、ホットブローウィングと呼ばれるシステムが採用された。これはダウンフォースを保つために、排気ガスをオフスロットル時でも送れるようにするための仕組みだ。このマシンのKERSシステムも優れていた。「運動エネルギー回生システム（Kinetic Energy-Recovery System）」のことで、ブレーキングで発生したエネルギーを蓄え、ストレートでの加速をアシストするために使われる。

ドライバーの僕にはメカニズムを完全に理解しきれないところもあるが、ともかくそれは魔法のようなマシンだった。前年よりもドライバーインプットも多かった。僕は自信を深め、これが自分のマシンだという手応えを持てた。

一方、新レギュレーションではDRSの予選と決勝オーバーテイク時での使用が許可された。レッドブルは予選とプレシーズンテストでDRSの調整に力を入れていた。この二〇一一年シーズン、勝負の分かれ目になるのがそこだと彼らが考えているのが見てとれた。

開幕戦でも、そのことが証明された。レッドブルのセバスチャン・ベッテルがポールポジション。ルイス・ハミルトンが二番手、僕は四番手で、三番手は同じくレッドブルのマーク・ウェバー。優勝したのはセバスチャン。このシーズンの行方を物語るような結果だった。ルイスは二位。僕は六位。

マレーシアGP、僕はセバスチャンに次ぐ二位。ルイスはホイールナットのトラブルに見舞われ苦しみながら八位でフィニッシュ。中国GPでは、僕は間違ってレッドブルのピットでストップしてしまった。恥ずかしくて顔が真っ赤になった。ヘルメットを被っていてよかった。セバスチャンがすぐ後ろから迫ってきていたが、僕はなんとかその一つ先にあるマクラーレンのピットに慌てて移動した。このレースに勝ったのはルイス。僕？　四位だ。

トルコはこの年屈指の好レースになった。そのハイライトは、ルイスと僕の激しい四位争いだ。はっきりと言える。僕はルイスとのバトルが大好きだ。このときは負けたが、それでも充実した戦いができた。レッドブルが一位、二位を独占。ドライバーズランキングではトップのセバスチャンにルイスが続き、僕は三位のマークに次ぐ四位だった。

レッドブルをつかまえることはできるか？　僕たちマクラーレンはコンストラクターズでも四三ポイント差をつけられていた。レッドブルの二人は、さらに上り調子だった。

僕はルイスに追いつけるのか？　僕の挑戦を見てほしい。

スペインGPでは、ウェバーとアロンソを鮮やかにオーバーテイクした。僕は争っていた二人の意表を突き、一ラップであっさりと抜き去った。僕はレースを楽しめるようになっていた。

モナコGP、予選二位の僕は、ポールでスタートしたセバスチャンがピットで手間取った隙を突いてトップに躍り出た。だが、僕はもう一度ピットストップしなければならなくなり、この戦術の混乱が響いて三位でフィニッシュ。とはいえモナコでは恥ずかしくない結果だった。

そして、カナダGPを迎えた。

雨中の大逆転劇

雨。それがこの年のカナダGPのすべてだった。スタート時点はいつまでも続きそうな霧雨が降っていたが、予報ではすぐに雨脚を強め、豪雨に変わるということだった。

メルセデスのセーフティーカーが導入され、僕たちはそのまま四周、隊列を組んでゆっくりと走った。四周目でセーフティーカーが解除されると、トップのセバスチャンがアロンソを引き離した。降りしきる雨のなか、六周目での順番は、セバスチャン、アロンソ、フェリペ・マッサ、ニコ・ロズベルグ、ミハエル・シューマッハ、僕、ルイス。

八周目、ルイスが僕を追い越そうとしてコーナー手前で左に出た。僕にはそれが見えなかった。雨で視界が確保できず、見えるのは前の車のテールから吹き出してくる雄鶏の尾のような形をした飛沫だけ。ミラーも役目を果たしていない。僕は走行ラインをとるために外側に出た。ルイスがその方向から迫ってきているのに気づいていなかった。

バン！　左後輪がルイスの右前輪と接触した。ルイスはピットウォールにぶつかり、結局リタイヤ。リアサスペンションが壊れたということだった。

「ルイスは何をしようとしてたんだ？」僕は無線に向かって叫んだ。心のなかで、その後にガレージで顔を合わせたとき、ルイスがこのアクシデントについて、また僕には予測もできない反応をしてくるかもしれないという嫌な予感がした。

土砂降りになり、このレース二度目のセーフティーカーが出動した（これが最後ではなかった）。

僕は一度目のセーフティーカー出動時に速度を出しすぎたためにドライブスルーペナルティを食らい、ピットを通過しなければならなかった。トラックに合流した段階で一五位に後退していたが、挫けずに猛スピードでラップを重ねていった。後で知ったが、僕は全ドライバー中、最速で走っていた。まだ望みを失ってはいなかった。このレースは僕のハートに火をつけていた。物事が計画通りに進まないことで、逆に気持ちが奮い立っていた。

でもここで、再び雨が激しくなり始めた。トラックは水浸しになり、レース続行が不可能になった。

レッドフラッグが振られ、いったんレースは中断。僕たちはその時点の順番でグリッドにマシンを停め、再開まで待機することになった。

中断は二時間も続いた。時間がたっぷりにあったので、マシンの外に出て、降りしきる雨のなかをホスピタリティエリアまで走った。ルイスがいた。

「すまない。君が見えなかったんだ」僕は言った。

「気にしないでくれ。僕のほうこそ、ノーズをあそこに持っていくべきじゃなかった」

それで終わりだった。あのクラッシュでレースを断念することになったにもかかわらず、ルイスは落ち着いて言葉を交わしてくれた。少し驚きだった。

もちろん、レースの後で、ルイスのファンはあれが意図的で悪質なブロックだったと僕を批判した。それはもう陰謀論の世界だ。あのように真後ろの車が外側から並びかけようとしているとき、ドライバーはまずその前に出ようとしたりはしない。クラッシュして大怪我をしてしまう可能性が高いし、マシンを傷めてしまうのも確実だからだ。

とにかく僕はルイスと平和に話をして、マシンに戻り、再スタートの準備をした。中断前よりコンディションは安定していた。トラックにはドライラインさえあった。

快調に走行を再開したのだが、フェラーリのアロンソと接触してスピンアウト。フロントウイングが傷つき、タイヤがパンクしてしまった。

再びピットに入った。このレース四度目だ。メカニックに光の速さでフロントウイングとホイールを交換してもらい、再びトラックに復活した。

今、何位だ……？

僕はどこにいる？

最下位。

しかも、この三三周目の時点で、僕は全体よりも半周遅れで走っていた。何か問題が起これば、トップのセバスチャンに抜かれて周回遅れになる危険性すらある。

でも、逆に心が燃えた。僕は前を見据え、猛ダッシュを開始した。これまでにないくらいスムーズかつ高速のドライビングをして、集団後方まで挽回した。走行ラインをとり、ブレーキを遅らせ、ダウンフォースを活用し、アクセルを踏んだ。マクラーレンのマシンを、子供時代のカートみたいに操った。失うものは何もない。目の前の車を抜くだけだ。楽しかった。

サーキットが乾燥していると感じた。第六感に従い、早めにピットインしてドライタイヤに交換した。これが奏功した。

小林可夢偉を抜き、四位に浮上。前は三人。マーク・ウェバー、ミハエル・シューマッハ、セバスチャン・ベッテルだ。

最終シケイン、ドライタイヤなのに路面の濡れた部分を走り、マーク・ウェバーをオーバーテイク。セオリーに反してはいたが、勇気を振り絞った。次のラップではミハエル・シューマッハを抜き、信じられないことに二位に躍進。最下位から、二位だ。たとえこのままフィニッシュしたとしても、生涯忘れられないレースになるだろう。

でも、僕はセバスチャンを追いかけた。一度は周回遅れにさせられるかもしれないという不安を抱いた、あのセバスチャンを。周数は残り少なくなってきたが、一周一秒のペースで差を縮めていった。心のなかで声がした。二位のままでいい。無理をするな。最下位からこれだけ追い上げたんだ。このままフィニッシュすればいいじゃないか。

でも、もう一人の自分が、さらに大きな声で叫んでいた。行け！　行くんだ！　限界まで突っ走れ！

そして、僕はそうした。セバスチャンの背後に、じりじりと近づいていく。オーバーテイクできそうなのは、高速の右コーナーと、ラップの最終セクションにある、二本のロングストレート。十分に近づけていたら、チャンスはある――。

セバスチャンとの差は一秒足らず。

十分に近づけたら、DRSでウイングの角度を変えよう。そうすればストレートで追い越せるはずだ――。

でも、DRSは必要なかった。右コーナーで襲いかかると、次の左コーナー、セバスチャンはミラーに映る僕を気にするあまり、ワイドなラインをとった。

僕はそのミスを逃さず、インから前に出た。信じられない、と思う暇さえなかった。

トップに立った。最後尾から、トップだ。そして最終ラップを走っている。あと七つコーナーを抜ければ、ゴールだ。

しくじるなよ――。僕は自分に言い聞かせた。ここですべてを台無しにするな。

ドライラインをキープするんだ。

僕たちはどちらもスリックタイヤを履いていた。ドライラインを外れれば、致命的なミスにつながりかねない。それまでに習得してきたあらゆる基礎技術を意識しながら走った。滑らかに、繊細に。セバスチャンが迫ってきているかもしれないと、恐怖に戦《おのの》きながらミラーを何度もチェックした。まず追い抜かれないだろうという位置に彼のマシンがあるのがわかると、心がふわっと軽くなった。このまま走れば、マシンの部品が突然外れでもしない限り、レインコート姿の男が突然トラックを横切ったりしない限り、レースに勝てる。

そして、僕は勝った。

F1史上最長となった五時間のレース。スタートし、再開し、二度のアクシデントに遭い、六度もピットストップを繰り返し、一時は最下位まで落ち、トップに立ったのはわずか半周だけなのに、僕は一位でフィニッシュした。

レース後に僕たちがすること

僕は、自分が出場した昔のレースや予選の映像を見るのが好きだ。自分のドライビングが見たいわけではない（見たくないわけではないけれど）。テレビ中継では、チームのクルーや友人、家族の反応が画面に映し出されることがある。それを見るのが大好きなのだ。

ブラジルで世界チャンピオンになったときに仲間たちが抱き合っている様子を収めた映像は、僕の生涯の宝物だ。父もよく画面に映る。誇りに満ちた顔をしているときもあれば、弾けんばかりの喜びを隠そうともしないときもある。父の表情が突然変わる瞬間をカメラは逃さない。その映像を見ながら、僕はいつも笑いながら、同時に胸がいっぱいになってしまう。

映像を振り返ることで、二つの世界を同時に体験しているような気分になる。一つの世界では勝利に喜ぶ人たちの姿が見える。もう一つの世界ではマシンに乗っている自分の姿を思い出せる。興奮した僕は、レースエンジニアの鼓膜を破らんばかりの大声で叫んでいる。カナダでのレースでフィニッシュした後も、「すげえレースだ！」と絶叫していた。それも無理はなかった。カナダGPは僕にとって、本当に特別なレースだった。記録に残るような走りをしたのだから。

大激闘のレースを終えたあとも、従わなければならない手順がある。チェッカーフラッグが振られたら、スローダウンラップを走り、パルクフェルメにマシンを停める（もちろん、モナコで表彰台を獲ったときは話は別だ）。

パルクフェルメは、すべてのマシンがレース終了後に真っ直ぐに向かわなければならないエリアだ。一種の検疫所のようなもので、ＦＩＡの職員がレギュレーションとの合法性を確認するため、チームはマシンに手を触れられない。

これはドライバーにとって、ライバルと言葉を交わす良いチャンスだ。いい戦いをした相手とは、肩を叩き合って健闘をたたえ合う。逆に頭に来るようなことをされた相手とも言葉を交わす。

厳密には、これはそんな相手と話をするいいタイミングではない。どちらもまだレースの興奮が収まっていないし、結果として後悔することになるかもしれないからだ。でも、善かれ悪しかれ、僕たちはレース中に一悶着あった相手にもここで言葉をかけることが多い。

それから計量がある。三位までに入った場合は、通常、計量は表彰台に立つ直前にグリーンルームで行われる。フィジカルトレーナーも同伴する（僕の場合はマイキーだ）。次に、タオルとドリンク、汗でぐっしょりになった髪を隠すための帽子を渡されて表彰台に向かう。帽子を脱いで国歌を聴いたら、お楽しみのシャンパンファイトの時間だ。表彰台に立たないドライバーは、そのままインタビューに進む。インタビューは、僕たちが〝ペン《囲い》〟と呼んでいる、農場にある囲いのように四面に背の低い仕切りが置かれた場所で行われる。なかには山羊ではなくF1のドライバーが入り、ジャーナリストにマイクを向けられる。

インタビューは難しい。つい、失言をしてしまうことがあるからだ（ただし、そんなときはいつでも、〝興奮してアドレナリンが出ていたから〟という言い訳を使える）。マックス・フェルスタッペンも、レース後の興奮も冷めやらず、本人と父親だけのあいだで留めておけばいいような余計な一言を、つい口にしてしまう。これには経験が必要だと思う。落ち着き、息を吐いて、自分のためではなく、チームの五〇〇〇人全員を代表して話しているのだと自分に言い聞かせるのだ。

自分のインタビューを見るのが苦手だというドライバーもいるが、僕はそうではない。インタビューを受けるときの重要なポイントは、それがテレビ用のものなのか、紙媒体用のものなのかを意識することだ。たとえば記者に質問されたとき、紙媒体用のインタビューでは皮肉めいた答え方はしないほうがいい。文字になってしまうと、ニュアンスが伝わりにくいからだ。いくら相手の質問がくだらなくても、読者には僕が不機嫌で愛想の悪い人間だという印象を与えてしまいやすくなる。

たとえば、インタビュアーから「ファーストラップでクラッシュしたね。どんな気分？」というふうに尋ねられると、咄嗟に「あんたはファーストラップでクラッシュした僕がどんな気分だと思ってるんだ？」と聞き返したくなる。でも、そんなことは言わない。なぜなら、そのインタビューを目にする人に、性格の悪い人間だと思われたくないから。それに、それが記者の仕事だということもわかるようになった。また、記者がドライバーに物議を醸すような刺激的な発言をしてほしがっていることも理解できるようになった。でも、僕はそんな言葉を口にしない。そういう発言をしてほしければ、僕ではなくマックスに質問をしてもらうしかない。

基本的には、インタビューで重要なのは感情を示すことだと思っている。僕は、質問にまともな答えをするドライバーとして知られていると思う。それがどんな馬鹿げた質問であっても、だ。なぜなら、僕はそれがドライバーとしての重要な仕事の一部だということを理解しているからだ。

〝ペン〟のなかにいるとき、僕はチームのスポークスマンであり、大使なのだ。

表彰台でも同じ。真ん中に立てなかったからといって、不満げな顔をしているドライバーを見るとじっとしていられない。「おい、俺たちは表彰台にいるんだぜ！　夢が現実になってるんだ。辛気くさい顔をしないで、笑顔を見せろよ」という気持ちで接してしまう。

ダニエル・リチャルドは最高のＦ１仲間の一人だが、その表彰台の振る舞いが傑作だ。脱ぎたてのレースブーツにシャンパンを入れて飲む、〝シューイ〟という祝い方をするのだ。周りにもシャンパン入りのブーツを勧めてくる。

映画『X-MEN』にも出演した俳優のパトリック・スチュワートも、カナダGPの表彰台に上がり、シューイをした。あのパトリック・スチュワートが、ダニエルの汗臭いレースブーツに入ったシャンパンを飲んだのだ。俳優のジェラルド・バトラーもダニエルに勧められてシューイをした。

僕は二〇一七年、初めて地元イギリス、シルバーストーンでのGPで表彰台に上った（そう、ドライバーとしてではなく、インタビュアーとして上がったのだ）。そのとき、ダニエルが表彰台にいなくてよかった。

僕は自分のガールフレンドの汗が染み込んだトレーナーからだってシャンパンを飲みたくはない。ましてや、ダニエル・リチャルドのブーツから飲むなんてまっぴらご免だ。それでもシューイは表彰式を盛り上げるし、ファンもそれが大好きだ。これもF1の一部なのだ。

二〇〇戦目の会心のレース

バレンシアでのヨーロッパGPは六位。最高の結果ではないが、ポイントは手にした。残念ながら次のシルバーストーンではホイールガンの故障でホイールナットが緩んだまま走行し、途中リタイヤ。フェラーリのフェルナンド・アロンソが優勝、ルイス・ハミルトンは四位に終わった。ドイツでは、今度は油圧関係のトラブルでリタイア。ルイスが一位、ドライバーズランキングで一三九ポイントとなり、僕は一〇九ポイントの差をつけられた。

次のハンガリーGP、僕にとってのF1二〇〇戦目は、会心のレースになった。予選ではルイスが二位で、僕は三位。ポールはセバスチャン・ベッテルだった。だが日曜日は激しい雨になりそうな予兆があった。

実際、決勝当日は豪雨になった。セバスチャンが二コーナーでスリップし、ルイスが先頭に立つ。僕はトラックが乾き始めたのを見て、スーパーソフトなスリックタイヤに交換すべきときがきたと判断し、ピットイン。ルイスも同じくピットインしてスリックに交換。この時点でトップはルイス、二番手は僕。マクラーレンのワンツー状態になった。

当然、勝ちたかった。タイヤに優しく走れば、十分にチャンスはあると思った。このままルイスに迫っていけば、どこかで抜けるはずだ。

四七周目に再び雨脚が強まり、ルイスが僕の前でスピンし、マシンが逆向きになった。僕は先頭に立ったが、その直後、周回遅れのエイドリアン・スーティルを抜こうとした瞬間にイエローフラッグが振られ、ブレーキを強く踏まなければならなかった。ルイスはこのチャンスに挽回し、次のコーナーに入るときには、僕の真後ろに迫っていた。

これまで何度も繰り返してきたように、レースは僕とチームメイトとの一騎打ちになった。チームメイトとの一対一の勝負は、僕にとって最高のレース展開だ。ルイスと僕はどちらも限界の走りをした。四七周目から五〇周目までは僕がリード、ルイスが五一周目に逆転。五二周目、チームから浅溝タイヤ《インターメディエイト》に交換するためにピットインするよう促された。「JB、ピットに入るんだ」。でも、僕は躊躇した。たしかにグリップは不十分だったが、速く走れていたし、マシンをコントロールできているという感覚もあったからだ。

「様子を見よう」僕は返事をした。「もう少し待ってくれ」

ハレルヤ――。その判断は正解だった。そのすぐあとに、「ルイスがピットに入った。そのまま走るんだ。レースは君の物だ、ＪＢ」という声が無線から聞こえてきた。

僕は指示に従った。そのままレースは動かなかった。ルイスは四番手に落ち、僕は二位のセバスチャンに三秒以上の差をつけて悠々とフィニッシュ。素晴らしく、最高に楽しいレースだった。僕のＦ１二〇〇戦目に花を添える結果にもなった。

実は土曜日の夜に、マクラーレンのモーターホームで二〇〇戦目のお祝いをしていた。決勝レース前日だったので、かなりささやかな節度のあるパーティーになった。その分、日曜日の夜には存分に祝うつもりだった。

レース後、空港まで警察の護衛付きで移動した。珍しいことではなかった。この国が特に危険だと思ったことはないが、ハンガリーではいつも警察に護衛されるのだ。以前、あるスポンサーイベントで、警察のオートバイに先導され、パトカー用のブルーライトを車のルーフに置いて、ワクワクしながら走ったことがある。ある時点で、オートバイが道を間違え、別の方向に行ってしまった。先頭に誰もいなくなったのだが、ルーフに設置したブルーライトはまだ点灯していた。僕はホーンを鳴らしながら、テレビドラマの『刑事スタスキー＆ハッチ』よろしく、緊急で現場に向かわなければならない刑事といった雰囲気で走り始めた。交差点にいたたくさんの車が、蜘蛛の巣を散らすように脇に寄せて停止した。

警察のオートバイが慌てて戻ってきた。警官は僕たちの横につけると、やれやれといった表情でゆっくりかぶりを振った。僕は再び大人しくオートバイの後ろを走り始めた。悪ガキに戻ったみたいな気分だった。

この日曜日、記念すべき二〇〇戦目のレースを終えたあとの警察の護衛は徹底していて、公道を走る車を両脇にどかすように空港まで真っ直ぐに先導してくれた。

その後、プライベートジェットに飛び乗り（我ながら格好いいと思った）、午後八時半には、イギリス、ナイツブリッジの日本食レストラン〈ズマ〉で、マネージャーのリッチーと落ち合っていた。なんてめまぐるしい人生なんだろう。

スパでは良いレースができた。僕はベルギーではいつもいいパフォーマンスができる。ある時点では一九位と低迷していたが、フロントウイングが壊れてダウンフォースが失われたにもかかわらず、四位まで挽回した。目の前にいるのは、フェルナンド・アロンソとレッドブルの二台。この日のセバスチャンとマークは速くて歯が立たなかったが、アロンソをパスして三位で上がった。予選ではお粗末な出来だっただけに、これは格別に嬉しい結果だった。

モンツァでは、まず六位を走行中にマークがスピンして五位に浮上。前方ではミハエル・シューマッハとルイス・ハミルトンがバトルを繰り広げていたが、僕は今回も一対一の戦いに気を取られている二人の隙を突き、まずはルイス、次にミハエルをオーバーテイクした。結局、セバスチャン・ベッテルに次ぐ二位でフィニッシュ。ドライバーズランキングではセバスチャンとフェルナンドの後塵を拝していたものの、ルイスの前に立った。

セバスチャンはシンガポールで優勝し、世界チャンピオン《WDC》まであと一ポイントと迫った。二位の僕は一八五ポイント。首の皮一枚でつながっていたが、実際にセバスチャンを逆転できる可能性は限りなくゼロに近かった。

実際、その通りの展開になった。それでも、鈴鹿では再び会心のレースができた。

ダン・ウェルドンの死

鈴鹿での日本GPに先立ち、僕はマクラーレンと三年契約を交わした。その額は満足のいくものだったが、当時メディアで報じられていたような、八五〇〇万ポンドもの大金には程遠かった。報道が事実ならよかったのだけれど。

グリッド二番手からスタートした決勝、スタート直後にトップのセバスチャン・ベッテルが危険な形で目の前にカットインしてきたので、接触を避けるためにダートにコースアウトした。セバスチャンは後で、僕がいるのが見えなかったと言っていたが、そんなことはない。サイド・バイ・サイドになったとき、僕たちは目を合わせるくらいにお互いの存在を感じていた。

無線で確認したが、セバスチャンにはペナルティのおとがめはなかった。僕は苛立った。しかも、このニアミスの隙にルイス・ハミルトンに追い抜かれてしまった。その後は、何度もピットストップを繰り返し、その度に順位が入れ替わるという椅子取りゲームのような展開が続いた。最終ラップ、僕は先頭にいたが、ミラーには恐ろしいものが映っていた。フェルナンド・アロンソ（二度の世界チャンピオン）とセバスチャン・ベッテル（一度の世界チャンピオン）が、無慈悲なターミネーターみたいに迫っていた。残りの周数が少なくなるにつれ、燃料も減ってきた。落ち着いて走るなんてとてもではないが無理だ。アロンソとベッテルが近づいてくる。気が気ではなく、何度も何度もミラーを確認する。結局、ガス欠寸前になりながらフィニッシュラインを越え、大きな安堵のため息をついた。

でも、チャンピオン争いは揺るがせなかった。三位でフィニッシュしたセバスチャンは十分なポイントを獲得し、世界チャンピオン連覇の最年少記録を塗り替えた。僕？ ランキング二位で、セバスチャンとは一〇〇ポイント以上離されていた。これからは、後ろに迫るフェルナンド、マーク、ルイスとの争いになる。

韓国GPでは四位。フロントウイングに石が当たり、ダウンフォースが効かなくなった。

その週末は、アメリカからの傷ましいニュースに覆われた。古いカート仲間のダン・ウェルドンが、ラスベガスで開催されていたインディカー・シリーズでの走行中の事故で死亡したのだ。

その知らせはレーシング界を悲しみで包んだ。ダンは人気者で、素晴らしいレーサーだった。僕にとっても、カートやフォーミュラ・フォード時代の宿敵だった。偉大な才能と闘魂を持ったレーサーだったダンが、三三歳の若さで、恐ろしい事故にあって命を失うなんて。悲しみと同じくらい、ショックも大きかった。

葬儀はアメリカで行われたが、僕たちはイギリスで通夜に出席した。その年の一二月、ダンの生まれ故郷であるミルトンキーンズで追悼のチャリティ・カートレースが催された。それは、ダンを弔う素敵な方法だった。

この時点で、レッドブルはコンストラクターズチャンピオンに輝いていた。僕はインドGPで二位、アブダビGPで三位になり、ルイスに逆転を許さないだけのポイントを獲得した。十分に満足のできる結果だった。個人的な目標を達成できたし、ブラウンからマクラーレンに移籍したことの正しさも証明できた。

ブラジルGPでは、レッドブルの選手たちと表彰台に立った。僕はこの良い、いや素晴らしいシーズンを過ごせたことを嬉しく思った。優勝が三回、表彰台が一二回。ドライバーズランキングで二位。コンストラクターズで二位。これは、そのときの僕にとって、これ以上望むべくはない結果だとも言えた。

そして実際、僕がこれ以上の結果を手にすることは、最後までなかった。

『トゥーンド』とは違っていたルイスと僕

二〇一二年のマシンも、この世の物とは思えないほど良くできた創造物だった。この年、ホットブローイングはもう禁止されていた。チームがレギュレーションの抜け穴を見つけ、FIAがそれを塞ぐ。そんないたちごっこが繰り返された果てに、結局は非合法化されたのだ。これで以前とは異なり、排気ガスをディフューザーに送り込めなくなった。

だけど、一つを阻まれたら、もう一つの抜け道が見つかるものだ。それは、空気が曲面に沿って流れるという「コアンダ効果」を利用して、排気ガスをディフューザーに向かって送り込むというものだった。これも魔法みたいなものだ。

新しいマシンにも期待ができて、僕は前向きな気持ちでいた。でもルイスはそうでもなかった。僕は二〇一一年シーズンを楽しんだし、ルイスとの戦いに勝てたことも嬉しく思っていた。だけどルイスはフェリペ・マッサとの刺々しいライバル争いもしていた。シンガポールGPの後、ペンでインタビューを受けていたルイスの肩をフェリペが叩き、皮肉めいた言葉をかけた。ルイスは激怒し「二度と僕に触れないでくれ」と叫んだ。一触即発のピリピリした空気が流れた。

これがラグビーかサッカーなら、二人はとっくみあいの喧嘩を始めて床に転がっていただろう。だけどレーシングドライバーはセルフコントロールが優れている。だからせいぜいそれが、二人にとって一番緊迫した瞬間だった。

このシーンは、ルイスがカッとなりやすいタイプであることをよく表していた。性急な行動をとる人間であるという評判も立ちつつあった。二〇一一年の初め、ルイスはレッドブルの代表、クリスチャン・ホーナーと会合したことを公表していた。マクラーレンに、自分の価値の高さを知らしめるためだ。その年のモナコでも、「スチュワード」と呼ばれるレース審査員にクラッシュの説明をしている際、人種差別をされたと非難した。それは映画『アリ・G』のコメディアンのラッパーをたとえにした〝それは僕が黒人だからだろ〟式のジョークとも受けとれるものだったが、いずれにしても場をわきまえないものだった。

僕とルイスは、最高の親友というわけではなかったが、友好的な関係を保っていた。その年、僕たちはマクラーレンが制作したアニメシリーズ『トゥーンド』に実名のキャラクターとして登場し、吹き替えも担当した。アニメのなかで、僕たちはジョークばかりを言い合うライバルとして描かれていた。ライバルだったのは本当だった。だけどルイスにとって、フェリペや後のニコ・ロズベルグとのライバル関係に比べれば温かいものだったはずだ（僕は決してニコのようにルイスに帽子を投げ返したりはしなかった）。だけど、このアニメのなかの二人みたいに冗談ばかりを口にしていたわけではなかった。

この時期の僕は、かなり落ち着いていた。自分が世界チャンピオンであることを証明した。ルイスよりも多くポイントを獲得できることも示した（僕は二〇一六年にニコ・ロズベルグが世界チャンピオンになるまで、唯一、ルイスをポイントで上回ったチームメイトだった）。ただ自分のレースを楽しみたいという心境だった。

迎えた二〇一二シーズン、僕は開幕戦のオーストラリアGPで勝利し、セバスチャンは二位、ルイスは三位。第二戦のマレーシアGPではマシンのノーズを傷つけ、三度のピットストップをし、一時は最下位に沈んだ。だがカナダでの大逆転劇の再現は叶わなかった。結果は一四位。二〇一〇年の韓国GP以来のノーポイントだった。

第三戦の中国GPでは、グリッド六番手からスタートし、一位のニコ・ロズベルグと二位のミハエル・シューマッハを追い上げた。それぞれが一度ピットインした段階で、僕はトップに躍り出た。だが、三九周目でのピットインで六秒を費やしてしまい、勝てたはずのレースを二位で終えた。

第四戦のバーレーンGPでは一八位。ルイスは八位。第五戦のスペインGPでは、タイヤの温度を保てないという既視感のある展開で、九位に終わった。この段階で、誰も連勝ができていなかった。このシーズンは、第七戦までそれぞれ異なるドライバーが優勝するという、それまでの新記録となる展開で注目を集めた。

モナコGPで勝ったのはマーク・ウェバー。僕はヘイキ・コバライネンをパスしようとしてスピンし、パンクしてリタイヤした。

僕はフラストレーションを感じるようになっていた。カナダGPでもタイヤ温度に苦しんで一六位に沈み、ルイスが優勝した。

バレンシアでのヨーロッパGPでもタイヤの問題を抱えていたが、なんとか八位に食い込んだ。

シルバーストーンでのイギリスGPでは一〇位と低迷。ルイスは八位に入った。ルイスと僕は、なぜシーズン初めのようにマシンがパフォーマンスを上げられなくなったのかがわからず、当惑していた。

ホッケンハイムで行われたドイツGPでは、マシンがアップグレードされた。僕はタイヤを温めるテクニックを改善するためにシミュレーターで時間を費やした。レースでは状況が好転し、僕は二位。残念ながらルイスは自身一〇〇戦目となるレースをリタイヤで終えた。それでも、僕たちはマシンに改善の兆しが見られたことを喜んでいた。

ルイスはハンガリーGPで再び優勝したが、僕はチームから何度もピットインを要求され、その度に混雑した集団のなかに戻っていかなければならないことに苛立ちながら、六位に終わった。

ここでF1は夏休みに入った。僕が〝他の〟趣味に熱中できるときだった。僕はこの趣味に取り憑かれていた……。

トライアスロンにのめり込む

トライアスロンを始めたのは、二〇〇七年にホンダで苦しい時期を過ごしていたときのことだ。率直に言えば、僕はトラックでの辛い日々を忘れさせてくれる何かを、どんなものでもいいから必要としていた。その数年前から、スペインのランサローテ島でトレーニングキャンプを張っていた。そこで、月曜日にミニトライアスロンをするのが定番メニューだった。いつのまにか、トライアスロンの大会に出場することを考えながら練習するようになっていた。

Ｆ１の世界に足を踏み入れて以来、僕はダイエットとフィットネスのフリークになっていた。トライアスロンでは、ドライバーのときとは体調管理で注意すべき点が変わってくる。この二つの競技には、補完的な働きがあるのだ。たとえばドライバーとして減量に取り組んでいるときは、体脂肪率を低く抑えるために、僕は糖質制限マニアになる（紅茶にたっぷりと砂糖を入れるドライバーが誰かを教えよう。それはルイス・ハミルトンだ）。一方、トライアスロンのトレーニングでは体脂肪のことはあまり気にする必要はなく、筋肉にエネルギーをどれだけ蓄えるかに気を配らなくてはならない。だから炭水化物も必要になり、朝食にタンパク質だけではなくポリッジも加えたりする。それぞれの競技に合わせて身体づくりを変えていくのは難しくもあるが、僕はトライアスロンの競技そのものと同じくらい、この体調管理の側面を楽しんでいる。スイムからバイク、ランと種目が移り変わっていくところも好きだ。泳ぎは上半身と体幹、自転車は下半身と体幹、走りは全身を鍛えられる。こんなに素晴らしいスポーツもない。

身体一つで勝負できるところもいい。何度も話してきたが、モータースポーツでは、性能の低いマシンに乗っているときにドライバーにできることは本当に少なく、無力感を覚えてしまう。だがトライアスロンでは自分の体力とスタミナだけが問われる。エンジニアやエンジンサプライヤー、自分ではどうすることもできない無数の要因に左右されるＦ１ドライバーにとって、トライアスロンで体験する世界は新鮮だった。

相乗効果があることにも気づいた。トライアスロンのトレーニングは、Ｆ１ドライバーの精神面を鍛えるのにも役立つ。オフの時期は、モナコやロンドンにいるとバーやレストランの誘惑に負けそうになるので、仲間と一緒にランサローテ島でトライアスロンのメニューを中心にしたトレーニングをするようになった。僕はオール・オア・ナッシング・タイプの人間だ。やるからには徹底して楽しみたい。自分で大会を主催しようと決意するまで、そう時間はかからなかった。

二〇一〇年、僕は慈善活動への寄付を目的とした「ジェンソン・バトン・トラスト」を設立した。その後しばらくして、ハワイのトライアスロン大会「ラバマン」に出場した。この大会にはミュージックフェスティバルのような雰囲気があり、レース後もバーベキューやバンドの演奏などが楽しめる。僕はこの大会のあり方がとても気に入った。ゴール後にそそくさと家に帰り、ココアを飲みながらテレビの『ストリクトリー・カム・ダンシング』を観るよりもよほど楽しい。だから二〇一二年、同じような形式の大会を催すことにした。場所はハワイではなく、イギリスのルートン。胸が高鳴った。

そしてこの夏の休暇に、初めての「ジェンソン・バトン・トラスト・トライアスロン」を開催した。大会は大成功だった。唯一のトラブルは、〝ウェットスーツ事件〟だった。僕が、ウェットスーツを持参し忘れてしまったのだ。

最初は、たいした問題ではないだろうと思った。暑い日だったし、水着で泳いでも大丈夫なはずだ、と。だけどすぐに、なぜみんながウェットスーツを着るのかがわかった。そのほうがはるかに速く泳げるし、夏の暑い日だといっても、ルートンの川の水はまだ冷たいのだ。そう、やっぱりウェットスーツは必要だった。そして、僕はその大切な道具を忘れた間抜けな男だった。

解決策はあった。それは、ジェシカのウェットスーツを借りることだった。着てみると、かなりぴったりとしてきつい。でも、なんとか身体を動かせた。どうにかなるだろう。僕はいよいよ、晴れて自分が主催したトライアスロン大会の第一種目、スイムへと挑んだ。

川に入るとすぐに、ウェットスーツが縮み始めた。ちょっと身体を動かしにくいとか、恥ずかしいとか、そんなレベルの話ではなかった。ウェットスーツがきつすぎて、まともに泳げない。息継ぎもできない。

死ぬかもしれないと思った。来年の大会名が、「ジェンソン・バトン・メモリアル・トライアスロン」になるかもしれないという予感がした。なんとか水中でウェットスーツを脱ぎ、水面に顔を出して肺に空気を入れた。ほうほうのていで岸に辿り着いたときには、ゲームオーバーだった。猛烈に恥ずかしかった。自分が主催したトライアスロン大会で、この失態――しかも、チーム名は日本語でナンバーワンを意味する、「イチバン」だったのに。

めげずに、僕は以降の大会ではウェットスーツを忘れずに用意した。二〇一七年には、「ジェンソン・バトン・トラスト・トライアスロン」の第六回大会を開催し、大きな成功を収めた。この競技に対する僕の情熱は高まる一方だ。

トライアスロンの試合に出場するときは、自分でも意外なくらいに緊張する。F1のレースに出るときよりも神経質になってしまうくらいだ。でも、そこがまた楽しい。非日常の緊張感を味わうのは良いことだ。それに、僕はこのスポーツを家族と一緒にも楽しめる。姉のサマンサは何度か大会に出場した。ナターシャもそうだ。他にも、トライアスロンを始めようとしている家族がいる。それがとても嬉しい。

夏休みが終わり、シーズンが再開した。迎えたベルギーGP、それは僕にとって数少ない、一人旅のレースになった。

ハミルトンとのライバル争いの終焉

スパでのベルギーGPは、問題が何も起こらないような類いのレースだった。マシンも快調。何をしてもミスをしないと思えるくらい完璧に動いた。金曜のフリー走行から日曜の決勝レースまで、ずっと〝ああ、なんて楽なんだろう〟と思いながら走った。

こんなレースはめったに経験できない。他のドライバーも同じだと思う。でもその週末は、惑星が直列するみたいにすべてがうまくいった。

少なくとも、トラックでは。

それ以外の場所では、物事は少しおかしな方向に向かっていた。土曜の予選は会心の出来だった。僕はアップグレードのおかげで格段にパフォーマンスが上がったマシンを飛ぶように走らせ、ポールポジションを獲得。マクラーレンでは初めて、僕自身も二〇〇九年のモナコ以来のポールだった。

一方、ルイスは予選七位。リアウイングは、ルイスはアップグレード前の古いもの、僕は新しいものを使っていた。ルイスは古いウイングのほうがダウンフォースが効くと判断したのだ。

僕はツイッターでルイスのアカウントをフォローしていなかったので、気づくのに遅れた。ルイスは、僕との予選のペースの違いに関するツイートを連投していた。「畜生《WTF》!!」。最初のツイートはこう始まっていた。「ジェンソンは新しいリアウイングを使ったけど、僕は古いウイングに賭けてみた。それがうまくいかなかった。直線で〇・四秒も遅れていた」

ツイートは続いた。最後の一つは僕を応援する言葉が書かれていた。ルイスの誠実さが感じられた。

ここまでは、特筆すべきことはなかった。僕はルイスの「畜生!!《WTF》」という言葉を目にしても恐ろしくてゾッとしたりはしなかったし、魔除けに真珠のネックレスを触ったりもしなかった。僕は、感情を吐露するドライバーを見るのが好きだし、F1ドライバーはもっと自分の意見や感情を露わにすべきだ思っている。スポンサーは神経質になるだろうが、それはあくまでもルイス個人の問題だ。それにそのツイートを読む限り、ウイングの判断に失敗したことを後悔していると言いながらも、ルイスがそれほどふてくされているとは思えなかった。

とはいえ、そのツイートはメディアの注目の的になり、ルイスは記者に追い回された。だがチームは特に問題視せず、ルイスに発言の撤回を求めたりもしなかった。

この一件は、これで終わりになるはずだった。だが翌日、ルイスはテレメトリーの画像をツイッターに投稿した。テレメトリーとはマシンのデータをピットからモニタリングするためシステムのことで、この画像では僕のほうがルイスより直線のスピードが出ていることが示されていた。

ルイスが何を考えていたのかはわからなかったが、僕より直線のスピードが遅いと信じているのは間違いなかった。だがダウンフォースが効くウイングをルイスが選んだのは、直線でのスピード不足をコーナーでのグリップ力アップで補おうと考えたからだ。それに、そのウイングを選んだのはルイス自身だ。チームに銃をこめかみに突きつけられて仕方なく選ばされたわけではない。

でもひょっとしたら、チームに強引に古いウイングを使わせたからこそ、ルイスは不満を覚えていたのかもしれない。そう思わせられるくらい、ルイスの怒りは僕にではなくチームに向けられていた。とはいえ、僕も巻き添えを食うことになった。テレメトリーのデータは、ライバルには決して見せてはいけないものだ。ルイスが公開した画像には、スピードの違いだけではなく、車高、制動率、加速率など、他のチームには絶対に知られたくないセッティング情報も映っていた。ライバルに悟られないように、チームが必死に隠そうとするデータだ（もう一つ秘密がある。実は、ルイスが投稿したテレメトリー画像は実際のレース用のテレメトリーではなく、シミュレーターから取得したものだった。ルイスはこれに気づいていないようだった）。

僕はこの件についての反応を公にした。公式版は「失望した」だったが、もし非公式な反応を公にしていたら、それはルイスの「ＷＴＦ」が可愛く見えるようなものになっていただろう。とはいえ、ルイスが僕個人に対して怒っていたのではないことはわかった。少しはそうだったのかもしれないが、ルイスのメッセージの根幹にあるものは、「ジェンソンが大嫌いだ」というより、「マクラーレンにはうんざりだ」だった。

決勝レースは大波乱の幕開けだった。一コーナー、ロータスのロマン・グロージャンがルイスに幅寄せして接触、コントロールを失ってセルジオ・ペレスに衝突し、宙に浮いてアロンソも道連れにした。恐ろしい多重クラッシュだった。グロージャンのマシンは危うくアロンソの頭を直撃するところだった。これでこの時点のポイントリーダーだったアロンソを含め、四人のドライバーがレースから脱落。

もちろん、これは僕の背後で起こっていた。僕はポールから良いスタートを切り、そのまますっと先頭を走り続けた。レギュレーションでは、予選で使用したウイングは決勝でも使わなければならないことになっていた。ダウンフォースの弱いウイングを使うという判断は、正解だった。マシンは素晴らしかった、いいドライビングもできた。レッドブルのセバスチャンに一五秒以上の差をつけてフィニッシュ。いわゆる〝圧勝〟だ。

次のモンツァでのイタリアGP、ルイスはダウンフォースの弱いウイングに変え、僕とフロントローを独占。決勝はルイスが勝ったが、僕は燃料システムのトラブルでリタイヤ。

その後のシンガポールGP、僕は二位でルイスはDNF。

シンガポールGPの数日後、数カ月前からの憶測にピリオドが打たれた。ルイスが今シーズンを最後にマクラーレンを去り、メルセデスに移籍してニコ・ロズベルグのチームメイトになることが正式に発表されたのだ。ルイスの代わりに僕の新しいチームメイトになるのは、セルジオ・ペレスだ。

残念だった。ルイスとのライバル関係には充実感があったからだ。でもトラックを離れると、ルイスにはまだ少し妙なところがあった。日本GPのあと、再びツイッターで物議を醸す投稿をしたのだ。「@jensonbuttonにアンフォローされてた。残念だ。チームメイトとして三年を過ごし、互いに尊敬していると思ってた。ジェンソンがそうではなかったことがはっきりしたよ」

もちろん、それは間違いだった。僕はそもそもルイスをフォローしていなかったから、アンフォローもできない。それに、僕はルイスを尊敬していた。

ルイスは間違いに気づくと、訂正してくれた。「僕の勘違いだ。ジェンソンにはもともとフォローされていなかった。彼を非難しないで！　僕はもっとツイッターをすべきだな」

僕にしてみれば、ルイスはむしろツイッターを控えるべきだと思ったが、まあいいだろう。いずれにしてもこの一件は、僕たちがアニメーションの『トゥーンド』で描かれているほど仲良くないことを世間に知らしめた以外には、特に害はなかった。

インドGP、僕は五位に終わったが、ファステストラップを決めた。アブダビGPでは四位。アメリカGP（インディアナポリスで多くのマシンが棄権して観客にブーイングを浴びた二〇〇五年大会がきっかけで二〇〇七年に開催が中止されていた同国での、五年ぶりのF1復活だった）では五位。レッドブルは三年連続でのコンストラクターズタイトルを獲得。次戦のブラジルGP、予選ではルイスがポールをとり、僕は〇・一秒差で二位。決勝では、僕と同じくウェットを得意とするルイスと、滑りやすいコースを先導した。

六週目にルイスをオーバーテイクしたが、七周目で抜き返された。僕たちの一騎打ちで何度も繰り返されてきたように、僕は再逆転してもう一度ルイスをパス。

少し後で、フォースインディアのニコ・ヒュルケンベルグがトップに立った。ルイスは四八周目に先頭に返り咲いたが、五五周目で周回遅れのヘイキ・コバライネンとティモ・グロックに詰まったところを、逆転のチャンスとみたニコに突っ込まれ、運悪く（つまり、僕ではなく彼らにとって）接触。ニコはスピン、ルイスはサスペンションを傷つけてリタイヤした。その隙に僕はリードを奪った。

後ろを走るニコはルイスとの接触のためドライブスルーのペナルティを与えられ、五位に落ちた（これは少し酷な判定だった。それは「レーシングインシデント」と呼ばれる類いの接触だったからだ）。僕は刻々と悪化していくコンディションのなかでマシンを滑らせないように気をつけながら、フェルナンド・アロンソとフェリペ・マッサのフェラーリ勢に追いつかれないようにした。

そして、そのままフィニッシュ。勝利でシーズン最終戦を締めくくった。このシーズンは三勝を挙げ、ドライバーズタイトルでは一八八ポイントで五位。一九〇ポイントのルイスとはわずか二ポイント差だった。ルイスとチームメイトだった三年間の累計ポイントでは六七二対六五七で僕が上回った。ルイスに勝てたことが何より嬉しかった。

僕たちのあいだには感傷的な別れの挨拶はなかった。それでも、ルイスほど優秀で手強いチームメイトもいなかった。ルイスは聡明で頭の回転の速いドライバーだ。グリッド上の誰よりも〝才能〟に恵まれている。かつての僕がそうだったように、ルイスはその才能に頼ったドライビングをしていた。そしてかつての僕と同じように、これからは才能だけではなく、それを磨くための努力が必要なことに気づくだろう。マクラーレンで世界チャンピオンになっていながら、まだルイスはこの問題に手こずっていた。

誰も、生まれ持った才能ではルイスに勝てなかった。ルイス自身、それを自覚していたはずだ。だからこそ、二〇一一年に僕にポイント争いで負けたとき、面食らったのだと思う。あくまでも仮説だが、そのことがマクラーレンに対する不信感の源になっていたのかもしれない。ルイスは僕がマクラーレンに優遇されているからレースに勝つのだという考えを抱くようになった。でも、それは違う。これは、僕が一〇年前に学んだ単純な真実だった。才能だけでは勝つことはできない。ドライバーとしての技量を磨き、望むようなマシンを開発してもらうためにチームに進んで協力しなければならないのだ。

それが真実だった。マクラーレンに、ルイスに冷たく当たろうとしていた者などいなかった。ルイスはファンに愛されているだけではなく、レース界からも至宝と見なされていた。そのスピードとスキルだけを見ても、そんな扱いを受けるのはもっともなことだ。それでも、ルイスは自分が冷遇されているという疑念を頭から消すことができなかった。

僕たちには多くの共通点があった。カートの経歴も似ていた。なにしろ、ルイスの父親は、僕の父が営んでいたカートショップの客だった。他のＦ１のドライバーとは違い、僕たちは特別に裕福な家庭の出身でもなかった。ルイスと僕は、才能と周囲の力を頼りにここまでのし上がってきた人間だった。

だからこそ、親友のようになれなかったのは残念だった。一緒にいるときは楽しく時間を過ごせた。ルイスは父ともよく会話を弾ませていた。でも、僕と二人でいるときは気まずい沈黙が流れることも多かった。僕はその度に、(この沈黙にはどんな意味があるんだ?)と思った。

おそらく何か意味があるときもあったし、何も意味がないときもあったのだろう。

ここ数年、ルイスに変化を感じるようになった。僕はそれをとても好ましいと思っている。そう、ルイスは人間的に成熟した。発言をするときも、Ｆ１界の代弁者であり、代表者であるという自覚が見てとれる。才能だけではなく努力を積み重ねて成功を手にしたことが、現在のルイスに円熟味を感じる理由なのだと思う。間違いなく、ルイスは偉大なドライバーだ。

そしてだからこそ、僕はルイスに勝てたことが嬉しい。二〇一一年だけでなく、三シーズンの合計ポイントでも。ルイスと切磋琢磨した時代が終わるのは残念なことだった。それでも、僕はレースの純粋な喜びを取り戻すためにマクラーレンに移籍した。そしてルイスとの火花を散らすようなライバル争いのおかげで、その目的を達成することができたのだった。

若武者ペレスに戸惑う

二〇一三年のシーズンは、何というか、何もかもがそれまでと違っていた。まず、チームメイトは新しく〝チェコ〟ことセルジオ・ペレスに変わった。「メキシコの神童」の異名をとる、フェラーリ・ドライバーアカデミーの出身者だ。

戦争を体験した老人の説教みたいに聞こえるかもしれないが、物事には順序というものがある。セルジオは今にも暴れ出しそうな猛牛みたいな勢いでチームに入ってきた。長年経験を積んできた僕は、「昔はこの辺りは全部野原だったんだ」「新人ドライバーが先輩を敬う時代があったんだ」とでもぼやきたくなった。

やっぱり年寄りの説教みたいに聞こえるだろうか？　まあ、それでもかまわない。ともかくそんなわけで、僕たちの関係はうまく始まらなかった。しかも、日を追うごとに悪化していった。でも、種明かしになってしまうが、結局僕たちは関係を修復できた。だからこれはハッピーエンドの物語だ。

あとは、このシーズンはどうみても冴えない一年だったという以外にない。前年（ドライバーズの四位と五位、コンストラクターズの三位）と比べると悲惨な成績だった。

通常、シーズンの初めにはほとんどのマシンは新型車か、前年モデルを大幅改良したものになる。エンジニアはシーズン期間、半年以上をかけてマシンのさらなる改良に取り組む。それが、怪物のようなマシンをつくりあげるのだ。

ところが、マクラーレンは二〇一四年のレギュレーション変更に先立って二〇一三年用のマシンを開発するのではなく、新設計のマシンを開発することにした。これは大胆な戦略だったが、結局は大失敗に終わった。その結果、シーズンを通じてマシンのパフォーマンスの低さに苦しむことになった。

マシンの欠点は、オーストラリアGPのアルバートパークのバンプで不安定であることが判明したときに明らかになった。フリー走行では、セルジオと僕はレッドブルのセバスチャン・ベッテルより三秒も遅く、予選でもこれを反映した結果になった。決勝では僕はなんとか九位で終えた。チームが戦術的な誤りを犯したことを察したロン・デニスは、二〇一二年型のマシンに戻すことをチームに求めた。その結果、二〇一三年型のマシンをチューニングすることで対処できると考えるマーティン・ウィットマーシュとのあいだに軋轢が生じた。

妥協案として、二〇一二年のマシンの機能の一部が二〇一三年のマシンに取り込まれた（たとえば排気だ）。だがそれでも違いは生み出せず、冴えない成績が続いた（マレーシアでは一七位、中国では五位、バーレーンでは一〇位）。「マクラーレンは何かを失ってしまったのではないか」という記事が散見されるようになった。専門家は、マクラーレンはかつての技術への鋭い探究心を、メルセデスに明け渡す形で失ったと指摘した。スポンサーのボーダフォンも年内での撤退を発表した。マーティンがチーム代表の座を降り、ロンが再び指揮を執るべきだという突拍子もない意見もあった（思えば、このような専門家の好き勝手なアドバイスを真に受けて、ロンは本当にそのことを考え始めたのかもしれない）。バーレーンでは、フェラーリのチーム代表、ステファノ・ドメニ《テイ》カリと会い、移籍話をした。ご想像の通り、それはさまざまな意味で魅力的な話だった。イタリアのファン《フォシ》からはよくこう言われていた。「ヘイ、バトーニ、いつ俺たちのチームで走ってくれるんだ?」。いざそれが実現すれば、イタリアに移住し、イタリア語を学ばなければならなくなる。それでも、僕は真剣に検討する価値はあると思っていた。だが結局、難しい決断に悩まされることはなかった。ステファノがその週末に更迭されてしまったからだ。そんなことになりそうだという話なんて聞いていなかったのに。

レースでは、オーバーテイクを狙うチェコから二度ほど攻撃的な動きをされ、「彼を落ち着かせてくれないか?」と無線に向かって叫んだ。試合後にも、記者に怒りのコメントをした。

案の定、僕の言葉の真意は歪められた。チェコのたった一度の「汚いドライビング」に腹を立てたことが、僕が彼を「汚いドライバー」と呼んだことになってしまった。意味合いが大きく変わってしまう。ただし振り返ると、このバーレーンGPはチェコと僕の関係が面白くなってきたときでもあった。なぜなら僕が、チェコの能力の高さに驚かされたからだ。そのレースでも、チェコは持ち前のスピードを証明した。

ところがやはり、僕はモナコでもう一度チェコに荒っぽい動きでオーバーテイクを狙われ、激怒した。キミ・ライコネンも同じだった。チェコの危険なムーブによってウォールにぶつかってしまったキミは、例によって歯に衣を着せず、「顔にパンチを食らわせられるべきだ」と言った。

カナダGPとイギリスGPは振るわず、それぞれなんとか一二位と一三位でフィニッシュ。ドイツでは六位。ハンガリーで七位だったが、このレースで一番印象に残っているのは家族で父の七〇歳の誕生日を祝ったことだ。姉のナターシャ、サマンサ、タニヤをブダペストに呼び、日曜の夜まてみんなで楽しく過ごした。その後もプライベートジェットを借りてモナコに戻り、パーティーを続けた。魔法のような家族の週末だった。それは僕たち家族にとっての宝物になった。経験者としての僕が語る言葉を信じてほしい。それは本当に、宝物のような記憶になる。

「酔って拳を骨折」事件

スパでのベルギーGPではマシンのパフォーマンスが上がり、六位。前に話した通り、F1ではそのときの状態によって順位が持つ価値が変わってくる。そのシーズンの僕にとって、六位は十分に良い成績だった。

イタリアでは一〇位、シンガポールでは七位、韓国では八位。日本では、韓国から移動してきたドライバーが大勢集まる機会があった。グリッドにいるほとんどのメンバーが顔を揃えていた。マーク・ウェバー、ニコ・ロズベルグ、フェリペ・マッサ、デビッド・クルサード、フェルナンド・アロンソ、ルイス・ハミルトン――一三人のF1ドライバーと、スーパーフォーミュラのドライバー、アンドレ・ロッテラーとジェームズ・ロシターもいた。めったにない顔触れに雰囲気も盛り上がり、バーに電話をして遅くまで店を開いてもらうように頼んだ。僕たちが誰かがわかると、店も無理を聞いてくれた。

その夜は無礼講だった。過去の因縁は水に流し、その場を楽しんだ。一緒に居合わせたからといって、新たな因縁が生まれるわけでも、古傷に塩を塗られるわけでもなかった。F1ドライバーがこんなふうに集結することはほとんどない。普段は当然、チーム行動をしなければならないからだ。でもたまにこうして集まって、いつもはしのぎを削っているライバルたちと馬鹿話をするのは楽しいものだ。この夜も大いに盛り上がり、みんな相当に酔っ払った。

その夜には、飲み方のルールがあった。それぞれが順番に全員に酒を一杯奢るというものだ。みんなにグラスが渡ったところで、奢った人間が店に置いてある太鼓をバチで叩く。夜も更け、すでに日付は変わっていたが、パーティーは大いに盛り上がっていた。僕が奢る番がきたが、なんらかの理由によって（つまり酔っぱらっていたので）バチが見あたらない。そこで、拳で太鼓を叩いた。「もう一回やれ！　もう一回！」フェリペ・マッサが太鼓を手に持ち、僕に促した。思い切り叩いた瞬間、激痛が走った。やってしまったと思った。これまでに何度も酔って失敗をしてきたから、アルコールが痛みを鈍らせることは知っていた。だけどそのときの痛みは桁違いだった。

僕は叫びながら、ゾンビみたいに手を持ち上げた。クルサードがすぐに駆けつけ、店に氷を用意するように頼んでくれた。そのまま二〇分ほど右手を氷で冷やした。酔っ払った他のドライバーたちはナイトクラブを探しに出かけていったが、僕は引き上げることにした。その判断は正しかった。ホテルの部屋に戻り、バスルームの床にうずくまり、右手をかばいながら、便器に吐いた。惨めだった。

「拳が折れていますね」翌日、医師がレントゲンを見て言った。「二週間はギプスで固定しなければならないでしょう」

「たぶんそれは無理だと思う」僕は言った。「あと四日後にＦ１グランプリでマシンを運転しなきゃならないんです」

驚いた医師は目を丸くして、「できる限りのことをしましょう」と言った。

生体工学か何かの技術で治療してくれるのかと思ったが、実際にその医師がしてくれたのは、包帯で患部を固定し、大量の鎮痛剤を処方し、最善の結果を期待するという、言ってみれば僕にもできるようなことだった。

木曜日が近づいてきた。くそ、全部フェリペ・マッサのせいだ——思わず恨み節が出た。チームからは出場を取りやめるようアドバイスされた。

「大丈夫だよ」僕は嘘をつき、痛みで歯を食いしばった。「問題ないさ」。実際には、僕の右手はブラック&デッカーの作業台の板でゆっくりと締めつけられているみたいに痛んでいた。仲間のドライバーたちは哀れな僕の姿を見て面白がった。みんなの二日酔いはとうの昔に醒めていたが、僕のそれは右手の怪我という形で残っていた。唯一からかわれなかったドライバーは、ニコ・ヒュルケンベルグだった。だが、それはこの件の噂がまだニコの耳に届いていなかったからだった。パドックでニコと会い、握手をした。僕は怪我のことを忘れていて、ニコは知らなかった。右手を握られたときの痛みは、それまで体験したことがないようなものだった。

「何をやってるんだ、ジェンス！」父は事情を知るとそう怒鳴った。当然の反応だった。僕の代役には、チームのシミュレータードライバーであるオリバー・ターベイも考えられた。だがチームはケビン・マグヌッセンを抜擢してF1デビューさせようとしていた。

結局、僕は拳の骨折ごときで欠場してたまるかと、強引に出場した。患部を固定し、痛み止めを飲み、歯を食いしばって運転した。結果はそれほど悪くなかった。九位だ。

もちろんこれは後で気づいたことなのだが、マーティンはケビンに運転させ、様子を見たがっていたようだった。ケビンをチェコの後釜にしようと考えていたからだ。

拳の一件は、たぶんこのシーズンで一番刺激的な出来事だった（アメリカでは一〇位、インドでは一四位、アブダビでは一二位——これ以上は勘弁してほしい）。ドライビングはうまくできていると感じていたが、僕たちにはレッドブルや他のトップランナーに挑めるだけの道具がなかった。

このシーズン、僕の最高のレースは最終戦のブラジルGPだった。予選ではチェコよりも後ろの一五位。だが決勝では四位まで順位を上げた。

ポイントはシーズン通算でわずか七三。ドライバーズランキングは九位だった。二〇〇九年の栄光がずいぶんと遠くに感じられた。

このシーズンに低迷したことで、チーム代表のマーティンの進退が問われた。ロンは再び自らチームを率いたいという意向を持っていた。結果、マーティンはチームを出ていった。

このリーダーの交代劇は、僕にとってあまり歓迎できるものではなかった。マーティンは世界クラスのビジネスパーソンだった。仕事とプライベートを区別し、サーキットを離れれば友人として接してくれた。だけどロンは違った。ロンは、その身体をナイフで切ればマクラーレンの血が流れるような男だった。マクラーレンの人間であることと、その他の自分を区別したりはしていなかった。僕はロンとは問題のない関係を保っていたが、マーティンのような友人ではなかった。ロンのやり方は、いささか〝古臭い〟ものだった。恐怖政治を敷くとまでは言わないが、それに近い部分もあった。ロンのやり方に従いたくなければ、チームを出て行くしかなかった。

マーティンはいい新天地を見つけ、ランドローバーBARアメリカズカップのヨットチームのCEOに就任した。マクラーレンからマーティンの姿がなくなったのはものすごく寂しかった——もちろん、彼の素敵な妻、デビーがいなくなったことも。

でも、次に起こったことがすべてを覆した。
すべてを――。

さよならオールド・ボーイ

サンタモニカに、馴染みの自転車ショップに行くために前を通らなければならないレストランがある。でも、僕はそのレストランに目を向けることができない。最後にその店に入ったときに起きた出来事を、思い出したくないからだ。

それは二〇一四年一月のことだった。そのとき僕は、ハワイ経由でロサンゼルスに来ていた。二〇〇九年以来、毎年大勢の仲間と一緒にハワイでトレーニングをしながらクリスマスと新年を過ごしていた。休暇を楽しみ、身体づくりをし、リフレッシュしながら、新シーズンに向けた準備を整えるためだ。

その年は、そのままモナコに戻らず、途中で何日かロサンゼルスに寄ることにした。そのサンタモニカのレストランでは、僕、マイキー、クリッシー、そして僕たちの日本人の友人であるユウと一緒に、食事をしながらサイクリングやランニングのルートの話をしていた。仲間との楽しい時間が過ぎていった。すぐ後に迫り来る何かのことなど知る由もなかった。

マイキーの携帯電話が鳴った。応答したマイキーの様子が一変したのがはっきりとわかった。それまで寛いで楽しそうにしていたその顔が、瞬時に曇った。僕たちは会話をやめ、マイキーのほうを見た。どうした？　何があったんだ？　マイキーは耳から電話を外し、テーブル越しに僕を見た。

「ＪＢ、リチャードからだ。外に出てくれ。大事な話がある」

そのとき、僕は自分のキャリアについての話なのだろうと考えていた。席を外せと言われたくらいだから、相当に悪い話なのだろう。でも、それがどれくらい悪いことなのかは、予測できなかった。

歩道に出て窓際に寄りかかり、マイキーから渡された電話を耳に当てた。

「ジェンソン、悲しい知らせだ」リチャードの声が聞こえた。「君の父さんが――」


リチャードは前日の夜、モナコで父と食事をしたあと、寝る前の一杯を求めて〈ラ・コンダミーヌ〉に寄った。チームのメカニックがグランプリの週末に溜まり場にしている、パーティーバーのような店だ。

その夜、ラ・コンダミーヌはいつものように繁盛していた。父もリチャードも、この店では馴染みの顔だった。父の家は国境を少し越えたところにある、フランスのカップ＝ダイユという地区にあった。リチャードはグラス片手に話をしながら、父に自宅に泊まるように勧めた。夜遅くに、カップ＝ダイユまで戻らなくてもすむからだ。

「ありがとう。お言葉に甘えさせてもらおうかな」父は言った。だがリチャードは、父が自分の家に帰るのではないかという予感がした。父は自宅にいるのを好む人間だったからだ。住み慣れた家で、いつもと同じように過ごすのが好きだった。糖尿病を患っていたので、インスリンが必要になることもあった。

そのとき、リチャードの携帯電話が鳴った。用件は僕のビジネスに関することだった。僕のマネージャーであるリチャードが、相手先に出向くことが必要な話だった。席を外して表に出た。通話は予想以上に長くなってしまった。店に戻ると、父の姿は消えていた。

共通の知り合いに尋ねてみたが、肩をすくめて「ああ、彼は立ち上がってどこかに行ったよ」と言われただけだった。

それは父の行動としては珍しいことではなかった。糖尿病のために疲れやすいこともあって、帰りたくなったら一人ひとりに別れの挨拶をしたりせず、そっとその場からいなくなることがよくあったのだ。それが父のスタイルだった。

翌朝に念のため携帯電話に連絡してみたところ、父は出なかった。この時点ではまだ、特に嫌な予感はなかった。父はよく、愛車のフェラーリでイタリアまで行き、友人とコーヒーを飲むのを楽しんでいた。おそらく、その日もそうしているのだろう——リチャードはそう思った。たぶん今頃イタリアにいて、車のなかに電話を置き忘れてるんだ——。

でも、しばらくして虫の知らせがした。不安になって何度も電話してみるが、応答はない。午後七時ごろ、トラックボトムとスエットシャツという出で立ちで父の家に向かった。オールド・ボーイを見つけて、〝おい、心配するじゃないか。電話くらい出ろよ〟と文句を言って、不安を消し去りたかった。

父の家は崖の手前に建っていて、なかに入るには斜面にある正門を通らなければならない。正門は以前強盗未遂があったことをきっかけに、セキュリティ機能が徹底的に強化されていた。敷地内に入ると、玄関まで約六〇段ある階段を登らなければならない。僕でもきついくらいの階段で、登り切ると足が燃えるように熱くなる。

その晩、リチャードが到着すると、正門の外側に父の鍵がぶらさがっていた。ひょっとしたら、何かとんでもないことが起きたのかもしれない――そう疑ってしまうような光景だった。過去の強盗未遂事件を覚えていたリチャードは、家のなかに入って確認してみようと決心した。正門を通り抜け、玄関に向かおうとした。その階段の途中で、父が倒れていた。

階段には血痕があった。最初、強盗に襲われたのではないかと考えた。その後の調査でそうではないことがわかるのだが、ともかくそのとき現場は混乱した。リチャードの妻キャロライン（半分フランス人の血が流れている）が警察に電話をしたが、リチャード本人が容疑者にされてしまった。リチャードは弁護士に電話しなければならなかった。警察はリチャードが僕に電話をすることを許さなかった。一悶着のあと、リチャードは言った。「いいか、僕はこの件を友達に電話をして伝えなきゃならない。止めたいのなら、逮捕してくれ」

マイキーの電話が鳴ったのは、その直後だった。

リチャードから何を伝えられたのか、僕にはすぐにわかった。その言葉の意味が、すんなりと理解できた。それは普段ドライバーとして生きている僕の習性なのかもしれない。突然の衝撃的な出来事を瞬時に理解し、強烈な感情を素早く処理する能力が磨かれていたからなのかもしれない。リチャードの言葉を嘘だと疑うことも、茫然とすることもなかった。僕はただ、その事実をありのままに受けとった。
父が死んだ――。

父は僕が引退したときのために、写真を集めてスクラップブックをつくろうとしていた。カートを始めた幼少時代から、フォーミュラ・フォード、フォーミュラ3、そしてF1へという僕のドライバーとしての歩みを振り返られるようなスクラップブックだ。父はそのことを秘密にして僕を驚かそうとしていたのかもしれない。だが、写真を探し始めたとたん、もう僕にはそれがバレていた。写真を添付した電子メールで送ってきて、興奮を隠そうともせずに、この写真を見てくれ、懐かしいのを見つけたんだ、と書いていたからだ。

そのとき僕はハワイにいたので、時差があるからモナコに戻ったら返信しよう、と思って返事はしなかった。

だからロサンゼルスでリチャードから知らせを聞いたときも、まだ返事はしていなかった。そのことを、どれほど悔やんでも悔やみきれないくらいに後悔している。

父は少なくとも、それまでハッピーに過ごしていた。自分の好きなことをして暮らしていた。そのことは僕のせめてもの慰めになった。しかしその一方で、だからこそ、その突然の死はショックだった。父は健康を害していたわけでも、何かに思い悩んでいたわけでもなかった。人生を思い通りに楽しんでいたのだ。

姉たちに電話をしなければならなかった。それは、父の訃報を聞くのと同じくらい辛いことだった。ジェシカにも電話した。彼女はその頃、父と少し諍いがあったが、普段は本当に仲が良かった。ジェシカは他のみんなと同じように、父の訃報を聞いて悲しみ、取り乱していた。

いったい何が起こったのか？　誰もが知りたがった。なぜその夜、父は命を失ってしまったのか？

その真相は闇に包まれたままだ。断片的なことしかわかっていない。警察の調査も決定的な結論を導けないままに終わった。だから何が起こったのかを一〇〇パーセント断定することはできない。ラ・コンダミーヌで酒を飲んでいた父が、リチャードが電話をしているあいだに店を出て、車に戻ったことはわかっている。そしておそらく、車に辿り着くまでのあいだに転んで頭を打った。

前にも話したように、高齢で持病もあった父はあまりバランスがよくなかった。モナコのエスカレーターは、足をその上に置くまで動作しない。しかも、あまり信頼できない代物だ。まったく動かないこともあるし、諦めて降りようとした瞬間に動き出すこともある。だから、転んでしまう人が多い。

父はその夜、エスカレーターがおかしな挙動をしたために転んでしまったと思われる。駐車場の防犯カメラに映っていた父は、後頭部から血を流していた。それに、車のヘッドレストにも少量の血液が見つかった。だから考えられ得るもっとも論理的な説明は、父がエスカレーターで転倒したというものだ。

父はカップ＝ダイユにある自宅に向かい、午前三時ごろに到着した。

その後、何が起こったのかはよくわからない。はっきりしているのは、父が正門に鍵をかけたままの状態で、自分だけ敷地内に入ってしまったことだ。父は困った状態に陥ってしまった。閉まってしまった門を開くための唯一の方法は、家のなかからボタンで操作すること。だが家に入るための鍵は、正門の外側にある。

玄関までの階段の途中に、離れの小部屋があった。この部屋にある枕に血が付着していた。父はここのベッドで少し横になっていたのだ。

それから、インスリンが必要だと思ったのか、ただ家に入ろうとしたのかはわからないが、ともかく父は再び玄関を目指して階段を登り始めた。

シャツ、下着、靴下の姿で、おそらくは携帯電話の懐中電灯機能を使って道を照らしながら、階段を登っていた。だがドアには鍵がかかっていてなかには入れない。向きを変え、階段を降りていたとき、転倒して頭を打った。これが致命的になった。


電話を受けてからの数日間のことはぼんやりとしか思い出せない。モナコに戻り、家族と合流した。夢なら醒めてくれという思いを抱えながら、茫然とした状態のまま、なんとか気力を振り絞って葬儀の準備を進めた。

同時に、僕は足に痛みを感じていた。いつ、どこで、どんなきっかけで始まったのかはわからないのだが、ともかく膝の上のところが少し痛い。でも、そのときは大したことだとは思わなかった。ある夜、僕たちは全員で食事に行った。アルコールも入り、深い悲しみに襲われた。翌朝目を覚ますと、強い足の痛みを感じた。

同じメトロポール・ホテルに泊まっていた母に電話をした。

「母さん、僕の部屋まで来てくれない？　足の様子が変なんだ」。話しながら、目をやった足が腫れていることに初めて気づいた。すぐに母がやってきてチャイムを押した、僕はそれに答えると同時に意識を失った。

僕は血液中毒になっていた。ハワイの海で泳いでいたときに足を切ったのだが、そこから細菌が侵入したらしい。僕の身体には、それをやっつける抵抗力がなかったのだ。

母は家族を部屋に呼んだ。僕は再び昏睡状態に陥った。気がつくと病室にいて、チューブが何本も身体に差し込まれていた。医師たちは真剣だった。感染が骨に達していたら、厄介なことになると言われた。最悪の場合は、切断もあり得るらしい。

医師の診断結果が出るまでは生きた心地がしなかった。結局、骨には達しておらず、退院できた。ただし、まともには歩けなかった。一歩動く度に、毒が足を移動しているみたいな痛みを感じた。

リチャードの家に何日か泊めてもらいながら、葬儀の手配をした。痛みは激しかった。後にも先にも体験したことがないくらいに。痛みをしのぐために、足を頭より上の位置に保たなければならなかった。シャワーするのも一苦労だった。トイレはもう、地獄だった。

それでも、僕の頭を離れなかったことは、たった一つしかなかった。

好きだった場所で

葬儀はモナコのサン・デボーテ教会で行われた。モナコGPが開催されるモンテカルロ市街地コースの一コーナーに位置する教会だ。これ以上父に相応しい場所もなかった。父はあのメルボルンのレースよりも、モナコGPを愛していた。それは父のレースだった。

F1界から大勢が参列した。ロン・デニス、マーティン・ウィットマーシュ、ロス・ブラウン、フランク・ウィリアムズ――。アルベール大公とシャーリーン妃の姿もあった。父は天国で喜んでいただろう。僕は参列者の多さにも驚かなかった。父はＦ１界の人気者で、良く知られた顔だったからだ。父は物事の良い側面に目を向ける人間だった。どんなチームの人も、うまくいかない一日を過ごしたなら、父を探して、一緒に食事をつまみながら赤ワインを飲み、噂話に花を咲かせて大笑いすれば、嫌なことを忘れられた。父はレッドパスを持っていたので、サーキットのどこにでも入れた。ダミーグリッドにもだ。このパスはとても稀少で、ドライバーや関係者しか入手できない。だけど父はＦ１界のドン、バーニー・エクレストンからうまくパスをせしめることに成功した。だからパドックで起こることをすべて知っていて、ゴシップ話をするには最高の相手だった。

葬儀は辛かった。本当に辛かった。僕は碌に歩けなかったが、棺は担ぎたかった。絶対にこの役割を外れたくはなかった。猛烈な痛みを感じるだろうと思いながら、歯を食いしばって棺を担いだ。でもそのときだけは、不思議と痛みはなかった。感情が、その瞬間だけは痛みを忘れさせてくれたのだと思う。弔辞を述べるときも、同じように半ば我を忘れながら役目を果たしていた。僕がこれまでにしてきたなかで、もっとも難しく、もっとも心が痛むスピーチだった。

父は、葬儀の最前列にモナコのアルバート大公がいたのを大喜びしていたはずだ。葬儀がモナコＧＰの一コーナーにある教会で行われたことも。その日の参列者全員に感謝していたはずだ。

でも、霊柩車の選択についてはわからない。父はいつも、墓場に土煙を立てて止めたスポーツカーで登場し、そのまま墓に入りたいとよく冗談を言っていた。それなのに、葬儀で使われたのはボルボのエステートだったからだ。父の声が聞こえてくるようだった。

冗談じゃないぞ、ジェンス――。

薄れ始める情熱

父はよく、マレー兄弟の母であるジュディ・マレー以来の、スポーツ界でもっとも影響力のある、選手の親だったと評された。たしかにそうかもしれない。だが僕にとってはあくまでも、オールド・ボーイであり、父であり、パパ・スマーフだった。父は僕のギャング団のリーダーだった。人生の道を示してくれた。何かに情熱を持って取り組み、それに秀でることの大切さを教えてくれた。なぜそれをするのかという理由を忘れてはいけないことも。

もちろん、父がいつも正しいとは限らなかった。どんな人間関係でもそうであるように、僕とのあいだでもお互いの神経に障ることはよくあった。でもほとんどの場合、父は正しかった。肝心なときには、いつも正しい判断をしてくれた。そして本当に重大なことについては、僕に判断させてくれた。少なくとも、僕が自分で判断をしたと感じるように仕向けてくれた。父は僕を導いてくれた。甘やかしたり、強引に従わせたりせず、励まし、伸ばしてくれた。僕は、ドライビングシートに座って大好きなレースをすればよかった。父が、レースを楽しめるようにしてくれたからだ。

それが、父が僕に残してくれた一番のことなのかもしれない。レースを楽しむこと。それが父の遺産だ。父は運命を賭けたような重要なレースを前にしても、楽しむ姿勢を失わなかった。メカニックからバーニー・エクレストンまで、誰に対しても笑顔を見せていた。いつも笑っていた。

若き日にレースに勤しんだ愛車のコロラド・ビートルから、F1のパドックでお馴染みだったピンクのシャツまで、どこにいても人生に彩りをもたらした。いつも楽しい時間を過ごしていた。それは周りにも伝染した。父がいない世界は、笑うことが禁じられ、音楽が消滅した場所のように感じられた。この世から鮮やかな色合いが失われてしまったみたいだった。

「君は、父さんの死を十分に悼みきれていない」

リッチーはそう言う。その通りだ。僕は今でも、初めて父の死を知った日と同じ気持ちでいる。ショックは薄れたが、損失感はサンタモニカのあの午後からずっと変わらないままだ。

リッチーの言う通り、僕は父の死を十分に悼みきれてはいないのかもしれないし、一定期間だけ喪に服すということができなかったのかもしれない。でも、悲しみを止めることなどできるのだろうか？　そもそも、人の死を悼むとは何だろう？　黒い服を着て、悲しそうな顔をすることなのだろうか？　ボブ・シーガーの曲がラジオでかかったときに、特別に悲しそうな顔をすることなのだろうか？　それが何の役に立つというのだろう？　それで父が戻ってくるわけでもないのに。だから僕は、自分がすべきことをした。マクラーレンに戻り、テスト走行を再開したのだ。

マーティンがいなくなったことで、チームの空気は変わっていた。もう、以前と同じチームではなくなっていた。ロンが指揮を執っていたが、その流儀は以前とは異なっているように見えた。チーム内の多くの人間が首をすげ替えられ、それまでの方法も変わってしまった。ロン自身は昔と同じスタイルを貫こうとしていたが、そのことで逆にチームや業界全体から浮いた存在になっていた。舵はしっかりと握っていたが、昔ほどは安定していなかった。

マクラーレンは、一九八〇年以来の最悪なシーズンという辛酸をなめていた。マシンのエンジンも、自然吸気のV型八気筒エンジンから一・六リッターのV型六気筒ターボに置き換えられた。大きな変化だったが、良い方向には働いていなかった。

でもそのすべては、父がいなくなったことに比べればちっぽけな問題にすぎなかった。レースへの情熱は残っていたが、Ｆ１への情熱は薄れ始めていた。サーキットでも私生活でも、覇気もなく目の前のことをこなすだけで時間が過ぎていった。

父の死から数カ月後、僕はジェシカにプロポーズした。その一〇カ月後に結婚したが、それから一年足らずで離婚した。まるで、ジェットコースターに乗っているような日々だった。二〇一五年八月、ジェシカとフランスのサントロペに借りて住んでいた家に強盗に入られた。エアコンに麻酔ガスが仕込まれていて、僕たちが眠っているあいだに貴金属などを奪われた。ジェシカの婚約指輪もだ。犯人は捕まらなかった。

身の毛もよだつような体験だった。もし強盗がいるあいだに僕たちが目を覚ましたら、どうなっていただろう？　強盗が金品以外のものを狙っていたとしたら？

それは、ジェシカと僕がそのとき過ごしていた重苦しい日々を、ある意味で象徴するような出来事でもあった。強盗が麻酔ガスを使ったのは皮肉だった。僕は長いあいだ、麻酔ガスを吸ったみたいに、夢遊病者のように生きてきたと感じていたからだ。

心離れて

マクラーレンでは、新しいチームメイトのケビン・マグヌッセンを迎え入れた。それまでのチームメイトだったセルジオ・ペレスとは衝突したこともあった。シーズン中に僕がチェコ《チェコ》について語った言葉は本当だった――つまり、彼はもっと落ち着く必要があった。それでも最後は本当に良好な関係になれたし、何度か一緒に会心のレースも走れた。

ケビンとは馬が合った。彼は実直な人間だった。だがまだドライバーとして学ぶことが多く、苦しんでいた。F1一年目で、いきなりボスがロン・デニス、チームメイトが世界チャンピオンというプレッシャーのかかる状況に放り込まれた。シーズン前半にはパフォーマンスを発揮したが、後半には失速した。僕は手強いライバルがいると燃えるタイプだ。だけど残念ながら、このシーズンにはその気持ちを味わえなかった。

しかも、マシンの性能も低かった。フロントのダウンフォースが足りず、アンダーステアが出やすかった。リヤエンドは安定していたが、前後のバランスが良くなかった。

メルボルンでのシーズン開幕戦。初めからわかっていたことではあるが、父がいないのが辛かった。毎年恒例の夕食会の常連たちは、父を忘れないためにこれからも会を続けると言ってくれた。天国の父も、それを願っていたと思う。でも僕の心に浮かぶのは、父がそこにいないという事実だった。食事をしながら大笑いし、赤ワインを豪快に飲み、レース話に興じていたあの姿は、もうそこにはなかった。

パドックでも、大勢に声をかけてもらった。誰もが今は亡き父のことを惜しみ、ありし日の思い出話をしてくれた。でもそれは僕にとっては辛くもあった。父がいないことを意識せずにはいられなかったからだ。

レースでは三位。ケビンは二位だった。僕は生まれて初めて、表彰台に上がる必要がないことに感謝していた。もちろん、それ以降のレースならそんな気持ちにはならない。ポイントが獲得できたのは良かったが、そのときの僕は、表彰台でシャンパンファイトをする気分ではなかった。

シルバーストーンでは、「ピンク・フォー・パパ」キャンペーンを催し、Tシャツを販売した。売り上げはすべて、伝説のレーサー、ジョン・サーティースが、レース中の事故で他界した息子を偲び、自動車事故被害者への支援を目的として設立したヘンリー・サーティース基金に寄付した。同じ時期、バックモア・パークのカートトラックで父を偲ぶために催された企画展、「ジョン・バトン・スイート」のオープンセレモニーに、ジョン・サーティース本人が姿を見せた。この展示会では、ピンクに塗られた壁に在りし日の父の写真が飾られた。父のピンクのシャツを入れた額もあった。サーティースは父の追悼に相応しい人物だった。二人は昔から親しく、息子のヘンリーはカマー・カデットで父がチューニングした「ロケット」エンジンを使っていたこともあった。

その他にも僕は、父を惜しむ催しに出席し、何度も拍手や称賛で迎え入れられた。それでも、父の思い出と共にあるように感じたこのシーズンを、苦しみながら戦っていた。哀しみで心が麻痺し、突然、モーターレースへの情熱が失われていくことに気づいて愕然とした。

それを周囲に悟られまいと必死に努力したのだが、僕がレースへの情熱を無くしていたのは誰の目にも明らかだった。その時期のインタビュー映像を見れば、それがわかるはずだ。メディアは僕の未来を推測し始め、来シーズンはフェルナンド・アロンソがケビンとパートナーシップを組むことになるだろうという噂を書き立てた。僕はチームで存在感を示さなければならないというプレッシャーを感じ始めた。毎回のレースが、オーディションのように思えた。チームには残りたかった。少なくとも、当時はそう考えていた。でも、マクラーレンで立場を守り続けようとすること自体に、戸惑いを覚えるようにもなっていた。

自分のキャリアを振り返るほどに、セバスチャン・ベッテルやルイス・ハミルトンなら感じていないだろう気持ちを抱いていることに気がついた。僕は、彼らのように何度も何度もチャンピオンになる必要はなかった。Ｆ１に参戦し、レースで勝利し、世界チャンピオンになった。伝説のレーサーたちと肩を並べられるような場所に足を踏み入れることもできた。そのことで、もう僕のレーサーとしての心の飢えは満たされていた。

そもそも、父がいないなかでレースを続けることに意味などあるのだろうか？　勝ってもそこに父がいないなんて、想像もできなかった。

父の死、マクラーレンでの不安定な将来、冴えないシーズン――僕はこれらすべてに対処するため、ある戦略を立てた。それは、いまこの瞬間に生きるということだ。未来を案じても仕方がない、先のことはなるようにしかならない――。すべての問題が解決したわけではなかったが、何が大切で何がそうでないかを見分けるのには役立った。

二〇一四年一二月、僕が二〇一五年シーズンもマクラーレンのドライバーを務めること、チームメイトがフェルナンド・アロンソになることが発表された。父はそのニュースを聞いて喜んだはずだ。アロンソのドライビングが大好きだったからだ。

でも二〇一五年シーズンの話はあまりしたくはない。とにかくフラストレーションの溜まるシーズンだった。僕は通算一六ポイントでドライバーズランキングの一六位、フェルナンドは一一ポイントで一七位。僕たちは予選でもめったにＱ１すら通過できなかった。僕の最高位はアメリカでの六位。モナコでは八位、ハンガリーとロシアでは九位だった。フェルナンドはハンガリーで五位、イギリスで一〇位、他は見る影もなかった。

この年末、ジェシカと僕は離婚を決断した。それは友好的な別れだった。僕たちは、結婚がうまくいかなかったことを認め、そもそも自分たちふたりが結婚したこと自体が過ちだったという結論に達した。

一二月、僕は共通の友人を介してブリトニー・ワードと出会い、付き合い始めた。美しく、聡明で、しっかりとした彼女に、僕はたちまち恋に落ちた。幸い、彼女も同じ気持ちだった。ブリトニーと会うことは、その頃の陰鬱な日々のなかで、ほとんど唯一の光だった。

いや、違う。すべてが悪いわけではなかった。F1からは気持ちが遠のいていたが、僕はまだレースを愛していた。二〇一五年、イギリスのリッデンヒルに招待された。かつての父の主戦場だったサーキットで、ラリークロスの故郷とも呼べる場所だ。同じイギリス人のデビッド・クルサードもやってきた。僕たちは一緒にBBCの番組の撮影のために、大笑いしながらラリークロスカーを思いっきり走らせた。

競争心が完全に消えたわけではなかった。フェルナンドに勝つと、レースに勝ったかのように感じた。どんなレースでも、目標になるものはあるということだ。それまでの数年間、フェルナンドはチームメイトとしてもライバルとしても、僕にとって最大とは言わないまでも、トップクラスの強敵であり続けてきた。ルイス・ハミルトンは信じられないほど速く、ワンラップをあっという間に走ることができた。おそらく一周だけに限れば、アイルトン・セナとルイスが史上最速の二人だったかもしれない。だけどフェルナンドは、もっとバランスのとれたドライバーだった。たとえ予選では上回っても、決勝レースで勝つのは容易ではなかった。マシンを降りればとても朗らかで親しみやすい人間だ。だがその優しさの下には、あらゆる手を尽くして相手を打ち負かそうとする、とてつもなくタフな競技者としてのフェルナンドがいる。

僕は素晴らしいチームメイトであり、好敵手だったフェルナンドと一緒に過ごした二年間を楽しんだ。同じシーズンで彼を上回った唯一のチームメイトであることも嬉しく思う。

でも問題はあった。僕はしばらくもしないうちに、ある男とレースをすることにうんざりするようになっていた。

それは僕自身だった。僕の心はレースから離れ始めていた。僕はもうそこにはいなかった。

ファイナルレース

「今年いっぱいで引退したい」

ベルギーのスパ。二〇一六年八月。僕の決意は固かった。

ロンがこっちを見た。僕がどれくらい真剣なのかを確かめようとしているようだった。「引退はいい言葉じゃない」ロンは慎重に言った。

「だけど、僕はそうしたいんだ」僕は言った。

ロンには、肝心の話に辿り着く前に脇道に逸れる傾向があった。そのときも例外ではなかった。まず僕がドライバーとしては若干年齢が高めであることについて話し（フェルナンドやキミを含め、僕はどのドライバーよりも通算出場レース数が多かった）、そのわりには体力やコンディションが良いことについて触れた。

それは本当だった。

「とはいえ、君は少しばかりくたびれている」ロンは言った。それも本当だった。

ロンは、引退したい理由はわかるが、それは間違いだと言った。「一年休みをとって、好きなように過ごし、新鮮な気持ちで戻ってくればいいじゃないか」。そして、あのアラン・プロストも一年間の休養のあとで、一九九三年に復帰して良いパフォーマンスを見せたと付け加えた。

「引退せず、一年休むというのはどうだ?」ロンは提案した。「誰もが得をする。君は休みがとれる。私は一年後に良いドライバーを手に入れられる。F1はジェンソン・バトンのカムバックを楽しめる」

考える価値のある提案だと認めなければならなかった。たしかに、引退したあとで心変わりをする可能性はあった。ロンの言う通り、休んだらまたレースがしたくなるかもしれない。ブリトニーと一緒にゆっくり一年を過ごせば、また気持ちがサーキットに向かうのかもしれない。

ロンは、チームの大使になるという提案もしてくれた。そうすれば、僕はF1へのドアを開けたままにしておける。これも魅力的な話だった。結論を出さないという考えは気に入った。何が起こるかはわからない。ロンと握手をして話を終えた。

九月三日、イタリアのモンツァで、僕はドライバーを引退し、今後は大使としてチームに関わり続けると発表した。一方、チームは低調なシーズンを終えようとしていた。ドライバーズランキングでは、僕は一五位で、フェルナンドは一〇位。マクラーレンはコンストラクターズで六位。当然ながら、チーム改革のための大鉈が振るわれた。僕はロンが株主との戦いの末に更迭されていくのを、傍観しているしかなかった。

特に仲が良かったわけではなかったが、僕はロンが成し遂げてきたことを尊敬していた。その指揮の下で、マクラーレンはニキ・ラウダ、アラン・プロスト、アイルトン・セナ、ミカ・ハッキネン、ルイス・ハミルトンをはじめとする一〇人ものドライバーズ・ワールドチャンピオンを輩出し、七度のコンストラクターズタイトル獲得に輝いた。そのロンが、実質的にチームを追放されることになるのは悲しかった。マクラーレンにとっての一つの時代の終焉を感じた。僕は身を引くのに良い時期を選んだのかもしれない。

とはいえ、チームは再び立ち上がるだろう。マクラーレンは、僕にとって一番のチームだ。その名前を耳にすれば、光り輝くトロフィーの数々と、ファクトリーにひしめく歴代の名レーシングカーが浮かんでくる。今は苦労しているかもしれないが、積み重ねてきた歴史と情熱で、一時的な苦境をやがては乗り越えるだろう。必ず、また偉大なチームとして復活する。僕が保証する。

最終戦のアブダビGPが、僕のお別れのレースになった。僕は家族や友人に囲まれながらレースを迎えた。母も来てくれた。ナターシャも、リチャードも、キャロラインも、クリッシーも、ジェイムズも、マイキーも、ブリトニーも、愛すべきアシスタントのジュールズも。

決勝レースの朝、みんなと一緒に大きな笑顔を浮かべながら朝食を食べた。ずっと全員の視線を浴びているという、不思議な雰囲気だった。その後、いつものように準備をしてガレージに向かおうとしたら、大勢のチーム関係者が通路の両側に整列して待っていてくれた。僕がマッサージを受けているあいだに並んでいたのだ。家族、友人、チームのみんな――お馴染みの面々が、真ん中を歩く僕に声援を送り、拍手をしてくれた。その列はドライバーズエリアの外からガレージまで続いていた。夢を見ているみたいな幸せな気分で歩いた。できることなら足を止めて、一人ひとりと抱き合い、握手をし、感謝の言葉を伝えたかった。同時に、この一瞬を噛みしめたいとも思った。

トラックでは、フェルナンドがハグで迎えてくれた。いつもはグリッドに姿を見せないアラン・プロストもいた。「君のためにきたんだ。君の最後のグランプリを見るために来た」そうプロストに言われ、すでに胸がいっぱいだった僕は、感無量になった。

レースは？　一二周走ったところで、サスペンションの故障でリタイヤ。だけど、むしろそれで良かった。完走していたら、すぐにルイスやニコのお祝いに参加することになったはずだ。でも途中でリタイヤしたので、ゆっくりとみんなに別れを告げる時間があった。ピットレーンで立ち止まり、歓声を上げる観衆に手を振った。チームのみんなと抱き合った。家族や友人のもとに走り寄って抱き合い、涙を流した。

みんなに囲まれながら思った。会社員なら、退職日には昼休みにビールの一杯でも飲んで、全員に別れの挨拶をして餞別をもらっているところかもしれない。

でもドライバーである僕の場合は違った。みんなが列になって拍手をしてくれた。アラン・プロストも来てくれた。大観衆の声援もあった。

何よりも最高だったのは、大好きな人たちがみんなそこにいてくれたことだった。

エピローグ

永遠のサイド・バイ・サイド

引退して、F1が恋しくならない？

難しい質問だ。だけど、答えはノーだ。

僕はまだF1が大好きだ。僕はそれを愛している。世の中で一番格好いいものだと思っている。でも、恋しいかと言われれば、そうは思わない。僕の最後のレースを観た人に、こう言われたことがある。「あなたは夢と共に現れ、思い出を残して去った」。この言葉が、僕の気持ちを代弁している。実は、僕は二〇一七年のモナコGPでリザーブドライバーとしてもう一度だけF1を走っている。フェルナンドの代役として走ってほしいとマクラーレンに頼まれたからだ。予選は九位。十分に満足していたが、決勝レースではDNF。でも終わったときに、もう一度走って今度こそは自分の力を証明したい、とは思わなかった。

「じゃあ、F1ドライバーの魅力的なライフスタイルは？」と人々は言う。世界各地を転戦し、世界の注目を浴びる輝かしい日々に、戻りたいとは思わないのか、と。でも、たとえそれが最高の仕事でも、少年時代からの夢であっても、未練はない。〝飽きた〟というより、〝もう十分だと思った〟というのが正確なところだ。あるいは、〝卒業したかった〟とも言えるかもしれない。カゴのなかのハムスターは、どんなに贅沢な餌を与えられ、最高のトレッドミルを用意されたとしても、結局はそのトレッドミルの上を走り続けるしかない。僕は外の世界に出てみたかった。

考えてみてほしい。僕はF1で一七年、それ以前も他のカテゴリーでレースをしてきた。人生をレースに費やしてきたのだ。週末にはたいていレースがあったので、世間並みに休日を過ごすこともできなかった。

プライベートでも、モナコに家はあったが、そこに長く居続けることはできなかった。もちろん、世界のいろんな場所を見て回るのは刺激的で楽しい。そういったことにまったく興味を示さなければ、退屈な人生になるだろう。それでも、そんなめまぐるしい暮らしをずっと続けていれば、いつかは腰を落ち着けたいと思うようになる。三週間以上同じ場所に留まれないような暮らしをやめ、愛する人たちや物に囲まれ、根を張って生きていきたいと思うようになるのだ。

今年二〇一七年の初め、ブリトニーと一緒にLAに移住した。僕はこの土地がとても気に入っている。三七歳になるけれど、それまで一度も家のインテリアに凝ったことなんてなかった。でも、初めてやってみて、自分の家を心地よい場所にするためにあれこれと考えることは、人生の大きな喜びだということを知った。人間なんてわからないものだ。犬も二匹飼い始めた。ストームとローグという名前の、可愛いポンスキー犬。ブリトニーと寛ぎ、料理をし、エクササイズをし、映画を観る――。一年のうち九カ月間、二週間ごとに違う国に移動しなくてもよい生活を送るのは一七年ぶりだ。僕はレースが好きだったし、F1も大好きだった。でも、今は新しい人生哲学に従って生きている。ゆったりとした時間のなかで、今この瞬間を十分に味わいながら生きることだ。僕は今、それを実践している。

Ｆ１ドライバーとしてのオファーはいくつかあったが、もう興味はないと答えた。それでも、これから先もレースには出たいと思っている。契約上の縛りがなくなったので、他のカテゴリーにも自由に出場できるようになった。ＢＢＣの番組で体験したラリークロスは楽しかったし、スーパーＧＴにも関わり始めている。いつかはル・マンも走ってみたい。まだまだ、レースの世界でやりたいことはたくさんある。

ただ、それはＦ１ではない。父がいなければ、Ｆ１を戦う意味はないからだ。

去年、モナコＧＰの前の週に、フェラーリ５５０をはじめとする父の愛車に乗って、父のお気に入りのドライブコースだった、モナコからアラッシオまでのルートを走った。姉夫婦やクリッシー、リッチー、ブリトニー、マイキー、ジュールズと一緒だった。

その日は晴天だった。アラッシオに到着し、燦めく水面を望む海辺の店に入り、父の思い出に軽く乾杯した。姉たちと一緒に、ボートで海に出た。タイヤスモークをたてながら墓のなかに入っていく、という父の願いこそ叶えられなかったが、僕たちはその次に良いことをした。海に父の遺灰を撒き、骨壺を沈めたのだ。

父はきっと喜んでくれただろう。自分が大好きだった場所に、子供たちが全員集まっている。それが、僕たちが父のためにできるせめてものことだった。

そして父は、自分がこの世に残したものを愛しているだろう。フルームで僕と二人でレースを始め、Ｆ１の世界に飛び込み、夢を実現し、忘れられない思い出をつくったという事実を愛しているだろう。何より、それを父と息子のサイド・バイ・サイドで実現したことを――。

父は、僕のＦ１引退を理解してくれるだろう。父がいなくなったことでＦ１への情熱が色褪せてしまったことも、わかってくれるはずだ。情熱こそが何よりも大切だと知っていた父は、きっと天国で僕に引退すべきだと言っているだろう。僕は父のその言葉に耳を傾けよう。それが、僕がずっとしてきたことなのだから。

いつまでも忘れない言葉がある。一九八八年クレイピジョンで、父はテレビカメラに向かってにっこりと笑いながら、レースは自分の趣味だと言った。

そう、僕は父のパイロットだった――。

謝辞

息子として、これ以上素晴らしい母とその支えを想像することはできない。レースに勝ったときも、タイヤウォールに激突したときも、母はいつも前向きで、僕を元気にしてくれた。あるときはサーキットの客席で、あるときは自宅のテレビ観戦を通じて、ずっと僕を見守っていてくれた。僕はそれを知っている。愛しているよ、ママ。

家族のみんなに。僕は素晴らしい家族がいて、信じられないほど幸運だ。そのことに感謝をしない日はない。これまで、山あり谷ありの日々を一緒に過ごしてきた。みんなのおかげでどんな喜びも無限に広がり、どんな苦しみも乗り越えられた。離れて暮らしていても、僕たちは一致団結している。僕に時間の自由がきくようになったこれからは、もっとゆっくりと会うことができるはずだ。初めてみんなと過ごす〝体重を気にせずに好きなものを食べられるクリスマス〟が来るのが待ち遠しくてしかたがない。

RGこと、〝ザ・ゴッド〟・リチャード・ゴダードには、いくら感謝しても感謝しきれない。親友でもある君は、マネージャーとしてとてつもない仕事を成し遂げてくれた。一三年間の果てしなく長く、素晴らしい道のりを、二人三脚で歩んでこられたことを嬉しく思う。いや、むしろ君は僕の先頭に立って、壁を打ち砕き、ルールブックを書き直してくれた。君が傍にいてくれることほど頼もしいことはない。ビッグマン、君は最高だ！

世界最高の秘書であるジュールズ・ゴフ。できることなら、君が長年にわたってどれほどたくさんの仕事をしてくれたか、その実績や数字をここに書き出してみたかった。でもたぶん僕はうまくそれができないだろうし、そしていつものように、君がすべてを僕の代わりにしてくれることになるのだろう。だから君の仕事を増やしてしまう代わりに、心の底からの感謝の言葉を伝えたい。僕がイギリスとの時差を計算違いして、世界の反対側から電話をしても応じてくれてありがとう！
君がしてくれたことのすべてに感謝を。

マイキー・〝マッスル〟・コリアー。出会ったとき、もし誰かに君とどれくらい一緒に過ごすことになるかと尋ねられたら、三カ月くらい、と答えただろう。それはとんでもない間違いだった！
それから八年経った今も、君との話はつきない。君は僕の親友だ。君を僕のサーカスのような旅の道連れにしてしまったことを許してくれた、君の妻のハリエットと子供たちにも感謝を。君は伝説だ！　そのマジックハンドが恋しいよ:)

リッチー・〝ウィー〟・ウィリアムズ。真の友とは、何があっても傍にいてくれ、間違っているときに指摘してくれる人のことだ！　君はまさにそんな友だ。僕たちは幼馴染みとして、共に成長し、笑い、泣いてきた。言葉にできないくらい、楽しいこともたくさんあった。君が君でいてくれること、人生で本当に大切なことを常に思い出させてくれることに感謝を。大きな愛を。

クリッシー・バンコム。素晴らしい友人であり、トレーニングパートナー。ステアリングを握れば、猛烈に速い！　サーキットの外での僕のチームメイトであり、僕にいなかった男兄弟だ。僕たちはこれまでにたくさんの浮き沈みを経験してきた。責任感が強い君は、酒を飲まずに運転手役を引き受けてくれた。本当に数え切れないくらいに！　カート時代からF1での日々まで、ずっと僕を支えてくれた。心からの感謝を。

ジェームス・ウィリアムソン。僕の広報担当者。メディアに対し、良いものを保ち、悪いものを防ぐことの達人！　仕事ぶりが優れているだけではなく、何より素晴らしい友人であり、「チームバトン」の欠かせないメンバーであることに感謝を。

フルーム時代からの幼馴染みに――ブラッド、フレーザー、スプッド、パオロ、ヨギ、ジェームズ・〝Tレックス〟・サーストン。僕たちは何年も、心のなかで誇りと共にサマセットの旗を掲げてきた！　時の試練を経た、真の友情がそこにある。みんな、僕にとって特別な友達だ。僕は素晴らしい経験のできる職業につけて幸運だった。でもそれも君たちがいなければ、F1ドライバーとしての日々をこれほど楽しめなかっただろう。いつも傍にいてくれて、本当にありがとう。

素敵なガールフレンドのブリトニー。いつも支えてくれていること、F1の最後の辛く、感傷的な日々を過ごしていた僕に耐えてくれたことに感謝を。人生の新しい章を君と歩めることが、言葉にできないほど嬉しい。愛してる、ミス・ワード。

ストームとローグ。僕の最高の愛犬たち。無条件の愛と、無限の顔ナメをありがとう！

この本の制作に関して、ライターのアンドリュー・ホルムズは、ページの上の〝アイルトン・セナ〟とも呼べる大きな仕事をしてくれた。エージェントのデビッド・ラクストンと編集者のマット・フィリップ、そしてネイサン・バルソム、カレン・ブラウニング、リチャード・コリンズ、ナオミ・グリーン、リサ・ホア、オリバー・ホールデン-レーア、ジャスティン・テイラー、デビッド・トレメインをはじめとする大勢の人たちにも感謝を。

最後に、ファンのみなさんに。あなたたちは最高だ。僕たちは一緒にこの壮大な旅を歩んできた。僕はキャリアを通してずっと、温かい声援を毎年与え続けてくれるファンに脱帽してきた。調子の良いときも悪いときも、いつもサポートしてくれたことに永遠の感謝を。すばらしい瞬間がさらに特別なものになったのは、間違いなくファンのみなさんのおかげだ。ドライバーとしての次のキャリアで、一緒に勝利を祝うときがくるのを待ちきれない。

僕の挑戦は、まだまだ終わりはしない！

訳者あとがき

本書（原題『Jenson Button: Life to the Limit: My Autobiography』）は二〇一七年一〇月にイギリスで刊行された、イギリス人レーシングドライバー、ジェンソン・バトンの自伝の邦訳版です。バトンは一九八〇年一月、イギリス・サマセット州フルーム生まれ。自動車販売店を営み、アマチュアレーサーでもあった父親ジョン・バトンのもとで、幼い頃から自然に乗り物に親しみを持ちます。七歳の誕生日にはヤマハの五〇CCのオートバイ「ピーウィー」をプレゼントされ、たちまち熱中。オートバイレース参加への意欲を燃やしますが、危険だという理由で父親に阻止されます。そこで運命の出会いを果たしたのが、カートの世界でした。初めて出場したのは、他の選手が三人だけの小さなレース。それでも見事に優勝して自らの才能に気づくと、ますますカートにのめり込んでいきます。

そこからは、父ジョンと二人三脚で、週末の度にイギリス国内のサーキットに遠征するレース三昧の生活が始まります。当初こそ、大会優勝後のテレビのインタビューで、父親が「これは私の趣味で、息子はただのパイロットなんです」と笑って答えていたりしましたが、やがて親子はF1を将来の目標に据えるようになります。

さまざまな困難を乗り越えながらも、フォーミュラ・フォード、フォーミュラ3と確実にカテゴリーを上げ、レーサーとしての階段を登っていくバトンですが、その人生は決して順風満帆だったわけではありません。幼い頃に両親が離婚。母親の再婚相手とは反りが合わずにほろ苦い日々を過ごし、サーキットでは親友を事故で失って悲しみに打ちひしがれます。また、学校では目立たない大人しいタイプで、カートレーサーとして活躍していることも同級生たちには知られておらず、苦手なサッカーをするときには肩身の狭い思いをしていたなど、本書ではバトンの意外な側面も明らかになります。

F1参戦後は、ウィリアムズ、ベネトン、ルノー、BAR、ホンダ、ブラウン、マクラーレンとチームを渡り歩きながらルイス・ハミルトン、フェルナンド・アロンソ、セバスチャン・ベッテルといった最強のチームメイトたちと凌ぎを削り、フランク・ウィリアムズ、ロン・デニス、ロス・ブラウンといったレース界の大物の薫陶を受け、世界チャンピオンという栄光に向かって戦い続けます。〝レーシングドライバーは闘争本能に突き動かされている〟と信じるバトンは、チームの内外にライバルを求め、常に挑戦的な場を求めていきます。その一方で、インタビューでは慎重に言葉を選び、尊敬するアラン・プロストさながらに緻密な計算にもとづいた冷静な走りを信条とし、他人の何気ない一言に心を傷めるという、繊細な人間でもあります。

バトンは本書で、極限の舞台で戦い続けるトップレーサーとしての知られざる日常や、そのドライビング哲学など、レースにまつわる興味深いテーマについて存分に語り尽くしてくれます。同時に、サーキットを離れた場所での人間味溢れる魅力も、ユーモアを交えながらたっぷりと描かれます（自動車免許試験に落ち、公道での無謀な運転で命を落としかけ、パパラッチに追いかけられ、酔って拳を骨折し――）。本書を手にとった読者は、まさにコックピットに座っているかのようなスピード感溢れる気分で、めくるめくバトンの波瀾万丈の半生に引き込まれていくはずです。

本書は本国イギリスでも大ヒットになり、二〇一八年度の名誉ある「英国スポーツブック賞」自伝部門の最終ノミネート作にも選ばれました。この原稿の執筆時点で、アマゾンUKで平均四・六点（評価数二八四件）という極めて高い評価を得ていることも、この本の猛烈な面白さを物語っています。

本書はバトンがF1を引退し、ロサンゼルスで落ち着いた生活を送っていた2017年に執筆されたものですが、ご存じの通りバトンは二〇一八年からはチームクニミツの一員として日本国内の最高峰レースであるSUPER GTにフル参戦。山本尚貴選手とのコンビで見事年間チャンピオンに輝きました。二〇一九年には待望の第一子が誕生。今後もますます活躍が期待されています。

翻訳にあたっては、株式会社東洋館出版社書籍編集部の畑中潤氏、吉村洋人氏に大変お世話になりました。心より厚くお礼申し上げます。

2019年3月

児島　修

[著者略歴]
ジェンソン・バトン (Jenson Button)
1980年1月19日、イングランド・サマセット州フルーム生まれ。ラリークロスのレーサーだった父ジョン・バトンの影響で幼いころからモータースポーツの世界にのめりこむ。17歳にしてヨーロッパ・フォーミュラ・スーパーAチャンピオンシップで優勝した最年少ドライバーになる。そして2000年、弱冠20歳でF1デビューを果たす。1年目はF1史上最年少のポイント・スコアラーを記録し順調なスタートを切るが、その後は度重なる移籍やチームの不振が続き、2006年シーズンのハンガリーGPで待望の優勝を遂げる。そして、2009年には開幕から一度もポイントリーダーの座を譲らずに初の世界王者に輝く。その後もトップレーサーとしてF1界を牽引。2017年の引退までに300戦を超えるレースを戦った数少ないドライバーの1人。2018年からはチーム国光の一員として日本国内最高峰レースSUPER GTにフル参戦。シーズン1年目でチャンピオンに輝いた。レース以外の場では、ジェンソン・バトン・トラストを設立し、「ジェンソン・バトン・トライアスロン」レースの主催などを通じて資金を集め、がん研究などに寄付している。

[訳者略歴]
児島 修 (こじま おさむ)
英日翻訳者。1970年生まれ。立命館大学文学部卒。訳書に『シークレット・レース ～ツール・ド・フランスの知られざる内幕』(小学館文庫)、『スター・ウォーズはいかにして宇宙を征服したのか』(パブラボ)、『やってのける ～意志力を使わずに自分を動かす』(大和書房)、『一人になりたい男、話を聞いてほしい女』(ダイヤモンド社)、『ペドロ・マルティネス自伝』など。

JENSON BUTTON
LIFE TO THE LIMIT
by Jenson Button
Originally published in the English language
in the UK by BLINK Publishing,
an imprint of the Kings Road Publishing Limited
through Tuttle-Mori Agency,Inc.,Tokyo

カバー写真　Robert Wilson

ジェンソン・バトン自伝
ライフ・トゥ・ザ・リミット

2019(平成31)年4月12日　初版第1刷発行

著者　ジェンソン・バトン
訳者　児島 修
発行者　錦織圭之介
発行所　株式会社 東洋館出版社
〒113-0021　東京都文京区本駒込5-16-7
営業部　TEL 03-3823-9206／FAX 03-3823-9208
編集部　TEL 03-3823-9207／FAX 03-3823-9209
振替　00180-7-96823
URL　http://www.toyokan.co.jp
装幀　水戸部 功
編集協力　一木 大治朗
印刷・製本　岩岡印刷株式会社

ISBN978-4-491-03696-0 / Printed in Japan